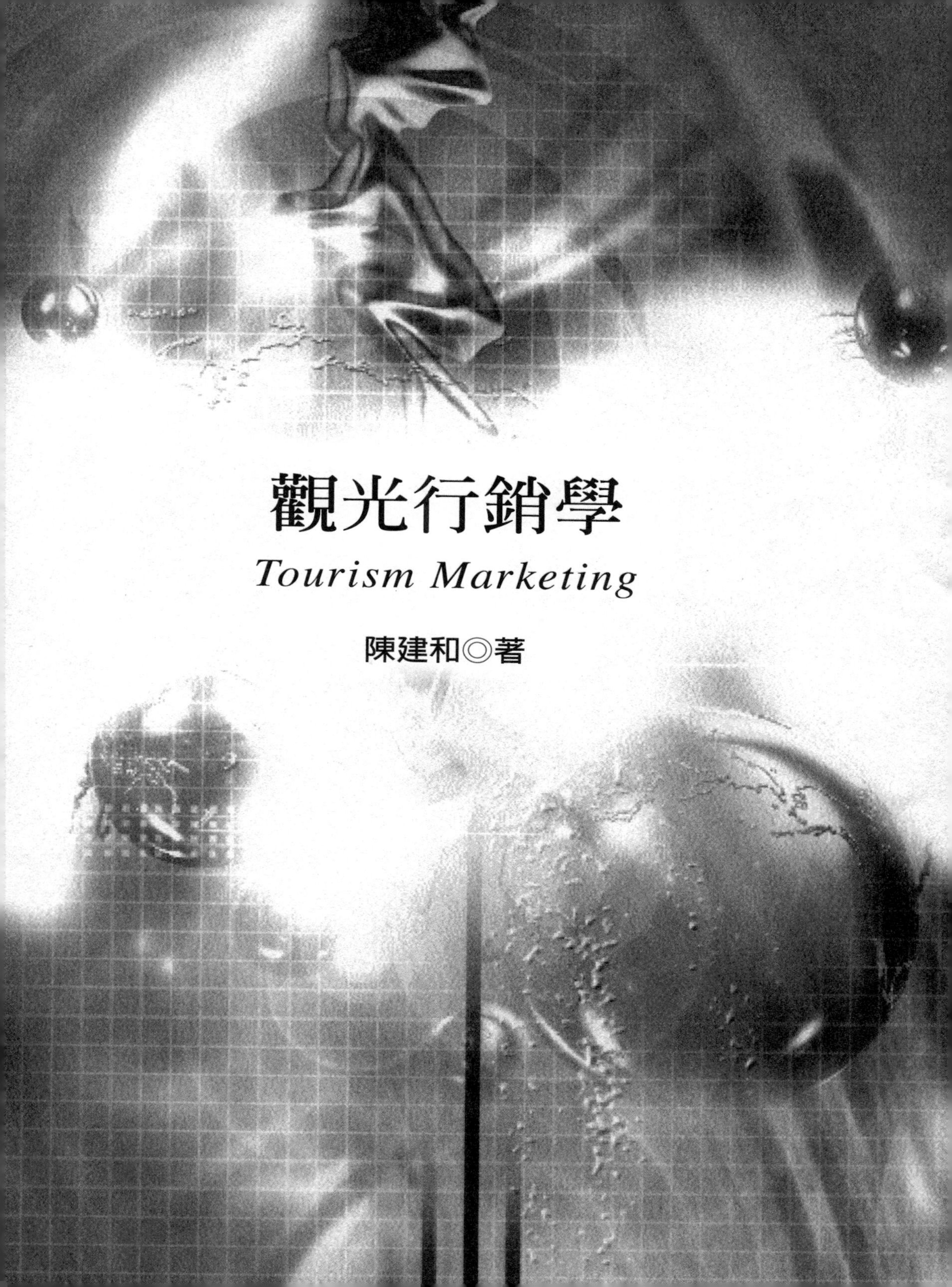

觀光行銷學
Tourism Marketing

陳建和◎著

序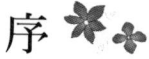

　　觀光行銷是一門理論與實務並重之學科。不論是在學校內或觀光企業組織中，它都是老師及老闆們深切關心的一個領域。行銷早已深植人心，人人都將行銷朗朗上口，但有時可能還搞不清楚行銷與推銷之差別。本書即在於從最簡單之概念切入，讓初學行銷者得以瞭解行銷上常用之專業術語，更輔以觀光行銷實務之個案，使得讀者更容易進入行銷之大門。

　　本書計分行銷導論、行銷策略及行銷研究與實務。由基本概念至行銷組合，再至研究與實務，循序漸進，導引對行銷有興趣之同學瞭解行銷迷人之處。除此之外，再輔以現時最熱門之「保健旅遊」（Health Tourism）及「低價航空」（Budget Airline）之介紹，使得行銷之應用能與時代趨勢結合。

　　願以此書與所有行銷熱愛者共勉之。

陳建和於北投

96.05.24

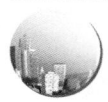

目錄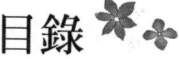

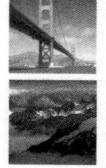

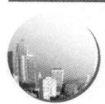

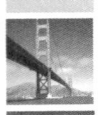

觀
光
行
銷
學

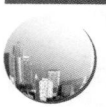

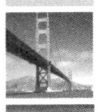
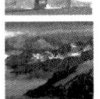

觀
光
行
銷
學

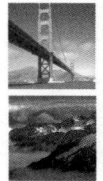

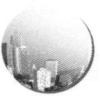

第一篇　導論篇

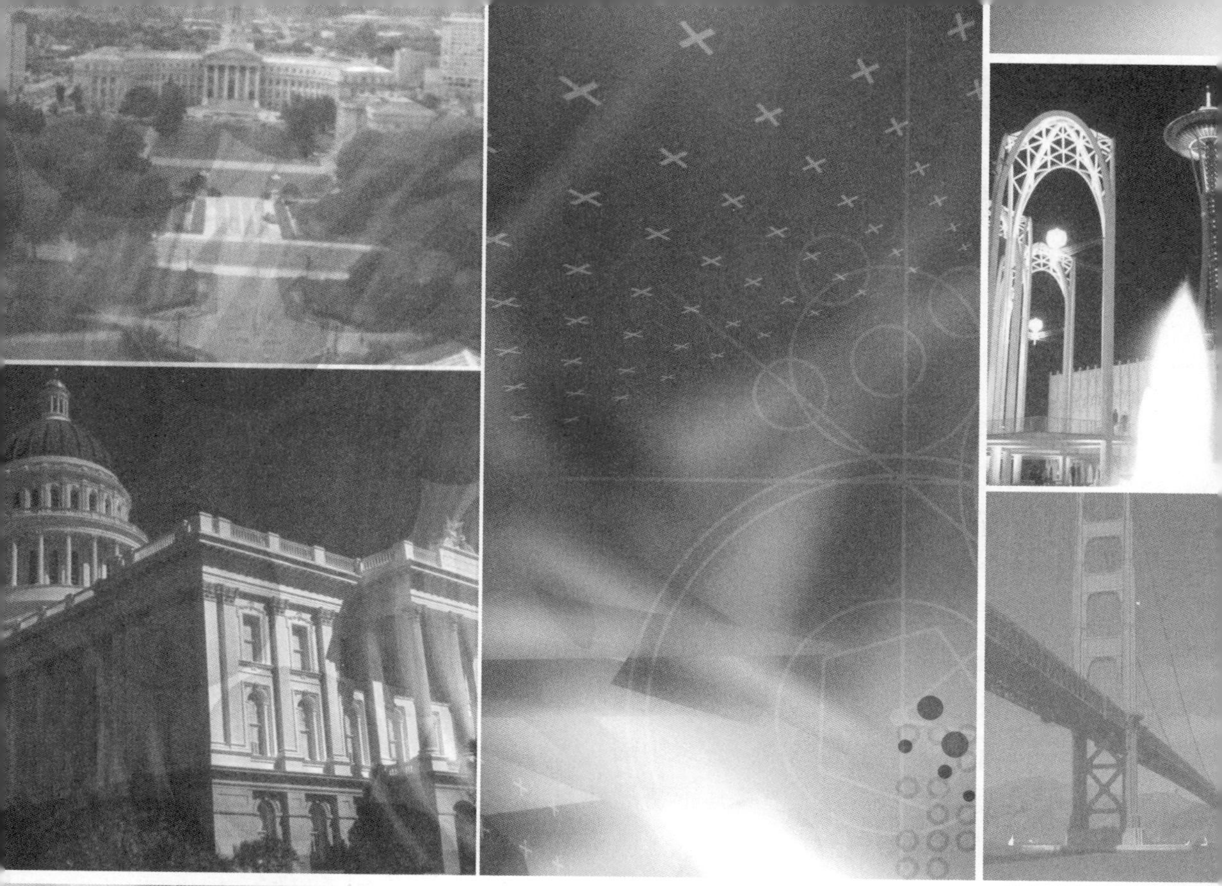

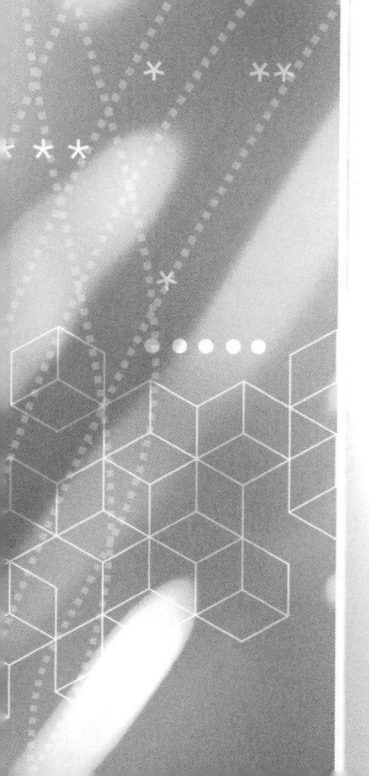

第一章

何謂觀光

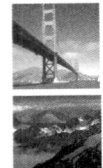

觀光的來源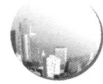

　　觀光這個名詞已成為現代人生活中不可或缺的語彙，每一個人不僅可以朗朗上口，同時也是我國每年數百萬出國觀光人口之一份子。但是大部分的人對於觀光的來源及其所代表的意義卻不是那麼的清楚，所以本章先就觀光的來源加以追根究底，來滿足大家對觀光之認識。

　　在探討觀光來源的同時，首先需要先回顧人類活動的發展。觀光旅遊（Tourism and Travel）活動是人類社會發展到某一階段才產生的產物。以前的社會並沒有觀光旅遊這個概念，但到了人民有此一觀念時，觀光旅遊卻被視為是一件苦差事。觀光旅遊剛開始發展時只有旅遊的成分。以中國古代而言，對旅和遊是兩個分開的觀念：「旅」是失其本居而寄居他方；「遊」即四方遨遊，是指無事閒暇而遊覽他方。在古代，除帝王顯宦富人之外，一般人民總是把旅遊看成一種困難危險的狀況，故有所謂的「在家千日好，出外萬般難」。因此，一旦有人出外旅遊，「一路平安」、「一路順風」也就成為早期人們出外時常用的祝福語。至於「觀光」一辭最早係出現於周文王時代：所謂「觀國之光」而至「觀光上國」。後人延襲此用法，亦稱遊覽考察一國之政策及風俗為觀光。

　　在古代，外國也有同樣的情況。旅遊（Travel）原有做辛勞的事或煩雜的事之意，而旅遊者（Traveler）則指的是一個積極主動而活躍的工作者。考究歷史，早期的旅遊乃是一種需要提早計畫、花費巨額金錢，並且需長時間投入之一種活動。這其中更伴隨著冒著不利健康甚至或危及生命的種種危險狀況，故早期的旅遊者也是一個冒險家。隨著科技的進步，交通運輸也日漸便利，早期旅遊的不方便與危險性逐漸降低，加上湯瑪士‧庫克（Thomas Cook, 1808-1892），這位被尊為「旅行業鼻祖」者首創安排觀光旅遊活動之舉，他把旅遊安排和商業行為完全結合在一起，使得觀光旅遊變

得更吸引人。這些發展讓觀光旅遊者可能會受到的危險也獲得了保障，從此之後，革命性的改變了觀光旅遊的方式。

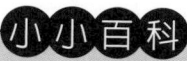

Travel及Tourism之來源

　　在古代英語中，旅遊（Travel）這個字，最初的意義為辛勞工作（Travail）。其本字乃是由法語衍生而來，原意是陣痛、艱苦、困難和危險。再進一步考證，此字原是從拉丁文中的 "Tripalium" 這個字而來，指的是一種由三根柱子構成之拷問刑具。

　　"Tour" 這個字則是來自拉丁文中之 "Tornus"，這個字原為希臘語中表示一種畫圓圈的工具，衍生為遊程（Tour）這個字後，其引伸之意義為會回到原出發點之巡迴旅遊之意。

　　觀光客（Tourist）這個字則有其歷史淵源，這個字最早是由拉撒爾（Lassels）於1670年所使用。在西元十七、十八世紀時，人們將從事整體旅遊（The Grand Tour）的人，以 "Tour" 加 "ist" 稱之；在實際文獻中，最早出現觀光客這個字眼，則是在十八世紀，於《英語語法軼事》（*The Anecdotes of English Language*）一書中所載：「現在，旅遊者則被稱為觀光客」。

　　至於 "Tourism" 這個字最早係出現於1811年英格蘭的《運動雜誌》（*The Sporting Magazine*）之文獻中。其後，當觀光客的活動逐漸成為一種普遍之社會現象或狀態（ism）時，則有Tourism（觀光）之出現，當其產生「可大量生產之旅遊及具穩定供需結構」的大眾化特色時，觀光（Tourism）的概念及大眾觀光（Mass Tourism）的概念，便相繼產生。

　　中國古代也曾有所謂「遊覽視察」的觀光活動，但這種活動並不曾在那個時代裡，普遍得足以形成一種社會現象。所以，「觀光」一辭是一種外來的、新的社會現象，故欲研究觀光，則須從外國之觀光現象的發展過程中去探索。最早以「觀光」 來直譯西洋文字者，是翻譯（Sight-Seeing）一詞，因為Seeing是「觀」，Sight是「光」，於是，使得觀光有了「觀看風光」的新字義。後來有人以「遊覽」來意譯Sight-Seeing，之後便被普遍採用。

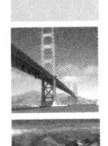

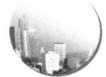

小小百科

　　同時，日本於明治45年（1912年），在其鐵道部中成立「日本觀光局」（土井厚，1982）。後來，又將瑞士於1917年成立之Office Suisse de Tourisme機構，譯之為「觀光局」，於是後來我們便以「觀光」來稱 "Tourism"，且一直沿用至今日。

　　資料來源：劉修祥（1994）。

觀光的定義與範疇 ✿ ❀

　　「觀光」事業（Tourism Industry）是近年來突飛猛進的一個新興事業，尤其是在最近幾十年來，隨著社會、科技的快速進步，觀光已成為人類社會不可或缺的活動之一，觀光產業也成為最重要的國家產業。但是「觀光」一詞到目前為止，似乎還沒有一個令所有的學者都感到滿意而一致的定義。因此，為了有系統地研究此一現象及為了觀光事業要進行市場研究和用之作為形成觀光事業組織之基礎等目的，我們先須對「觀光」一辭加以探討。麥肯塔許及哥爾德勒（McIntosh & Goeldner, 1990）認為，要對觀光之範疇包括與觀光產業有關的各個部門及相關群體：觀光客、觀光產業界、觀光地區當地的政府部門及當地接待社區等四個群體。每一群體的觀點均對發展完整之觀光定義有著密切的關係。觀光客尋求著各種體驗而追求滿足感，而這通常會影響其對觀光目的地之選擇和對觀光活動之偏好；就觀光產業界而言，只要能針對觀光市場的需要提供觀光產品與勞務，觀光便是一個獲利的機會；由經濟的觀點來說，觀光是為當地政府帶來經濟繁榮的重要因素之一，觀光可帶給當地居民所得增加並能間接或直接地增加當地的稅收；對國際觀光而言，也可帶來外匯的收入等；對於當地接待社區而言，當地居民通常視觀光為一種與當地文化有關或與當地就業有關的產業，其所關

心的事務則偏向於與外來觀光客之接觸所會帶來的交互影響，這影響可能是正面的也可能是負面的。總而言之，觀點不同，便會對觀光有著不同的看法。

一般而言，觀光可以歸納為以下三個要素（楊明賢，1999）：

1. 觀光是人類的一種空間活動，離開自己定居地到另一地方做短期的停留，其目的可能含觀賞自然或人文風光、體驗異國風情，使得身心得以放鬆和紓解，此反應了觀光旅遊活動的異地性。
2. 觀光是人類的一種暫時性活動。人們前往目的地，並做短期的停留通常是超過24小時。
3. 觀光是人們的旅行和暫時居留而引起的各種現象和關係的總合。其包括觀光客的各項活動，如旅行、遊覽、會議、購物、考察等，亦包含在觀光活動中所涉及的一切現象和關係。

有些專家視觀光為須在距離家裡超過50或100英哩的旅遊行為。有些定義則認為必須有過夜的情形才可稱為觀光。其他較傳統的定義則為假日及純享樂之旅行。

觀光原具有「觀賞文化風光」之意存在，而觀賞之內涵當限定以活動為中心，其所伴之而來者為空間之移動，此為與其他活動得以區別之主要根據。

綜合以上觀點，可以歸納出，觀光就是：「人們離開自己所熟悉的環境，前往某地旅行並從事任何活動，暫時停留超過24小時，所引起的各種現象和關係。」

總之，觀光是一個複雜之現象與關係的綜合體，這其中包含了觀光客本身的體驗，這體驗發生在五個階段中，亦即從出發前的期望或計畫，往程途中、到達目的地之活動、返程途中及回憶等五個階段，每個階段都對觀光客的體驗有著不同的影響（Clawson &

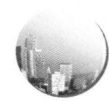

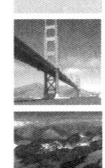

Knetsch, 1966）（如圖1-1所示）。另外，觀光客在這過程中與其它各個相關個體之接觸，會產生許多現象，例如觀光客所從事之活動對觀光地區造成的影響，觀光客與旅行社、航空公司、飯店，或與當地居民間所產生的各種關係等。這些都是我們在探討觀光時所要研究的範疇。

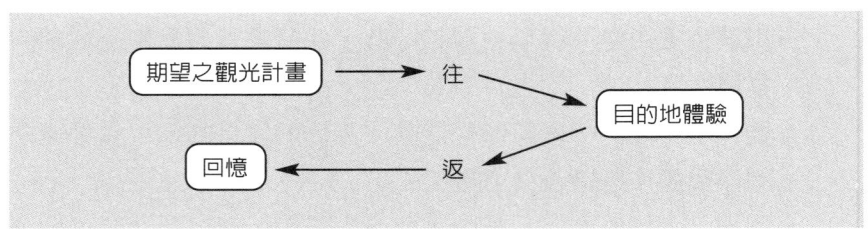

圖1-1　觀光客體驗之五個階段

觀光產業的構成

　　觀光研究所要探討的諸現象與諸關係是由各個與觀光有關的個體相互影響而產生。為了要充分瞭解這些現象和關係，應先瞭解與觀光直接相關之各部門。由這些個別部門之特性及其聯合組成（這也就是觀光產業之構成），當有助於具體瞭解現實社會中之觀光組成要素及其與觀光活動之關係，這也就是觀光產業之構成。

　　一般而言，構成觀光之要素可分為觀光主體，觀光客體及觀光媒體三大類，所謂觀光主體就是參與觀光活動之觀光客；觀光客體指的是任何可提供觀光客消費之景點、資源等；而觀光媒體指的就是提供觀光主體至觀光客體消費所須的一切設施、工具等，例如交通運輸、餐旅館設施等。故觀光產業也就是由上述三項要素構成：即觀光主體利用觀光媒體至觀光客體之消費行為稱之。

　　上述之觀光產業之構成著重於觀念分析，在現實社會中，觀光

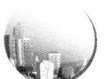

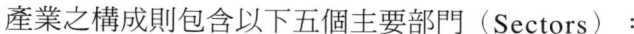

產業之構成則包含以下五個主要部門（Sectors）：

1. 觀光組織者部門（Tourism Organizers Sector）：例如遊程設計者、提供遊程服務之旅行社等。
2. 旅遊目的地組織部門（Destination Organization Sector）：例如觀光局及其地區性組織、區域旅遊協會等。
3. 交通運輸部門（Transport Sector）：例如航空、郵輪及巴士運輸等。
4. 住宿部門（Accommodation Sector）：例如旅館、青年活動中心、民宿等。
5. 景點部門（Attraction Sector）：例如遊樂園、名勝古蹟等。

觀光事業是一門綜合性的產業，舉凡人們旅遊、觀賞風光、品嚐佳餚、體育鍛鍊、度假療養、消遣娛樂、考察研究、建築欣賞、地區規劃、園藝、地理、休閒活動等都為觀光之內容，其複雜性及彼此間的關聯性自然不在話下。觀光涵蓋領域，廣義而言又可分為旅遊（Travel）、休閒（Leisure）、餐飲（Restaurant）、旅館（Hotel）、運動（Sports）、交通運輸（Traffic）（包含鐵路、公路、航空、郵輪）等六項相關領域，分別說明如下：

一、旅遊

「旅遊」（Travel），指所有離家過夜的旅行以及到離居住地100哩以外的地點的旅程謂之。《韋氏新大學辭典》對旅遊的一般定義為從一個地方到另一個地方的行為。早期將旅遊產業定義為「國家經濟的一環，其係為離開居住或工作的地方赴外地訪問之旅遊者提供服務」。旅遊的概念主要用以表達各種機構和商業是如何直接地或間接地從事發展或提供服務給旅遊者。綜合得知，旅遊就是「人們

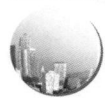

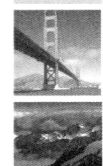
離開平時居住地超過100哩之旅程謂之，與觀光不同之處在於其遷移距離的不同。」

二、休閒

從語源而論，leisure係源於希臘文之schole、skole，係指脫離生產勞動之外的自由時間，或稱閒暇時間。而這所謂的閒暇，即指扣除生存所需之必要時間外，所剩餘的時間。休閒（Leisure）是在個體工作外之自由時間中，所從事之各種不同的活動，可獲得精神體力之休息與再造，以及自我學習、自我實現、向他人學習等。故休閒一語包含時間概念、活動概念與心理概念三者。

就時間概念所稱之休閒而言，係包含人類之生活時間，生理所必要時間及勞動與社會之義務行為所拘束之時間等三者。以時間定義，可將之譯為「閒暇」，意指「自由時間」（Free Time）或「可自由支配的時間」（Discretionary Time），在這段時間內，人們不受制於任何外界加諸於自身的義務。而活動概念所指之休閒則指休閒時之行為而言，它可能包含外在的活動或沒有活動。以心理狀態（State of Mind）定義，可譯為「閒逸」意指不躁急的、平和的、愉悅的、昇華的心理狀態。至於休閒之本質，雖然意見紛紜而大致上其共同之意義為「自由、快樂」亦即與通常所說「遊戲」堪為同義語。遊憩可定義為：「消除精神與體力上之疲勞，日常生活上之一種休閒活動。」雖然無法仔細予以區別，但稍較休閒之意義為強，與此類似之字眼如Amusement（娛樂）、Pleasure（愉快），均可涵蓋於休閒之意義中，卻較娛樂或享樂之感受為強。

綜合以上觀點，結論得知，休閒是一種：「在閒暇時間所從事的活動，可使身心獲得愉悅與滿足，並使精神、體力獲得休息、再造與自我成長。」

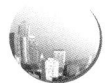

三、餐飲

餐廳的定義（林香君，高儀文，1999）就字面上之意義而言為恢復元氣，給予營養食物與休息之場所。但就其實質意義而言：餐廳係為設席待客，提供餐飲、設備與服務，以收取合理報酬的一種服務性企業。概括而言，餐廳應具備下列三項條件：

1.在一定的場所，設有招待顧客之客廳，及供應餐飲的設備。
2.以營利為目的。
3.供應餐飲及提供服務。

由此得知，餐廳是「一個提供餐飲服務，以收取費用的營業場所」。

四、旅館

依據一般文獻，各國對旅館的定義，大致可歸納如下（吳勉勤，1998）：

美國在俄亥俄州曾召開一次旅館業大會，會中通過了對「旅館」（Hotel）的定義：「凡是一所大廈或其他建築物，曾公開宣傳並為眾所周知，專供旅客居住和飲食並收取費用，且須符合：人口不到1,000人的鄉鎮裡有5間以上的臥室；不到1萬人的城市裡有15間以上的臥室；超過1萬人口的市鎮有25間以上的臥室；且在同一場所或其附近設有1間或1間以上的餐廳或會客室，以提供旅客飲食者，即被認定為是旅館。」另規定「任何私人商號、公司均得利用一所大樓或其他建築經營餐旅業務，但必須經有關主管機關登記核准，始得稱為旅館」。

英國「旅館暨餐飲經濟發展會」將旅館定義為：「旅館具有明確、永久的性質，有4間或4間上的房間，在短期的契約內提供床及

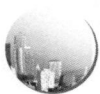

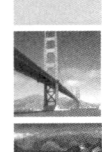

早餐並達到最起碼的標準。」

　　國內之觀光詞典對旅館所下的定義爲：「旅館是一種提供住宿、餐飲及其他有關服務的公共設施。」故旅館是一座爲公眾供應住宿與餐飲及服務的建築或設施者。故現代所謂的旅館應具有下列基本條件：

1.它是一座設備完善且爲大眾所周知並經政府核准的建築。
2.它必須提供旅客住宿與餐飲。
3.它必須有爲旅客及顧客提供之娛樂設施。
4.提供住宿、餐飲、娛樂上的理想服務。
5.爲營利性質，且要求收取合理的利潤。

　　台灣地區的旅館業可區分爲觀光旅館業及旅館業。依據我國現行「發展觀光條例」第二條第七項所定義，觀光旅館業係指經營觀光旅館，接待觀光旅客住宿及提供服務之事業。又依照「觀光旅館業管理規則」規定之建築及設備標準，可再區分爲國際觀光旅館與觀光旅館。我國目前旅館業中所稱之「旅館」，係指除國際觀光旅館及一般觀光旅館以外，提供不特定人休息、住宿之營利事業。基本上，旅館業是以提供服務爲主的產業，它利用人員或設備將軟硬體兼備的商品，提供予顧客。

　　綜合上述各觀點，旅館可定義爲：「提供旅客住宿、餐飲及其他有關服務，並以營利爲目的的一種公共設施。換言之，旅館專爲接待過境、短期或長期的旅客，供應旅客們日常生活所需的居住、飲食，甚至提供相關休閒的設施，使外來的賓客都能得到舒適的休息，所以經營旅館的基本條件，應具有標準的設備、熱誠的接待與殷勤的服務，讓旅客感受到賓至如歸的感覺。」

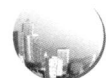

五、運動

　　「運動」（ｓｐｏｒｔ）一詞的來源有幾種說法。一是由法語的desportare演化而來，Desportare的字首des有遠離，即away的意思；而字根portare等於帶走，carry的意思。Desportare整體的意思後來逐漸演變成把心思帶離原來的工作環境，而從事消愁解悶的活動。Desportare在後來則演變爲動詞desporter，其後更轉化爲男性名詞desport。在英文的字源方面，有人發現再十一世紀即有disport一詞；而今使用的sport一詞則在十六世紀方才定型使用。在西班牙文方面，西班牙語中deporte係來自拉丁語deport，它有海港生活的意味。所謂sport，是指船員們經長期海上辛勞生活，入港後的一種精神解脫而言。後經一般使用，轉用爲意味嬉戲、享樂的字彙。至於意大利的古語disport一詞和西班牙語的deporte一樣都有sport的意義。德國在十九世紀也將sport一字納爲外來語系統加以採用。

　　上述字源中，無論是法語的desportare或英語的disport皆轉化成動詞，皆有前往從事消遣、娛樂、取悅、遊戲和自我休閒的意味。例如法語的desportare動詞變成desporter。而英語的dispon一詞，在十四到十六世紀之間，也有desport和sporte的動詞衍生字。

　　綜合上述的運動字源，可以看出古代的運動意思並不完全類似今天的運動原意。古時sport的內容隱含下列幾點意義：

1.非工作性質，含有離開義務和嚴肅性工作的意義。
2.較傾向於遊戲、休閒和紓解生活的苦悶，有娛樂、快樂和休閒的味道。
3.不全然指競技活動而言，舉凡可以娛樂身心的活動，如表演、賭博、娛樂性活動等，都可以說是sport。

故綜合得知，運動是「傾向遊戲性質，或包含與他人競爭之活

13

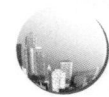

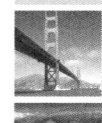
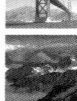

動。」

六、交通運輸

交通運輸下又可區分爲鐵路、公路、航空及郵輪，分別說明如下：

（一）鐵路

依照鐵路法的定義，鐵路（Railway）爲「以軌道或於軌道上空架設電線，供動力車輛行駛及其有關之設施。」

（二）公路

依照公路法的定義，所謂公路（Highway）乃指國道、省道、縣道及鄉道等通行汽車之道路而言，城市及鄉鎮內之道路，屬於公路路線系統者，亦視同公路。

（三）航空

依民用航空法第四十四條第二款所下定義，「稱民用航空運輸業，指航空器直接載運客貨、郵件而取得報酬之業務」。再依民用航空運輸業管理規則第二條規定，民用航空運輸業又分爲甲乙兩種。「甲種民用航空運輸業，指經營國際與國內航線定期與不定期客、貨及郵件運輸之事業。」「乙種民用航空運輸業，指經營國內航線定期及不定期客、貨及郵件運輸之事業。」一般而言，航空公司以其經營方式之不同，可分爲下列不同型態的公司：

1.以經營區域分：國際航線（International Airlines）及國內航線（Domestic Airlines）。
2.以經營對象分：客運者及貨運者。
3.以經營班期分：定期飛行者（Scheduled）及不定期飛行者

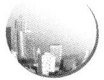

（Supplemental）。

　而就航空公司分類及其單位相關業務則可分述如次（楊明賢，1999）：

　1.航空公司之分類：
　　(1)定期航空公司（Schedule Airline）。
　　(2)包機航空公司（Charter Air Carrier）。
　　(3)小型包機公司（Air Taxi Charter Carrier）。
　2.航空公司之單位及相關業務：
　　(1)業務部：如年度營運規劃及機票銷售。
　　(2)旅遊部：行程安排、團體旅遊、簽證等。
　　(3)客運部：辦理登機手續、劃位、行李承收、緊急事件處理。
　　(4)貨運部：貨運承攬、規劃、運送、保險等。
　　(5)維修部：負責零件補給、飛機安全等。
　　(6)稅務部：如營收、報稅、匯款等。
　　(7)空中廚房：機上餐點供應等。
　　(8)貴賓室：如貴賓接待、公共關係等。

　綜合上述觀點，航空公司及相關業務與觀光有密切關係，舉凡旅遊部、客運部、空中廚房等，就像旅館一樣，都提供顧客服務進而收取費用之營利單位。

（四）郵輪

　水上運輸交通工具包含了遊輪，各地間之觀光渡輪和深具地方特色的河川遊艇等，分述如下：

　1.遊輪（Cruise Liners）：如美國加勒比海和阿拉斯加的遊輪，近期航行我國與那霸及東南亞航線的麗晶遊輪所屬豪華客輪。

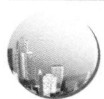

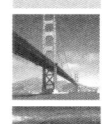
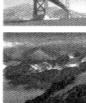

2.觀光渡輪（Ferry Boats）：如加拿大溫哥華與維多利亞間的渡輪、挪威奧斯路與丹麥哥本哈根間的渡輪、航行日本瀨戶內海的渡輪等。

3.河川遊艇（Yacht）：如舊金山灣區的遊艇巡弋、澳洲雪梨傑克遜灣邀遊、紐約環遊曼哈頓島的輪船或義大利威尼斯的小艇等。

4.水翼船（Hydrofoil Boat）：專供河川急駛的氣墊船，如紐西蘭及美國科羅拉多河，均有類似的活動。

郵輪就好比水上旅館，提供旅客住宿、餐飲及娛樂場所，要求合理利潤之營利事業。

觀光活動的發展沿革

現代觀光是隨著社會進步及不斷發展而逐步產生。研究觀光旅遊活動的歷史過程，有助於認識觀光旅遊與社會發展的密切關係，更有助於對現代觀光的認識。

最早的人類只有在氣候發生巨大變化、食物供應減少，或是敵人入侵的情況下，才會離開其居住地；一直到人們發現離家外出也可以獲得一些不一樣的體驗時，這樣的情形才有所改變。最初，爲了商業和貿易之目的，人們須要離家外出幾個星期、幾個月，甚至幾年。當然，古代人們的旅遊除了商業、貿易和尋找充足的食物來源外，也還有其它之目的，例如周遊列國、到有名的寺廟和宗教聖地去朝聖、到溫泉勝地（Spa）進行療養、旅遊、外出歡度狂歡節，或去看雜技、馴獸等表演。

觀光旅遊的歷史過程主要可表現在三個方面：一是人類在觀光旅遊中逐步發展到以「旅」爲手段，以「遊」爲目的的旅遊，並逐

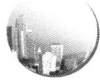

漸增加了「遊」的內容；其次是觀光旅遊從少數人的個人觀光活動逐步發展到多數人的大眾觀光活動；最後是觀光旅遊從單一的經濟行為逐步發展到綜合性的經濟活動。

　　至於觀光旅遊的歷史過程，大致可分為四個主要階段：(1)古時候的空間移動和旅遊；(2)十九世紀四〇年代以前的古代旅遊；(3)十九世紀四〇年代至第二次世界大戰以前的近代觀光；(4)第二次世界大戰以後迅速發展的現代觀光。分別說明如下：

一、古時候的空間移動和旅遊

　　處於原始社會的人類，生產力十分低落，此時期的人類只能運用極為簡單的石器，離開自己的棲息地去打獵、捕魚及採集植物，藉以獲取賴以生存的生活資源；或是由於氣候及動、植物等自然環境的變化，或是受到自然災害而不得不進行遷徙。這種活動就是人類最早的「空間移動」。

　　到了原始部落末期，生產工具有了改善，大大得提高了生產力，人類社會出現了畜牧業和農業分離，以及手工業從農業中分離的兩次大分工。社會的分工促成了交換（Exchange）型態之經濟活動。隨著交換種類和範圍的不斷擴大，使以前遷徙式的「空間移動」，變成了有去有回的「旅遊」，而且使旅遊成為人類活動的一項內容。人們也透過旅遊開拓新的生產領域，實現產品交換或商品交換。但這種以交換為主要目的旅遊活動在當時仍是較為稀少的。

二、古代的旅遊

　　古代旅遊的發展與當時的社會、經濟、政治及文化條件密切相關。一般來說，一個國家在經濟發達及社會安定的條件下，在交通道路、住宿設施和商業方面較發達，故旅遊也比較發達。例如，文

17

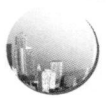

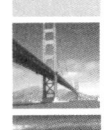
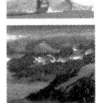

明古國埃及的旅遊者從歐洲換回金子，到敘利亞買進牲畜、魚類、酒及船隻車輛，又從南方的努比亞運來了象牙、黃金和駝毛。在古埃及法老墓碑上也雕刻有到尼羅河去釣魚和去沙漠中打獵等爲遊樂而旅行的描繪。

古希臘各城邦之間聯繫密切，公務、貿易、宗教及考察旅行不絕於途。根據各種文獻判斷，這些旅行主要是基於體育、休養及宗教三種動機的旅遊。公元前776年以後，在奧林匹克舉行比賽大會，有許多人從各地來參加。也有許多人到愛琴海上各島嶼進行休養。羅馬帝國極盛時期，也是西方古代旅遊的全盛時期。當時的旅遊動機和目的種類更多，包括有宗教、療養、飲食、觀光和登山等。旅遊者有的是出於宗教的動機，有的則是出於科學研究的動機。觀光旅遊的內容則是訪問各地的名勝古蹟。到了十三世紀以後，一般平民階層逐漸發達成長，也間接促進了貿易的發展。

至於中國的情況，從秦朝統一車軌、修建馳道以後，歷代都重視陸路和水路的修建，除陸路四通八達以外，著名的大運河更溝通了南北的水運。春秋時期，車、船製造技術已很發達，以後歷經不斷改進。到了宋朝指南針發明以後，更進一步促進了航海技術和造船技術的發展。在住宿方面，政府建立的驛站、館舍，帶動了私人經營的客舍、店肆和旅館，尤其是中國的投宿傳統，更給一般的旅行、旅遊者帶來很大的方便。

在這種條件下，中國漫長的封建社會出現了各種各樣的旅遊。從觀光旅遊的目的加以區分，主要有以下幾類：

（一）政治之旅

首先是封建帝王的巡遊。例如秦始皇、清代康熙、乾隆等爲了享樂而出遊。這種巡遊在中國旅遊史上佔有重要的地位，其不但規模龐大，影響深遠，對交通、景點、園林的建築和烹飪、戲曲等的發展都有著重大的影響。還有就是春秋戰國時代的「遊說」和以後

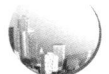

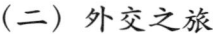

的遊宦，其對了解各地情況及文化交流也有一定的影響。

（二）外交之旅

漢代張騫「兩通西域」，前後三十年，不僅有助了解該地區的情況，而且把一些當地國家的使節帶回漢朝，建立了外交關係，正式開始了交流，爲中國絲綢之路的開闢奠下基礎。明初鄭和的七次「下南洋」則是從海上進行外交活動。他率領龐大的船隊，遠航七次，歷時二十餘年，歷經亞、非等三十多個國家和地區，發展了中國與世界各國的友好關係，促進了世界的貿易往來。

（三）宗教之旅

自從東漢佛教傳入中國後，宗教旅遊就極爲昌盛，除一般僧侶的朝山拜廟之外，較著名的代表人物有東晉的法顯，唐朝的玄奘、義淨、鑒眞等人。法顯、玄奘、義淨等，或從陸路或從海路遠赴印度求法，有的歷時十幾年，有的二十幾年，他們詳細記錄親身見聞，成爲研究史地的重要著作。鑒眞五次東航，均遭失敗，直至第六次東渡才到達日本奈良，將中國的建築及雕塑藝術介紹到日本，促進中日文化交流。

（四）學術考察之旅

中國有很多代表人物如春秋時期，孔子率領弟子周遊列國，形成了有系統的教育理論和教育方法。西漢司馬遷遍歷中國版圖，到處蒐集史實、人物軼事和各地經濟、文化、民俗民情等資料，刻苦寫作，終於完成了不朽的史學和文學名著《史記》。

（五）文化藝術之旅

幾千年來，中國的文學藝術旅遊者眾多，不可勝數。他們藉旅遊或排憂消遣，或追求精神解脫、或觀賞大好河山、或探索藝術眞諦。從魏晉南北朝的「竹林七賢」、陶淵明、謝靈運，到唐、宋、

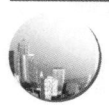

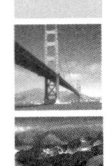

明、清的李白、杜甫、柳宗元、歐陽修、陸游、蘇軾、袁宏道、黃宗羲等人，他們在旅遊過程中，有的用書畫描寫自然風光和民俗風情，有的用詩文讚頌中國的錦繡河山。他們的作品之所以不朽，就是因爲這些作品具有大眾性和藝術性。而旅途中的見聞和親身體驗正是這兩者的源泉。

（六）貿易之旅

貿易本來就是旅遊的起源之一。中國歷史悠久，古代經濟發達，致使貿易旅遊占很大比重。這方面的旅遊家雖然名不見經傳，但他們與社會經濟的發展有著直接關聯，對中國旅遊的發展有重大的影響力。

綜合以上情況，無論是中國和外國，十九世紀四〇年代以前及古代的旅遊都具有以下特點：

1. 觀光旅遊與政治、社會及經濟的關係極爲密切。在國家承平、社會安定、經濟發達時期，旅遊的活動就較發達，反之則趨於衰落。
2. 觀光及旅遊不能截然分開，且越是社會上層人士，越是富有者，參與觀光及旅遊的機會越多。
3. 觀光旅遊的目的多種多樣，其中有很多甚至沿襲到現代。
4. 由於當時生產力較不發達，社會經濟不很富裕，因此旅遊者始終僅限於少數。

三、近代的觀光旅遊

十八世紀末的工業革命，使人類生活發生劇烈變化。工業革命最基本的特點，就是以機器代替人工，大大提高生產力，進而爲觀光旅遊創造了優良的條件。其影響主要有下列幾項：

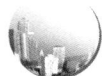

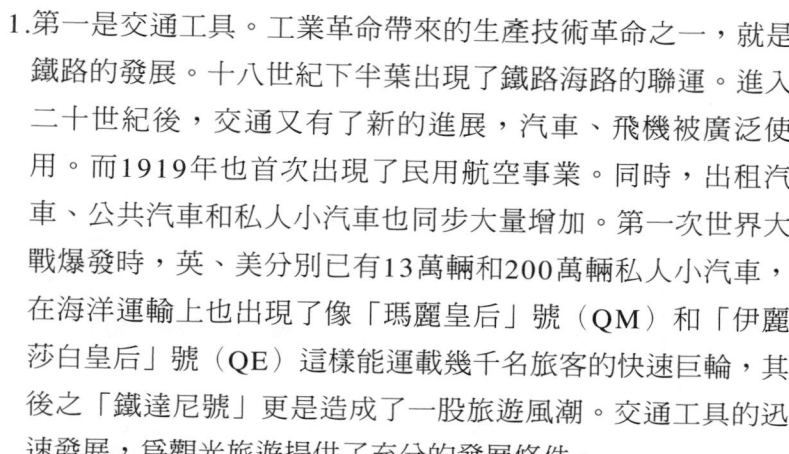

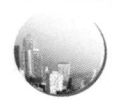

1. 第一是交通工具。工業革命帶來的生產技術革命之一，就是鐵路的發展。十八世紀下半葉出現了鐵路海路的聯運。進入二十世紀後，交通又有了新的進展，汽車、飛機被廣泛使用。而1919年也首次出現了民用航空事業。同時，出租汽車、公共汽車和私人小汽車也同步大量增加。第一次世界大戰爆發時，英、美分別已有13萬輛和200萬輛私人小汽車，在海洋運輸上也出現了像「瑪麗皇后」號（QM）和「伊麗莎白皇后」號（QE）這樣能運載幾千名旅客的快速巨輪，其後之「鐵達尼號」更是造成了一股旅遊風潮。交通工具的迅速發展，爲觀光旅遊提供了充分的發展條件。

2. 隨著觀光旅遊人數的增加，觀光旅遊勝地和旅館設施也迅速的發展。十九世紀時以溫泉地爲中心出現了完備的豪華旅館和娛樂設施。到了二十世紀，旅館的建設更加普遍。

3. 隨著社會財富的增加，國民生產總值增加，個人收入增加，使得越來越多的人有能力參加觀光旅遊活動。

4. 由於工業的發展，古代的農業社會轉變成都市社會，大量人口流向城市。都市人口密集，工作緊張，生活單調，非常需要觀光旅遊活動加以調節，觀光旅遊不再是傳統觀念之奢侈品而成爲生活的必需品。

5. 生產力的不斷提高，再加上在企業中出現了所謂的帶薪假日，一些國家逐漸以法律形式將每年的休假日固定下來。例如按照英國1939年的「支付法案」規定，有1,100萬英國人可以享受假日休息，這使一般職工開始有可能參加觀光旅遊活動。

除此之外，由於社會生產力和生產關係的巨大變化，使觀光旅遊活動與一般的經濟活動逐步分離開來，成爲一種獨特的人類活動。觀光旅遊在歷史上一直是以個人爲單位的個體性消費活動，而在商品經濟的影響下，觀光旅遊也開始與社會的大環境緊密結合起

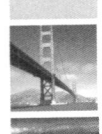

來，使旅遊消費也成爲一種商品的消費。這也就是說，世界上開始逐漸形成一個新的行業——觀光業；世界上也逐漸出現了一個新的市場——觀光市場。觀光的這種變化主要表現在以下五個方面：

1. 世界上首次出現了團體旅遊和散客旅遊的旅行社或類似的行業。被公認爲世界第一個旅行代理商英國人湯瑪士‧庫克於1841年7月5日組織了世界上第一次團體火車旅遊，從萊斯特到赫伯勒共計12英里的鐵路上，載著由他組團的82名旅遊者參加某個宗教的禁酒節日。

2. 運輸業開始介入觀光旅遊。運輸業利用掌握交通工具這一得天獨厚的條件，成爲觀光產業的重要成員。

3. 旅館業和餐飲業出現，並爲觀光客提供服務。旅館在過去只是「借一夜的宿」，僅提供夜宿之方便。但隨著觀光產業的發展，旅館提供的產品已朝向多功能發展。

4. 金融業爲旅遊創造了有利條件。金融界解決了由時間、距離和貨幣的不同對觀光旅遊支付所造成的種種困難。

5. 世界性組織的出現。1925年成立了「國際官方觀光組織聯盟」（IUOTO），1929年成立了「國際官方觀光宣傳組織聯合會」。此爲促進和協調各國的國內旅遊和國際觀光發揮了一定作用。

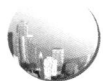

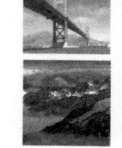

現代觀光 ❀ ✿

一、現代觀光的發展

　　第二次世界大戰前的近代觀光在各方面條件的牽制下，表現出很大的限制性：人數有限，參加觀光的主要還是已開發國家的中上階層人民；旅遊範圍相當有限，主要是在國內，出國觀光的人並不多，即使有人出國觀光，距離往往很短；所產生的經濟效用也有限，觀光旅遊還沒有明顯地對國民經濟發生影響，只有與觀光旅遊有關的私人企業才會考慮它所帶來的經濟利益。

　　1950年，全世界出國觀光客達2,500多萬人次，國際觀光收入為21億美元。到1987年，出國觀光客達3.55億人次，國際觀光收入達到1,500億美元。如果以國際觀光客占國內和國際觀光客總數的1/10推估，參加觀光活動者應有35億多人次，以全世界44億人口計算，每百人中約有88人次參加觀光活動。國際觀光收入占世界出口總額的6％。在短短的三十七年中，國際觀光人次增加了14倍，國際觀光收入增加了71倍。這是世界上任何一個產業所不可能達到，也不可能想像的發展速度。現在，觀光產業已成為全世界最大的產業之一，觀光旅遊在政治、經濟、社會各方面的重要作用，也越來越明顯。

二、現代觀光的特徵

（一）綜合性

　　綜合性是現代觀光的基本特徵。在觀光旅遊過程中，食、住、

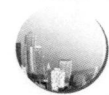

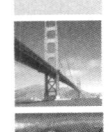

行、遊、購的活動必須綜合在一起,任何單獨一項活動,都不能構成觀光旅遊,都無法達到觀光旅遊的目的。因此,現代觀光常常表現為全備型旅遊(Inclusive Tours,簡稱IT)。它可以由一個遊程經營公司或旅行社或其他觀光組織者事先計畫並安排好行程、住宿、飲食及遊覽娛樂等一切細節,以一種包含整體活動在內之型式及價格售給觀光客。這種全備型服務旅遊受到觀光客的歡迎,同時也說明了觀光旅遊的綜合性特點,讓觀光客在觀光旅遊開始以前即可對觀光旅遊的各項活動有一個基本了解。

(二) 國際性

現代觀光雖然是從國民旅遊發展起來,但國民旅遊已遠遠不能滿足現代觀光客的需要,現代觀光客的足跡已是無處不到,觀光客對偏遠地域的局限性正在消失,甚至像南、北極地這樣的地方,也成為觀光旅遊地點。在觀光客的心目中,世界已成為一個地球村。

觀光旅遊的國際性不僅表現在地域方面,也表現在世界各民族之間。各國人民藉觀光旅遊之便,進行頻繁的交往,加強了世界各民族之間的瞭解。

另外,由於觀光旅遊活動跨越國界,使各個國家的政府和團體之間也加強觀光旅遊方面的聯繫。各種學會和協會的頻繁交往,促進了世界文化的交流;在政府方面,如國際航線的協定、賦稅及貿易的協議、過境遊客簽證手續簡化等方面的磋商等,加強了國與國之間的聯繫。

觀光旅遊的國際性也表現在世界性觀光組織的建立。其中有的是利用原有的國際組織,如美洲國家組織、歐洲合作與開發組織,均在內部設立專門的觀光機構。因觀光發展而成立的專業性世界組織,在航運方面有國際航空運輸協會、國際民航組織;在海運方面有橫渡大西洋和橫渡太平洋客船委員會;在汽車方面有世界觀光和汽車協會。此外,還有1974年11月1日創立的世界觀光組織(WTO)

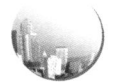

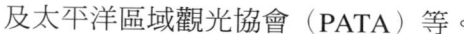

及太平洋區域觀光協會（PATA）等。

（三）持續性

現代觀光的持續性主要表現在兩個方面：

1. 自五〇年代以來，國際觀光和國民旅遊盛況一直歷久不衰，國際觀光客人次持續上升。1960年至1969年平均增長率爲8.0％；1970年至1979年平均增長率爲5.5％；1980年至1987年平均增長率爲3.0％。1950年至1987年歷年的國際觀光人次和國際觀光收入及其增長率，雖然增長幅度在減小，但歷年都在增長，整體趨勢還是持續向上發展。這是因爲人民的教育程度、年齡、生活方式等因素所造成。
2. 觀光客個人方面。在現代，對很多人來說，觀光旅遊已不再只是偶然的享受（奢侈品），而成爲一種經常性的活動及必需品。在很多國家中，假日旅遊、週末旅遊已成爲人們生活的一個組成部分或一種生活習慣。

（四）多樣性

隨著觀光旅遊的發展，人們對觀光旅遊形式和內容的要求越來越多，觀光旅遊目的地接待單位也以新奇或有特色的觀光旅遊形式或內容來招攬遊客。從觀光旅遊組織形式來說，有團體旅遊、散客旅遊等；以交通方式看，有航空旅遊、汽車旅遊、火車旅遊、遊輪旅遊、自行車旅遊、徒步旅遊等；以旅遊目的和活動內容來說，有觀光旅遊、健康旅遊、文化旅遊等；而文化旅遊更是多種多樣，如藝術、考古、飲食、動植物觀賞、冒險、狩獵、釣魚、會議及教育、貿易、民俗等的考察旅遊。

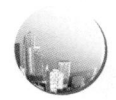

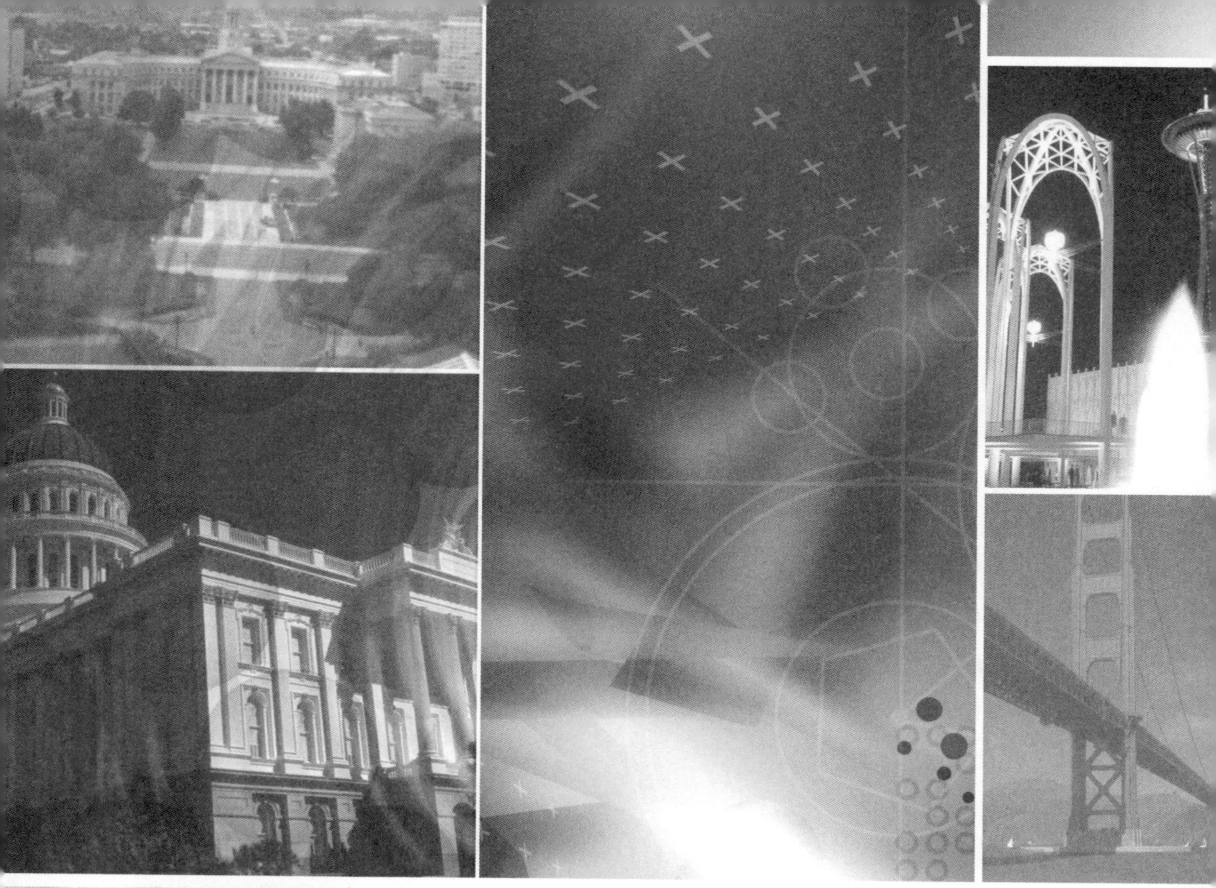

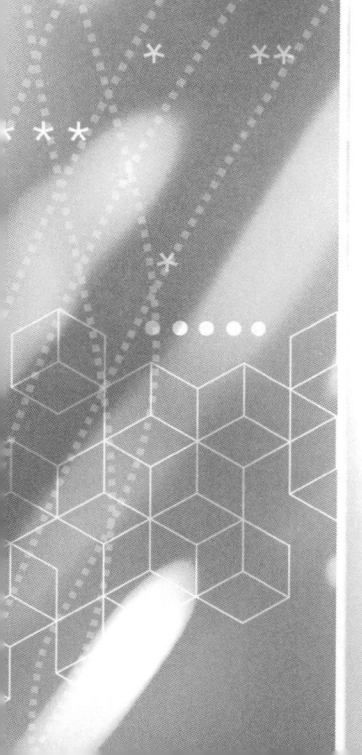

第二章

何謂觀光行銷

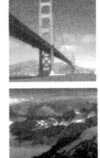

行銷的意義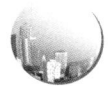

　　觀光行銷（Tourism Marketing）為行銷學（Marketing）領域的一個分支，因此欲瞭解觀光行銷的意義，除了應具備有關觀光事業領域之知識外，更須瞭解行銷的意義。

　　所謂「行銷觀念」就是消費者導向之觀念。該觀念之廣受重視為一九五○年代以後的事，尤其自從1972年中東戰爭以後，世界經濟景氣蕭條，企業的挑戰更大，也使得行銷更受重視。行銷的目的不外是：公司獲利、消費者需要滿足、社會利益獲得與維護等三方面之調和均衡。觀光業是一種綜合性企業組織，在現今競爭激烈的市場上，為期增進經營績效，必須重視行銷，建立行銷觀念，並落實行銷計畫與管理。

　　行銷的意義言人人殊，不同的人及不同性質的機構均可能依其個人見解及其實際情況而對行銷作不同的界定，並賦予不同的活動範疇。因此，在說明其定義之前，首先得先明瞭以下幾個名詞之解釋，以利於更瞭解行銷定義之內涵：

1. 需要（Needs）：係指一個人對某些基本的滿足處於受剝奪的狀態下之感覺。此存在於人類生物體及人類生理、心理情況的結構中，並可分為生理需要及心理需要。例如，每天人對於食物之需要為生理需要，對社會地位之追求則為心理需要等。
2. 欲望（Wants）：指對基本需要之「特定物」的渴望。例如，想要以牛排當作午餐則超過一般之需要而為欲望。
3. 需求（Demands）：是指對於某些特定產品具有購買能力與購買意願來支持的欲望。欲望變成需求是靠購買力來支撐。例如，大家對牛排具購買能力且有此欲望則形成對牛排之需求。

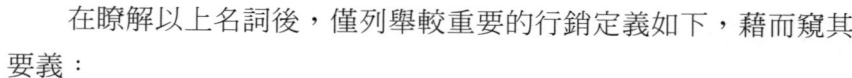

在瞭解以上名詞後，僅列舉較重要的行銷定義如下，藉而窺其要義：

1. 美國行銷協會（American Marketing Association, AMA）認為，「行銷為引導物品及勞務從生產者流向使用者的一切企業活動」。

2. 英國行銷學院（British Institute of Marketing）認為，「行銷為組織和指導企業從事有關評估顧客購買力，並將此等購買力轉變為對某項產品或服務之實際需求，進而將此等產品或服務移送至最終消費者或使用人，俾獲致公司所定之利潤目標或其他目的等各種活動的管理功能」。

3. 美國管理協會（American Management Association）認為，行銷乃在「確認或創造消費者需求，進而激勵並協調運用企業內部之所有功能以滿足此等需求而使買賣雙方均能蒙受其利」。

4. 美國康乃爾大學旅館管理學院經濟學及行銷學教授卡文（W. H. Kaven）認為，「行銷為賣方用以確定、培養，進而供應對貨物及服務之現存及潛在需求的企業過程。此一過程包括賣方適價、適時、適地生產足以滿足市場需求及行銷者利潤目標之服務或產品等所有功能方面的努力」。

5. 美國西北大學行銷學教授柯特勒（P. Kotler）在所著的《行銷管理》一書中認為，「行銷為分析、組織、規劃及控制公司之資源、政策及活動，俾滿足所選定之顧客群的需要及欲望因而獲得一定的利潤」。

由前述各定義足以看出，行銷乃是為了促使交易行為順利進行所採取的一連串活動，可包括：(1)確定目標市場的範圍；(2)研究及分析消費者之需要及偏好；(3)依據消費者的需要及偏好研發新產品或調整其產品；(4)研擬方法使消費者的需要與產品的供給發生關

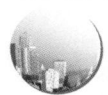

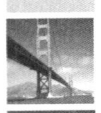

小小分析

行銷之起源及不同切入點

行銷起源於西方先進國家嗎？答案是否定的。行銷係起源於十七世紀的日本，在1650年代，日本的三井家族第一位成員在東京創立了第一家所謂的「百貨公司」時，他們就提出了「行銷」的觀念。他們認為應成為消費者的採購人員；為消費者設計合適的產品；保證退款，絕不食言；以及提供各式各樣的產品而非只專注於某種產品或製程。

西方諸國則是到了十九世紀中期才由國際收割公司提出行銷觀念。到了1900年代早期，行銷這個名詞才首次出現在美國大學的課程表上，進入二十世紀後，行銷才開始蓬勃發展。

分析行銷可以由不同的角度切入。若依產品類別可分為實質貨品（Goods）行銷、服務業（Service）行銷而至觀光行銷。

若依行銷發展之不同導向區分，則可分為產品（Product）導向、生產（Production）導向、銷售（Sales）導向、行銷（Marketing）導向及社會（Social）道德導向。

當然我們也可以從公司的角度來看行銷，則可分為外部環境、內部資源及行銷組合；若以整個市場來看行銷，可分為供給（Supply）、需求以及供需之連結（Linkage）之行銷系統（如圖2-1所示）。

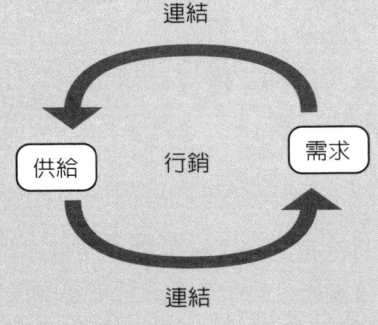

圖2-1　行銷系統圖

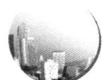

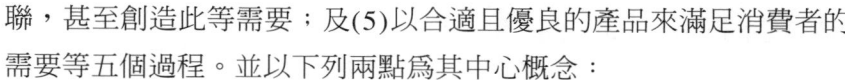

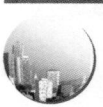

聯，甚至創造此等需要；及(5)以合適且優良的產品來滿足消費者的需要等五個過程。並以下列兩點為其中心概念：

1. 行銷為著重消費者而非著重產品的一種企業經營哲學與方式，係以消費者或購買者為出發點而非如過去般以產品為出發點。

2. 消費者的滿意為行銷工作的重心，故重視消費者需求、願望、態度及偏好之瞭解，以便生產能合乎消費者需要的產品或服務，最後並透過消費者的滿意來獲取利潤。

一般而言，在行銷的發展史上有五個過程，其觀念分別說明如下：

1. 生產觀念——認為消費者喜歡那些可以負擔得起且可以隨時獲得的產品。其特性是生產者大量生產以降低售價。

2. 產品觀念——生產者集中全力於製造優良產品，而且不斷的改良產品，以獲得消費者之接受。

3. 銷售觀念——由於生產容量的增加，但需求之增加不如供給增加之快速，故形成競爭，須從事積極的銷售及促銷努力。

4. 行銷觀念——由於消費者的意識抬頭，以及市場競爭日益熱絡，產品生產者必須額外投注心力於研發適合消費者需要及欲望之產品，並以促銷等手段將產品售予消費者，並透過消費者之滿足而獲取利潤。

5. 社會行銷觀念——公司主要任務是產生消費者之滿足，著重消費者與社會福利以之作為滿足組織目標與善盡社會責任的重點。

此五項觀念很清楚地指出銷售觀念是以銷售者的需要為中心，行銷的觀念則著重以購買者的需要為中心。而這也就是行銷的基本精神。

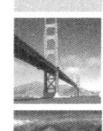
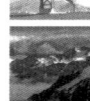

觀光行銷的定義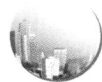

　　觀光行銷學為行銷學的一支，因此觀光行銷的定義與前述行銷的定義應無太大的出入。

　　瓦哈（S. Wahab）在其所著《觀光管理》一書中認為，觀光行銷為「國家觀光組織及（或）觀光企業在國際、國內及當地等階層為使團體或個別觀光客獲得最大的滿足，俾達成持續不斷的觀光成長所作之有系統而協調的一致努力」。

　　瓦哈在與克蘭蓬（L. J. Crampon）及羅斯斐德（L. M. Rothfield）合著之《觀光行銷》一書中認為，「觀光行銷為國家觀光組織及（或）觀光企業在當地、本區域、全國及國際等階層為使觀光客獲得最大的滿足及達成其目標，用以確認既經選定的實際及潛在觀光客，並與之溝通，俾確定並影響其願望需要、動機與好惡，從而擬定並調整其觀光產品的管理過程」。

　　克利平多夫（J. Krippendorf）在其所著《觀光行銷》一書中認為，觀光行銷為「有系統而協調一致地調整觀光企業的政策及國家的觀光政策，俾在當地、本區域、全國及國際等階層促使既經確定之顧客群需要，獲致最大滿足，從而獲取適當的利潤」。此一定義曾在國際觀光科學專家協會（AIEST）第二十三屆大會予以採用。

　　觀光行銷學者密道頓（V. Middleton）在其所著《觀光行銷》一書中則認為，「觀光行銷是包含觀光組織及資源、觀光消費者及其間交易三元素的管理導向哲學，其內容包含長期性的戰略與短期性的戰術，而最終目的為建立有效且滿足消費者需要及欲望之企業行為」。

　　從以上的定義中，足見觀光行銷乃是國家觀光機構及觀光企業為了瞭解實際及潛在觀光客的需要，進而提供適切的觀光產品，俾使觀光客獲得最大的滿足，從而達成國家發展觀光之目標或企業目的所採取之以觀光客為中心的一系列管理過程。

討論區

觀光行銷與一般行銷之異同

　　觀光為人們往來流動的一種特殊現象，與一般消費行為有別，因此難免令人產生觀光行銷是否與有形貨物（Tangible Goods）及服務業的一般行銷相異之疑問。

　　觀光事業通常被認為是一種服務事業，與其他服務（如金融、保險、租賃、管理等）並無不同。依此論點，則觀光行銷應可與一般行銷適用相同的原理及原則。不過由於構成觀光市場的觀光供給與觀光需求確實有其異於一般物品或服務之供需特性，因此觀光行銷勢非得引用部分特殊的法則，或將一般的法則作特殊的適用不可。

　　一般說來，觀光需求（Tourist Demand）具有下面幾個明顯的特性：

1. 觀光需求具有相當大的彈性。由於觀光畢竟不是人類的一種基本需要，時至今日，純為玩樂的觀光活動仍是一件可有可無的事，因此觀光需求往往會因價格的變動或經濟情況的變化而發生極大的變化。同時由於觀光旅遊又與支配金錢的其他方式（如購買新車、家具、別墅等）相互競爭衝突，故替代法則（Law of Substitution）的作用在這方面乃特別顯著。

2. 觀光需求具有明顯的季節性。觀光活動有明顯的旺季與淡季之分，此種現象主要是由於觀光客所來自的國家的自然氣候狀況及其制度上的因素所造成。制度上的因素包括學校假期、工廠停工、年節或假日等。凡此種種因素，使得觀光需求大量集中於某些期間，無法平均分配於全年各個月份。

3. 觀光需求具有高度的敏感性。觀光需求對政治、社會狀況之變化特別敏感，若觀光目的地區發生政治不穩定或社會動亂，則不論其觀光設備所訂之價格如何低廉，對觀光客亦不會有多大的吸引力。觀光旅客產生國與接受國之間的政治關係亦為一項極為重要的因素。此外，觀光需求對旅行風尚之轉變亦具敏感性。

　　就觀光供給（Tourist Supply）而言，亦有下面幾項重要的特性：

1. 觀光供給在基本上是一種勞務的提供，因此「生產」與「消費」必須同時

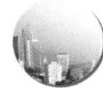

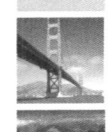

討論區

發生，無法讓觀光客先行試用，亦無法儲存備用，更無法運送轉移，必須觀光客親自前來方能享用，故與一般有形產品在意義上截然不同。

2. 觀光客所購買之觀光產品（Tourist Products）為各種不同成分的組合體，包括觀光目的地的各種名勝美景、各種食宿娛樂設備以及往返之交通運輸等。故觀光客所購買的最終產品在本質上是一種經驗或閱歷，而非一種明確的產品，因此在對「產品」價值的評估方面主觀的因素特別具重要性，所以觀光行銷宜特別重視情感的特性，以激發其良好的形象（Image）。

3. 觀光的供給具有固定性。觀光供給的主要構成項目不論其為實體的觀光設施或屬於人文性質的歷史及文化資產、或無形的民情風俗與生活方式、或屬天然的山林川澤，豔陽細沙，綠野藍天，白雪清風，在在都無法隨著觀光客之偏好及願望的轉變而輕易改變，這與一般產品之可隨觀光客的好惡而隨時予以修正、改變之特性不同。

從上述觀光供需的特性可以看出，觀光活動確實有其特殊的一面，而觀光客的消費行為也確實不同於一般產品顧客的消費行為。依此，觀光行銷雖仍屬行銷學的一支，但它應該是較為專門的一個部門。因此觀光行銷的實施人員於應用一般行銷的原理原則之時，必須考慮到觀光所獨具的特性，而作適度的修正，俾能切合實際情況而收到最大的效果。

觀光行銷的重要性

現代企業的經營不能僅憑直覺或臆斷，任何企業的發展均會受到環境及制度上的多重限制與壓力，必須採取妥善的經營管理方法，始能突破重重難關，終底於成。因此，行銷逐漸成為重要且有效的企業經營重點，任何企業若想有所成就及發展，就必須講究市場行銷的技術、法則及實務。

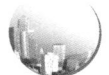

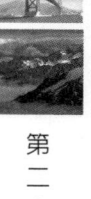

　　觀光乃是不同地方、不同行業及不同宗教的人一種暫時性的聚集行動。各人活動有其不同之生活背景、願望、愛好及動機，而這些因素皆因心理與情感之表達及長時間不同時空背景而形成。因之，觀光乃是一種敏感而複雜的現象，必須以不同的方式作適當之處置。而觀光事業更是一種複雜的企業，應講求周密計畫與妥善管理。行銷則為現代企業經營管理上的一種重要技術，因此，若想達成國家觀光發展之預定目標，不論國家觀光組織或觀光企業機構均須依照行銷的最新觀念來經營管理。

　　概括言之，觀光行銷有下列主要目的：

1.改善觀光目的地國家在觀光客心目中的形象。
2.在觀光事業的激烈競爭中維持及擴大其市場占有率。
3.增進觀光客人數之成長，提高觀光事業的經濟效益。
4.發展觀光事業，促進社會及經濟之發展。
5.獲取最大之利潤。

　　不過嚴格地說，不同的事業機構有其不同的目的及作為，如政府觀光組織與一般民間觀光事業（如旅行業、運輸業、旅館業等）性質不同，其行銷目的亦難免有所差異。大致說來，前者著重於國家聲譽與良好形象的創造及政治、文化、經濟、社會等目標之達成，而後者則重視利潤的追求。

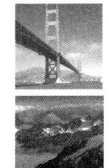

觀光行銷管理概念與觀光行銷環境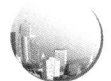

一、觀光行銷管理的概念

現代的企業由於市場的擴大，競爭的激烈，消費者的欲望日趨複雜，使得原本單純的買賣交易活動也變得複雜起來。企業組織為了獲得最大的利潤，消費者為了得到最大的滿足，二者之間基本上就存在著衝突。為了將這種衝突減到最小程度，俾能同時滿足企業組織與消費者的各自欲望，於是人們就開始從事於交易活動的種種研究與改進，因此使得商業活動從單純的以有易無的物物交換而演變為各自生產、分類集中銷售的貿易，最後更演變到今日的行銷管理（Marketing Management）之研究。

所謂「行銷」與推銷或銷售並不是同一意義。推銷或銷售只是單純的把企業組織所生產的各種產品送到消費者手中就算了事，而行銷活動卻是由觀念的建立，概念的澄清及思想的運用而綜合起來的一種結果。其目的即在於同時滿足企業組織獲得報酬的欲望和滿足消費者的欲望與需要。因此觀光行銷活動中產品的供給並不是依據觀光企業組織能生產什麼就製造什麼產品來推銷給觀光客，而是要事前分析、調查觀光客的需要，然後有計畫地來製造適合於觀光客需要的產品，在觀光行銷中還要設法刺激觀光客的心理，使之興起強烈的需求欲望，再給予產品，而使人獲得滿足。像這種從觀光客需要的事前調查活動，經過產品的研發計畫、促銷的措施到滿足觀光客的需要，使觀光企業組織獲得利潤的整個過程，才算完成觀光行銷活動。如何去計畫和執行一個行銷活動，如何在複雜的行銷活動中找出一條可循的途徑，使得在變化中尚可獲得統一，這些技巧的研究與運用，即是我們所謂的觀光行銷管理。

　　從另一角度而言，觀光行銷管理係指方案之分析、計畫、執行與控制。是在目標市場中創造、建立與維持有利的交易關係，爲達成期望的交易結果所採取的努力行動，其目的是爲了達成企業組織的目標。

二、觀光行銷環境

　　「行銷環境」指的是企業組織設計行銷策略時所遭遇的不可控制（Non-Controllable）的行動（Action）和力量（Forces）。更確切的說：是企業組織行銷管理階層機能以外之行爲者和力量；因此當行銷管理者欲和目標消費者發展並維持成功的交易時，將受到行銷環境的衝擊與限制。

　　觀光行銷環境可以分爲個體環境（Micro-Environment）和總體環境（Macro-Environment），個體環境包括與觀光企業組織最接近的行爲者，其會影響到觀光企業組織在市場中服務的能力。例如，觀光企業組織本身、供應商、行銷中間商、顧客或觀光客、競爭者和社會大眾。總體環境則由更大的社會力量所構成，包括P.E.S.T.四個因素（如圖2-2）。其中各英文字母分別代表：

　　P　政治力（Political & Regulatory Forces）

　　E　經濟力（Economic Forces）

　　S　社會文化力（Social & Culture Forces）

　　T　科技力（Technological Forces）

（一）個體環境與行銷之關係

　　以下分述觀光企業組織在個體環境中的主要行爲者及其與行銷之關係：

　　1.觀光企業組織本身（Company）：觀光企業組織在執行行銷

37

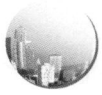

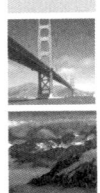

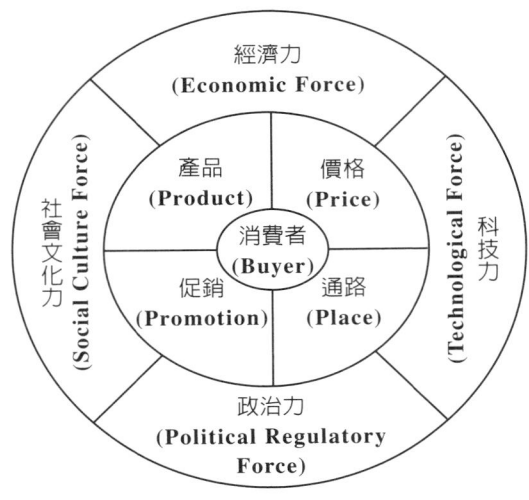

圖2-2　行銷環境關係圖

計畫之前必先獲得高階主管的批准；設計和執行行銷計畫時，一定要和其他部門緊密配合，如與生產部門之溝通等。凡此各部門即構成觀光企業組織的個體環境之一。

2. 供應商（Suppliers）：供應商為企業組織提供其生產產品及服務所需的各項資源，包括外界的其他企業組織與個人。若供應商出現變動，對企業組織之行銷必有重大影響，因此行銷管理人員必須注意各項重要投入項目之變動情形。以旅行業為例，當其要完成一件商品之交易（即一次Tour），其過程中牽涉的對象較多，如飯店、航空公司、遊覽車公司、餐廳、娛樂業、百貨藝品業等。要審慎尋找和詳核，然後選擇信用可靠、價格較低、具安全保障者，才能取得競爭有利的地位。

3. 行銷中間商（Marketing Intermediaries）：行銷中間商包含經銷商、通路業者等。如承攬綜合旅行社之甲、乙種旅行社，及僱用之導遊或領隊等；其才能與品德修養、企業組織信譽，都直接關係行銷之績效，因為一舉一動與企業組織之

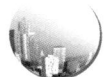

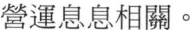

營運息息相關。

4.顧客（Customers）：構成觀光企業組織的個體環境尚包含產品購買者即顧客或觀光客。一般而言，顧客市場可區分為以下幾類：消費者市場、下游產業市場、轉售業市場、政府市場及國際市場等。各個市場各有其特性，有賴企業組織詳加比較研究。

5.競爭者（Competitors）：凡是企業組織必然有其競爭同業存在，因此行銷管理人員便不應僅以滿足消費者之需要為限，必須同時提出優於其他競爭對手之各項策略，方能贏取消費者之青睞。

6.社會大眾：社會大眾也在企業組織的個體環境中扮演重要角色。所謂社會大眾係指某些群體而言；該群體的實際利益或潛在利益對企業組織達成其目標之能力會有實質影響。因此，一個企業組織行銷計畫之擬定除必須顧及消費者外，尚須兼顧社會大眾之利益。

（二）整體環境與行銷之關係

觀光企業組織及其個體環境中的各個成員，共同運作於另一個較大之整體環境中，即為本段所要探討的整體環境與行銷間之關係。整體環境中之各項力量對企業組織既形成威脅，亦造就機會。此類力量均屬企業組織無法控制但又不能不密切注意其演變及動向，分別說明如下：

1.經濟力：所謂經濟力係指足以影響消費者之購買力及金錢支付習慣之各項因素而言。觀光企業組織之市場不可缺少人的因素，但也不可以缺少購買力。消費者購買力的高低常取決於當期收入、價格、儲蓄及信用等各項變數，此亦即經濟力量。故觀光行銷人員應對經濟之變動及影響詳加瞭解。

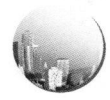

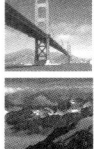

2.政治力：企業組織的行銷決策深受政治環境變動之影響。所謂政治力係指有關法令、政府機關及社會相關團體等，足以影響及限制社會中各機構與個人行動者，如管制企業活動的法案（公平交易法）、政府管制機關之變動（旅遊局之裁撤）及公眾利益團體之興起（消費者文教基金會）等。

3.社會文化力：所謂社會文化力係指可以影響社會的基本價值、認知、偏好及行為的各種團體及力量。主要包含文化價值、次文化及次文化價值的轉移等。例如，地球村的觀念，主要為促使各國人民瞭解其他文化的動力，進而促進觀光旅遊之發展。

4.科技力：科技是當今最能主宰人類未來命運的一支力量，所謂科技力係指足以影響企業組織發展的新科技，並為其創造新的產品機會及市場機會的各項力量而言。例如，在觀光企業組織中的航空公司即為科技發展所帶來的產物。

　　觀光行銷環境不但會產生新的機會，也會產生新的威脅，所以行銷人員必須不斷地偵察變化的情況，去探索、去研究、去調整行銷策略，以期觀光企業組織蓬勃之發展。

觀光行銷的基本步驟

　　行銷是企業不斷運行前進的動力，所以行銷的英文Marketing蘊含了進行式動態的意思；扼要言之，就是便利或加速交易的活動均稱為行銷。

　　一般而言，觀光行銷之進行包含有三個步驟及四個策略。三個步驟分別是：選擇目標市場、瞭解目標市場之需求及擬定行銷策略。四個策略則包含了產品策略、價格策略、通路策略及促銷策

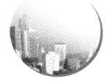

略。

　　以下就日常生活所及，先行介紹上述步驟及策略。

一、選擇目標市場

　　選擇目標市場所依據的是市場調查，市場是一項投資，不一定能創造利潤，卻有助於行銷目標的設定，例如，以電視機的市調資料爲例，台灣目前電視機的普及率高達90％，是否可以認定電視的潛在市場有10％嗎？其答案是否定的。這10％沒有電視的家庭很可能是在收視不到的地區，或在無電力設備的地區，亦或是貧戶或是有特殊障礙家庭（如盲胞）等；因此，如將此10％的市場視爲目標市場，將會衍生其他問題。從行銷的角度視之，目標市場之選擇可從90％已有電視的家庭中來創造市場，如汰舊換新的市場、第二台電視機的市場、個人電視的市場等，從市場分析中尋獲商機。

二、瞭解目標市場之需求

　　行銷的第二個步驟就是瞭解目標市場的需求。以房地產爲例，是不是品質愈高愈好？答案仍是否定的。地段好、造工精緻、用料高級的房地產品相對的價格也很高，而大多數人只是爲了解決「住」的基本需求，於是價位就成了重要的決定因素，太貴了反而令消費者買不起。故產品的品質並不一定愈高愈好，端視目標市場需求的差異而定。

三、擬定行銷策略

　　瞭解目標市場的需求，接下來就要擬定行銷策略。策略有四：

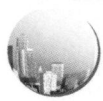

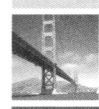
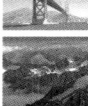
1. 產品策略：競爭越激烈，產品差異性越小，行銷也就越競爭。例如，汽車產品，在同一車系的產品中，也分為不同年分之車型（如98年、99年），這就是在創造產品的新生命力，每年改進一小部分，就能領先一步，促進市場的新陳代謝。

2. 價格策略：定價的適當與否，對銷售的影響十分巨大。有些產品價格訂得太便宜反而沒人買，如賓士汽車代表的是身分與地位，自然是便宜不得。

3. 通路策略：即使消費者能適時、適地、適量的取得產品。如連鎖便利商店取代了傳統雜貨店，成為新的通路即為一例。

4. 促銷策略：如廣告、促銷活動、展示會、說明會、造勢活動等均是促銷策略。廣告同時亦含教育消費者的功能，如您想買一台冷氣機，您會要求什麼？省電、無聲、強冷、不滴水、小而冷、小而省！這些資訊絕大部分就是從廣告中得來。

觀光行銷簡例——以旅行業為例

一、問題描述

　　旅行社可說是最基層的旅遊尖兵，它們對市場的變化也最敏銳，它隨著當時之社會結構、經濟環境、政治狀況和文化變遷而呈現出不同的風貌和發展模式。自1979年1月1日，政府開放國人出國觀光以來，解除了長久以來的出國旅遊限制；此外，1987年，政府開放國人前往大陸探親，此兩個重要的開放政策，對旅行業的成長

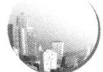

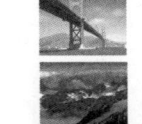
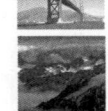

有決定性的意義。由於國人出國觀光的開放，旅行業的出國觀光業務日漸興盛，加以相關法令之相繼放寬，國民所得之增加，出國觀光旅遊蔚然成風，在在均有助長旅行業之業務開拓；另外，大陸探親政策開放後，由於距離咫尺和無語言之障礙，待旅行業開放後，絕大部分的旅行業均從事大陸旅行團的安排業務。由於台灣地區生活水準費用之提升，台幣之升值，國內觀光資源的缺乏（無法和中國大陸以及其他各國相比）、國內物價太高、交通太亂、服務品質低落、旅行團因惡性競爭而造成經營方式不當（如不惜低價接團，然後在瀏覽途中拼命帶客人採購，來增加旅行社收入），諸如此類，使得來華觀光客急遽減少，也使得來華觀光旅行業者面臨極大的壓力。因此，旅行業者必須有共同體的認識，必須全力出擊，及改變行銷策略。

二、旅行業的定義與特質

（一）旅行業的定義

　　旅行業即為旅客代辦出國手續及簽證手續，或安排觀光客旅遊、食宿，及提供有關服務而收取報酬之事業。

（二）旅行業的特質

　　旅行業所銷售之產品為其所提供之「勞務」，而勞務是具有專業知識的人員，適時適當地為消費者服務。其勞務無法貯存，亦無法驗貨，亦不能與服務主體之人分離同時在兩地服務。茲就其特質分述如下：

　　1.旅行業的產品乃勞務之提供（勞力與知識），依附於提供者個人身上，必須即時地向欲購買之對象提供。無法與其他商品的產製一樣，可以事先預估市場的消費與需求量大小預先製

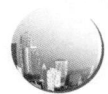

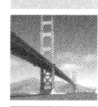
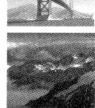
造，儲存備用，或於供過於求時，停工留料減產。故其供給彈性甚少。淡季（Off Season）時人員閒置，徒然浪費人事費用；旺季（On Season）時卻每每感到人手不足，旅行業的經營即往往有此困難。

2.旅行業的產品是無形的，沒有樣品，無法事先看貨、嘗試。產品既沒有一定規格，品質亦難以獲得絕對的保證，須參加旅行之後，才能加以評判其價值及功能。且好惡常因人而異，對其評判無客觀標準。旅行社與旅客間所以糾紛迭起，供需雙方之爭端，每每導因於此。因此，如何塑造「產品」的良好印象，以及如何提高服務品質，乃是旅行業行銷上不容忽視，主管機構以及管理有關法令要更為周延。

3.旅行業的產品，必須在規定期限內使用，無需廠房、陳列室等大型設備，只需要一個固定的辦公室及簡單的通訊文書設備便可開業，無需龐大的資金作為營運資本。買空賣空，市場介入容易，無法獨占或寡占市場，劇烈的競爭便隨之而起，旅行業競爭壓力也就較大。

4.旅行業向旅客提供服務，另一方面須取得相關行業，諸如：旅館業、運輸業、餐飲業、娛樂業的信賴。因為相關行業多憑其往日之信用先行提供服務後收費，至於較少往來者僅要求一些保證金即可接受預定座位、客房或餐飲。信賴的取得全靠彼此的認識與交情，因之人際關係的運用、信譽的建立，乃成為旅行業爭取客源的主要條件。

5.旅行業為一種服務業，而服務來自於人，故服務品質乃繫於提供者的素質及熱忱，因此員工的良莠成為服務品質之指標，更為營業成敗之重要因素之一。可見旅行業乃是以「人」為中心的事業，人不僅是服務的對象，也是其事業的資產。

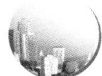

三、旅遊事業的行銷觀念

國人隨著經營的發展，多已接受了行銷觀念，企業要成長，其行銷策略便占了舉足輕重的地位。所以，旅遊事業的行銷，是集合有關企業個體，如：航空公司、旅館、餐廳、旅行社、娛樂業、遊覽車業、特產品商店等，而成為一個大型經營體系，其觀念上，有下列特色：

（一）催請消費者趨就產品與服務

一般產品的推銷，係將產品賣給消費者，尤其自行處理而消費之，以獲致滿足。這種銷售方式，我們可稱之為「帽子就頭」，例如，紡織品遠銷美國，美國人則可以在其居住附近的布店內購得布料，取回家後就可以做成各式各樣的衣服。旅遊事業的銷售方式則迥然不同，如以觀光地區而言，首先須將觀光客催請來到這一地區，例如，日月潭的明月風光，不可能移至消費者居家附近，而必須以廣告及促銷的手段，促其前來我國，然後得以享受我們的風光文物。這種銷售方式，我們可稱之為「頭就帽子」，亦即帽子在固定的位置，而須將頭移動以就之。

所以，催請觀光客前來我國觀光，便成了旅遊事業經營體系的第一個步驟，也是旅遊事業行銷活動的起點。

（二）立體行銷的素養

任何一個企業個體，其內部組織，通常至少可分為所謂的產、銷、人、發、財：生產、業務、人事、研究發展各部門及財務。由於職能上的分工，各部門雖然各有所司，但在行銷觀念之下的廠商，其整個企業工作努力的目標，必須朝向消費者。如果把企業各部門視為行銷觀念的點，則企業個體將成為面，而整個旅遊事業就成了體。世界許多觀光地區，都已朝著立體行銷的目標邁進，其成

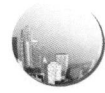

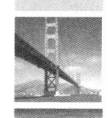
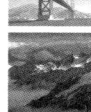
敗優劣，端賴此一地區的合作與協調。

　　旅遊事業立體行銷的最高表現，就是：(1)沒有一個觀光客內心發出怨言；(2)沒有一家旅遊業體折了本賠了錢。這一境界雖說是理想，但卻是一個可行的標的。

（三）要爲消費者來源著想

　　舊式的生意經，常常把自己所出產的產品看得很重，且以此爲傲。現代化的行銷觀念，卻把消費者看得很重，尤以觀光旅遊事業爲然。在一般行業中，付出外國產品經銷或製造的權利金，時有所聞，且已普遍。但爲獲得市場或消費者而付權利金的，恐怕只有在旅遊事業中，較爲流行。連鎖旅館經營權利金之繳付，所爲何來？其主要目的還是爲了市場或消費者來源的確保。

　　所以，旅遊事業的行銷觀念，是要把眼光放在企業以外的消費者身上，以求取消費者的滿意。

（四）利潤來自創造消費者的滿意

　　傳統的利潤觀念，是收入減去成本等於利潤。收入就是售價，而售價則是將成本加以相當利潤而得。反觀旅遊事業，其利潤的大小，則以觀光客滿意程度爲斷，已經脫離了成本因素。在飯店喝一瓶汽水比在冰果攤上喝一瓶同樣的汽水，其要價可能多至三倍以上，原因就是飯店氣氛令人感到滿意。

　　創造消費者的滿意，成了整個旅遊事業利潤的基礎。觀光客爲什麼會對旅遊服務有所需要呢？簡言之，那就是因爲出國觀光旅遊能夠滿足人類某些欲望，故凡服務或物品具有滿足人類欲望能力者，皆可稱之爲有效用。因此，觀光客對於服務或物品所願償付的價格，是以效用高低爲標的，很少去追究原來的成本爲若干。是以爲了確保旅遊事業的利潤，對於研究如何不使觀光客以較少的價格，去獲得效用較多的服務或物品，實在有必要。

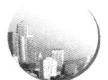

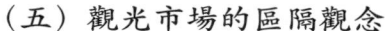
(五) 觀光市場的區隔觀念

一個觀光地區所能吸引的觀光客，有時會受到客觀因素的影響，諸如：觀光來源地的人口總數、國民所得、路程的遠近、消費習慣、教育程度、民族個性等，均非觀光地區所可左右或影響。要吸引經濟效益較高的觀光客，最好的辦法，須先配合本地的觀光資源，而將可能的觀光市場予以區隔。事實上，一個具體的觀光市場並不存在，它是靠著以不同觀點或標準區隔出來的。譬如，歐洲各國其對觀光市場的區隔通常有所謂：青年觀光客、貴族觀光客、博物館參觀者、滑雪運動者、歌劇愛好者、旅遊豪客者，每一類型的觀光客都具有其獨特之處。至於其他區隔的方法有：年齡、性別、所得、職業、家庭大小、宗教、社會階層、城鎮縣市、教育程度、消費習慣等，均可用於廣告對象的重點，並可對本地觀光資源做空間與時間的調配發揮。

四、觀光行銷組合

至於用來表達行銷最終目標之各種因素互相交織而成的一個複合群，就是行銷組合。而觀光行銷組合係由產品、價格、通路、促銷等變數所組合而成，即一般在觀光行銷上之4Ps。

(一) 產品策略

產品（Product）策略即在完成觀光市場調查，確切瞭解觀光客的類型與需要之後，依照觀光客的各種需要、愛好及欲望，制定產品發展計畫，提供適切的觀光產品。

(二) 價格策略

價格（Price）策略即為使觀光產品能對目標市場具有吸引力，而於考慮觀光客、競爭者、供應商、政府觀光政策等因素及設定觀

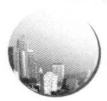

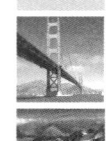

光目標之後，訂定適當的價格及付款條件，並付諸實施。

（三）通路策略

通路（Place）策略即爲使適合的觀光產品能供達目標市場，而考量各種不同配銷通路，並選定最佳之通路予以利用。一般而言，旅行業之配銷通路有：

1.傳統之通路：主要爲旅行社，包括：
   (1)旅遊零售商：即構成主要銷售點的旅行社。
   (2)旅遊半批發商：即從事設計遊程、組織旅行團，並利用各種媒介直接向公眾銷售包辦旅遊者。
   (3)旅遊批發商或旅遊安排業：即專門利用包機、包船或自有之交通工具組織前往觀光目的地之包辦觀光團者。
2.日趨重要之非傳統性通路：包括：
   (1)大工廠及公司。
   (2)工會。
   (3)社團及俱樂部。
   (4)大學及一般學校。
3.發展中之新的直接通路：包括：
   (1)郵訂銷售。
   (2)透過專爲特定社會團體服務之銷售網。
   (3)在超級市場及百貨公司設置旅行服務櫃台。

（四）促銷策略

促銷（Promotion）策略即爲與目標市場溝通有關觀光產品及其配銷通路、訂價等之訊息，擬定觀光促銷計畫並作最有效的實施，包括第一階段之確定促銷對象，第二階段之決定，第三階段之選擇宣傳媒體及第四階段之成效考評等。

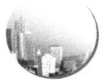

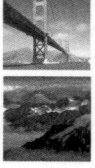

　　由於旅行業已開始進入行銷時代，所謂行銷具體概念必須密切注意市場動向，針對市場導向來更新方式，以期符合國人的口味。

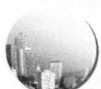

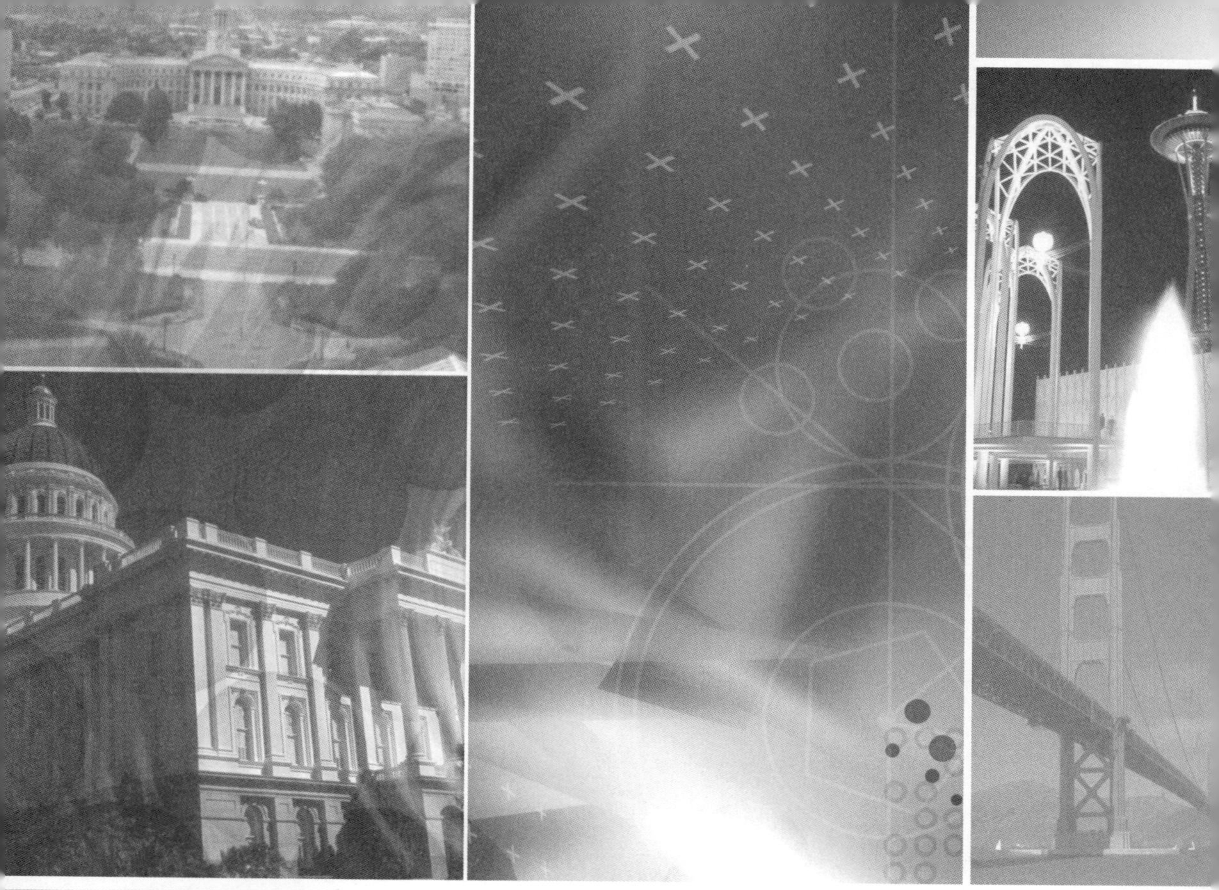

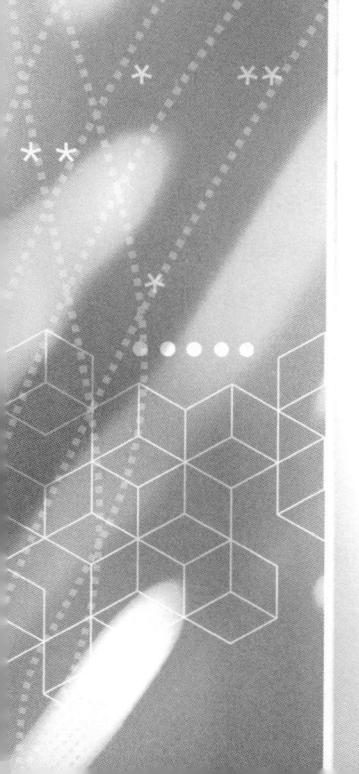

第三章

觀光市場及其
內容

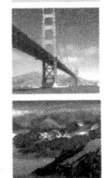

觀光市場的意義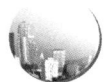

一、市場的意義

最早，所謂的市場（Market）係指一個「實際場地」而言，提供買賣雙方聚會、交換彼此的產品和服務。此定義與現今之傳統市場極為接近。市場一詞的用法往往視使用人內心所指及其所屬的行業而定。例如，就業務人員而言，所謂市場係指他可找到其所銷售商品之零售商、中盤商或消費者的地理單位，如一個城市或一個地區。

但從經濟學的觀點看，市場一詞可解釋為對某項產品有所需求並有能力及意願購買該產品之個人組織之集合。引申為買賣雙方間的一個交易體系。按此處所謂的產品可以為有形的商品，也可以為無形的服務。此種意義的市場係由供給與需求所構成。

就行銷學的觀點而言，所謂市場係指一項產品的實際及潛在購買人而言，這些實際購買者有可能是被吸引去購買該項產品的人，他們可能集中在一個地區，也可能分散在許多不同的地區，他們構成了各種同質性群體（Homogeneous Groups），他們的經濟行為、購買力、年齡、職業、性別、需要及動機等等使得他們能夠購買或易於被吸引去購買相同的產品。因此，行銷學上的市場乃是指某項產品（不論其為有形的貨品或無形的服務）的實際及潛在需求。

二、觀光市場的意義

針對前述市場的意義，則所謂觀光市場（Tourist Market）可有兩種意義：

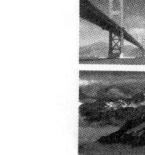

　　第一，觀光市場可視爲觀光產品消費者所在的地理單位，即指任何產生觀光客的國家（Tourist-Generating Nation）或地區。目前的世界觀光市場主要爲歐洲及北美洲等工業先進國家，日本、澳洲及拉丁美洲之部分國家亦可列入。

　　第二，觀光市場可視爲在某種旅遊動機下對某種觀光產品的實際及潛在需求。簡而言之，觀光市場乃指前往或可能前往某一目的地（國家或地區）觀光旅遊以滿足使其從事觀光旅遊或原則上決定去觀光旅遊的某種需要的那些人。根據此一意義，我們可在同一個觀光客產生地（國家或地區）找出許多不同的觀光市場，也可以在不同的地理位置或區域中找出相同組成的觀光市場，例如，有的人爲了渡假而出去旅遊，有的爲了開會而出去旅遊，有的人爲了增廣文化見聞而出去旅遊等等，這些住在一個國家或數個國家的人乃構成一些相同觀光行爲的群體。

影響觀光需求的外部因素

　　如前所述，觀光市場係由觀光需求與供給所構成，本節乃就影響觀光需求的外部因素加以探討。

　　觀光需求受大量的各式各樣因素的影響，其中有總體因素及個體因素。旅遊價格、國民所得及休閒時間是影響觀光需求的基本因素。另外，在現實生活中，觀光需求還與其他許多因素發生關聯。例如，政治、經濟、社會、文化、歷史、法律、家庭、宗教、民族、自然、心理等方面的因素都有所影響。在國際觀光中，則有三個重要的因素：(1)觀光產生地區或國家方面的因素；(2)觀光目的地國或地區方面的因素；(3)產生地區或國家和觀光目的地區或國家之間的一些因素。它們對觀光需求起著促進或抑制的作用，以下就一些主要因素進行分析。

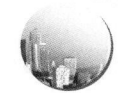

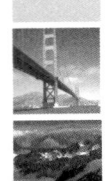

一、總人口

　　此因素不僅影響基本生活需要的變化，同時也影響諸如觀光旅遊之類非基本生活需要的變化。如從全世界總人口與國際觀光客人數變化關係來看，1970年世界總人口為36.7億，國際觀光客人數為1.587億，占世界總人口的4.3%；1980年世界總人口增加到44.3億，國際觀光客人數增加為2.85億，占世界總人口的6.4%。美國1977年總人口2.16億，參加國內外觀光旅遊人數為5.61億，為全國總人口的2.5倍；1981年美國總人口增至2.298億，參加國內外觀光旅遊人數達11.9億，可見總人口增加對觀光旅遊人數增加有一定的影響。當然，此與發達或不發達國家其他因素亦有關係。

二、人口地理分布

　　一般而言，都市居民觀光旅遊的人數比鄉村為多，而且比例也較高。原因如下：(1)城市居民收入較高，經濟條件較好；(2)城市交通發達，觀光旅遊資訊暢通，條件較好；(3)都市人口稠密，環境污染大，迫使人們以觀光旅遊來調節生活。例如，1972年美國城市人口為1.5億多人，鄉村人口為0.57億人；前者參加海外觀光人次達285.6萬，而後者僅達56.2萬，各占人口總數的比例分別為1.9%及1.0%，前者比後者幾乎高出1倍。

三、人口年齡結構

　　例如，退休的銀髮族既有錢又有時間，希望在有生之年出外一飽眼福，但身體條件較差，對交通工具、住宿條件要求較高。對正在工作的50歲上下的人，他們也喜愛假日或利用出差機會觀光旅

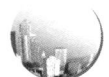

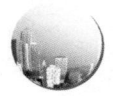

遊：30-40歲的中年人，孩子較小，有一定牽累，觀光旅遊受限制；15-30歲的青年人讀書學習，假期渴望觀光旅遊，但經濟條件卻受限制。

四、人口性別結構

女性觀光旅遊正在迅速增加，原因是近年職業婦女人數增多，女性意識抬頭，男女平等，經濟獨立。如日本女性出國觀光1970年僅為14.87萬人，1981年增至25.1萬人，比重占全部出國觀光人數的31%強。

五、人口職業結構

企業主、商人，業務繁忙，出差機會多；科技人員、醫生、教育工作者等外出學術交流機會多；職員、自由職業者假日外出旅遊也較多。

六、家戶人口數及教育程度

這也是一個重要因素。如目前歐美國家家戶人口小型化，家庭牽累少，大大減輕外出觀光旅遊後顧之憂。受教育程度越高，社會地位越高，對到世界各地瞭解願望越強烈，所以觀光需求就越大。

七、政治因素

政治因素包括觀光產生國或地區和觀光目的地國或地區的政策以及它們之間的關係。前者對觀光需求產生的主要影響，表現在政

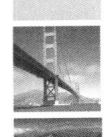

府對人們進行觀光旅遊採取的態度及外匯管制。如傾向支持態度，採取各種措施滿足人們旅遊需求，外匯管制也放鬆，出國觀光的人數就會增加；反之，政府採消極態度，外匯管制嚴緊，攜帶出口幣值限額減少，出國觀光人數就會減少。

在觀光目的地國或地區，政府對觀光旅遊所採取之態度、政策，對觀光需求也會產生促進或抑制的作用。如出入境時，海關採取寬鬆政策，手續簡化，或採取落地簽證及某限內免簽證措施，方便觀光客，就會促進觀光需求；反之，會使觀光客減少。

八、貨幣匯率

這是反映不同國家不同貨幣之間的相對價值，對國際觀光需求的變化有重要作用。如觀光產生國或地區的貨幣相對於觀光目的地國或地區的貨幣升值，而後者產品價格（包括觀光旅遊價格）又未相應提高，則前者的居民去後者觀光時花費的實質貨幣就會減少，從而促使前者居民對後者觀光需求的增加；反之，前者的貨幣對後者的貨幣貶值了，則會阻止該國的居民對後者的觀光需求。對觀光目的地國說來，貨幣升值會減少觀光旅遊；貨幣貶值則會促進觀光旅遊；對於觀光產生國說來，貨幣升值會促進本國居民到國外觀光，貨幣貶值則阻止國民外出觀光。

九、通貨膨脹或物價指數之上漲

觀光目的地國或地區之通貨膨脹，或物價指數上升會直接或間接影響導致觀光旅遊服務的產品甚至比一般消費品價格上升得更快。若觀光目的地國或地區消費品物價指數上升過高，甚至高於觀光產生國或地區的消費品物價指數的上漲，即使該國該地區觀光旅遊資源對觀光客很有吸引力，也會使觀光產生國或地區居民對該國

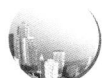

該地區之觀光需求減少。

十、交通費用

這裡的交通費用指的是，觀光產生國或地區至觀光目的國或地區的交通成本，即國際交通費。這些費用不包括在觀光目的地國或地區的產品價格中，這一部分費用尤其是在七〇年代中期發生能源危機後，在觀光客總開支中占相當大的比例，是觀光客不得不考慮的問題。如美國1978年統計出國觀光總開支為113.71億美元，其中國際交通費占29.22億美元，占觀光總開支的25.7%。所以，國際交通費用也是個重要因素。

十一、觀光供給因素

觀光資源是誘導觀光客獲取特殊使用價值的主要對象；其次，觀光設施和觀光服務品質與觀光需求關係亦密切，甚至可決定觀光市場的成敗，如提供完善服務、具有文化特色設施，觀光需求就會擴大。此外，尚有一些因素如經濟因素、價格因素、媒體傳播因素等會限制觀光需求之產生。

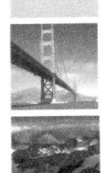

觀光供給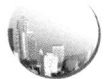

一、觀光供給的內容

　　觀光旅遊活動向觀光客提供各種觀光資源、設施、服務及一些間接為觀光客服務的設施，均屬於觀光供給的範圍，觀光供給是觀光經濟活動的一項重要內容。以下茲將觀光供給分為基本和輔助兩類加以說明：

（一）基本的觀光供給

　　基本的觀光供給，是指直接與觀光客發生關係的觀光供給部分，即旅遊目的地、交通運輸、餐食住宿、觀光紀念品及相關的服務等。旅遊目的地，通稱觀光資源，包括參觀、遊覽、娛樂的各種自然資源、歷史文化古蹟、風光景色、鄉土人情，娛樂和療養場所及其他遊覽對象。旅遊目的地的觀光資源是觀光活動的重要誘因，也是觀光業發展的首要憑藉條件。一個國家或一個地區擁有的觀光資源越豐富，越有特色，對觀光客的吸引力就越強。再加上所必須要提供的交通、住宿、觀光紀念品及相應觀光旅遊服務。這些設施、服務的品質高低、完善程度，均會影響觀光客的情趣、願望，因此觀光資源、設施和服務構成基本的觀光供給體系，成為觀光供給的主要內容及觀光業的基本內容。

（二）輔助的觀光供給

　　輔助的觀光供給，是指觀光的基礎設施，它為基本觀光供給體系服務，如包括供水系統、供電系統、空調系統、污水處理、電信系統及旅遊區（或旅遊景點）的地上和地下建築（機場、公路、鐵路、火車站、停車場、碼頭、路標、路燈、衛生設施）等主要公用

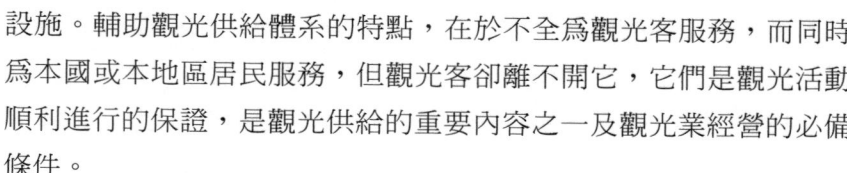

設施。輔助觀光供給體系的特點，在於不全爲觀光客服務，而同時爲本國或本地區居民服務，但觀光客卻離不開它，它們是觀光活動順利進行的保證，是觀光供給的重要內容之一及觀光業經營的必備條件。

綜上所述，觀光供給同時要向觀光客提供旅遊產品，爲觀光客服務，如提供當地的土特產商品及食、住、行、遊、購五方面的需求等。因爲觀光供給內容要受觀光客活動需要的制約，應多方面提供相應的供給內容，使供給內容的各部分密切聯繫，構成完整的供給體系。

二、觀光設施與服務內容

觀光活動包含自然、人文和人工資源，以及許多相關行業、設施、服務和活動。觀光客可能臨時起意，或花了很長的一段時間，蒐集有關資訊，決定在某段時間或某個假期作一趟觀光旅遊。他可能委託旅行社代辦手續，也可能藉著相關的資訊及指南，搭乘飛機或遊輪，或自己開車、或租用車輛，到達具有吸引力之目的地。此目的地可能是具獨特自然美的地區，這自然美包括了：氣候、天象、地形、地質、動物、植物、海灘、瀑布、湖泊、溫泉等；此目的地也可能具有獨特的人文資源，如：歷史古蹟、廟宇、教堂、民俗、傳統、節慶、美食、音樂、美術、戲劇表演、產業活動與設施、生活習俗、運動比賽等。此外，人工景點（Man-Made Attractions），如：遊樂區、高爾夫球場、購物中心等，也可引發觀光旅遊活動。在旅途中，觀光客可能因需要食物、住宿、加油、打電話、領錢等，而在某些地方稍作停留；也可能生病或遭扒竊。在目的地地區，觀光客無論停留多久，從事哪些活動，都需要許多相關的設施及服務以提供所需。這些設施及服務可以分爲兩大類，即基本公共設施（Infrastructure）和上層設施（Superstructure）。

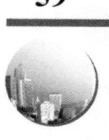

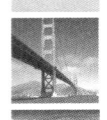

二者很難作明確的區分，但一般而言，基本公共設施指的是當地對外通訊聯絡和日常生活所需的公共設施，包括：道路、停車場、鐵路、機場、碼頭、水、電、排水及污物處理、郵政、電信、治安、消防、醫療、銀行、零售商店等設施及服務。上層設施指的是針對觀光客所需，彌補基本公共設施之不足的設施及服務，如：住宿、餐飲、娛樂、購物等。

　　若從觀光事業的角度來看觀光，與觀光活動有關的主要行業包括：交通運輸業、住宿業、餐飲業、旅行業、遊樂業、會議籌組業、零售產品及免稅商店、金融服務、娛樂業、觀光推廣組織等。所以，觀光事業是屬於一種複合產業。上述的行業構成了觀光事業的核心；雖然當地居民也可能光顧這些行業，但其商品和服務仍主要是為了滿足觀光客之消費。可是，觀光客同時也不能沒有基本公共設施（即：醫院、銀行、郵局、零售商店等等），雖然這些設施及服務主要是為了當地居民之所需。因此，觀光事業是一綜合產業。

　　在觀光事業中，最普遍使用的觀光設施及其服務內容包含：

（一）觀光旅遊交通運輸設施

　　觀光旅遊交通運輸設施方面可分為：航空、鐵路、公路、水路四大類型。空間轉移越快、時間消耗越少，觀光客就越感到方便、滿意，所以觀光旅遊交通運輸設施不斷更新和現代化，對觀光業發展可起巨大的促進作用。

（二）觀光旅遊住宿及餐飲設施

　　在住宿設施方面要衛生、舒適、安全，使觀光客能保持旺盛的精力；另外，獨具風格的旅館和享有盛名的佳餚，也會吸引觀光客。

（三）觀光旅遊娛樂及商店設施

　　娛樂場所、療養、體育、商店等設施，可提供給觀光客活動中

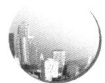

遊樂和購物的條件。如香港以其購物天堂的地位每年吸引著數以億計的觀光客。

（四）觀光旅遊服務

觀光旅遊服務可包括翻譯導遊、住宿、飲食、交通、物質供應、出入境及各種與觀光旅遊直接或間接有關的服務。

（五）輔助觀光供給——基礎建設設施

輔助觀光供給意指輔助所有旅遊設施正常運轉，及為觀光旅遊服務順利進行提供保障。例如：社區規劃、鐵路設施及公路建設等。

小小知識

觀光資源特性及其內容

觀光資源是觀光供給的重要內容之一，多種多樣，按其形成原因和屬性，分為兩大類：自然景觀和人文景觀。前者是大自然的產物，是「天工巧匠」的傑作；後者是人類文明的產物，包括人類進化及其文化發展的文化遺跡，社會歷史發展過程中人類文明的遺產，內容各異的博物館、名人故居、宗教聖地等。茲將觀光資源之特性說明如下：

1. 獨特性：世界各地自然景色千差萬別，引人入勝。
2. 民族性：各地民族歷史發展過程不同，經濟狀況、生活習慣、服飾裝束、志趣技藝、風土人情等都各具一格，觀光地要帶有濃厚民族色彩。
3. 地域性：各國各地區的地理位置、自然環境及歷史也不同。
4. 持續性：觀光資源不同礦產資料的開發，只要合理選擇、妥善保護，能持續被利用，永不枯竭，人文資源，隨著經濟、文化和科學技術的發展，還會向縱深發展。

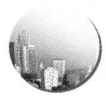

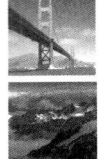

我國觀光市場分析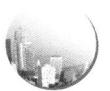

　　台灣地區，由於經濟發展良好，人民生活水準逐年提高，觀光遊憩活動已成爲國民生活的一部分，同時也是我國經濟發展重要的一環。下列僅就國際觀光、國民旅遊、國際觀光旅館、旅行社及風景遊憩區等逐一加以研究分析以探討我國的觀光市場。

一、國際觀光

（一）來台國際觀光旅客

　　依據交通部觀光局2004年《觀光統計年報》所載，2004年來台觀光旅客共計2,950,342人，較前一年成長31.24%。其中外籍觀光客2,428,297人較前一年增加34.01%；華僑觀光客計有522,045人，與前一年比較增加19.71%。

　　前述來台人數中，以日本籍觀光客最多，達887,311人，占來台觀光客總人數的30.07%；其次爲港澳觀光客，達417,087人，占14.14%；美國觀光客達382,882人，占12.98%；韓國觀光客達148,095人，占5.02%。東南亞地區之外籍觀光客共達568,269人，占19.26%；歐洲觀光客共達164,945人，占5.59%；紐澳地區觀光客共達50,958人，占1.73%，華僑旅客達522,045人占17.69%。

　　來台觀光客每人每天平均消費爲180.52美元；其中旅館內支出費用占48.50%；旅館外餐飲費用占12.40%；交通費用占7.63%；娛樂費用占8.25%；其它雜支費用占4.60%。另根據「旅客出入境登記表」資料統計，每一觀光客平均停留夜數爲7.61夜，每一觀光客在華消費金額應爲1,374美元；亦即，當年我國觀光對外匯收益應爲40億5,300萬美元。

　　來台觀光客如以來台目的分析，以觀光最多，占34.97%；次為業務，占31.20%。如以年齡來區分，其中以30至39歲者最多，占25.99%。

（二）國人出國觀光

　　2000年中華民國國民出國人數首度突破700萬大關達7,328,784人次，除了2003年SARS因素外，每年均在700萬人次以上。如以平均比率計算，約占台灣總人口的三分之一，為世界各國少有的現象。

　　2004年我國國民出國人數達7,780652人次，國民出國主要前往地區，依人數多寡分別為，6,428,530人次（82.62%）前往亞洲地區，排名第一；其次為美洲地區占8.34%，計為648,630人次；第三者為歐洲地區，占3.35%，約260,345人次。大洋洲地區有138,913人次，占1.79%。

　　又以出國人性別區分，男性占58.08%，女性占41.92%。平均國民出國停留海外時約為10.57夜，每人每次旅遊花費金額為41920元（美金：1,248元），而出國旅遊總支出達3,262億元（美金：97.12億元）。

二、國民旅遊

　　在國民旅遊方面僅根據風景區旅遊說明如後：

　　2004年台灣地區主要風景名勝地區計有910餘處，其中包含：國家公園6處，國家風景區12處，縣市級風景區45處，森林遊樂區21處，博物館165處，溫泉92處，休閒農場24處，主題樂園41處，古蹟380處，海水浴場19處，高爾夫球場84處及商店街21處。旅客人數統計約為109,338,000人次，將近台灣總人口數的5倍。其中以獅頭山風景區5,204,232人次，排名第一；中正紀念堂5,176,719人

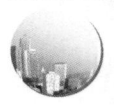

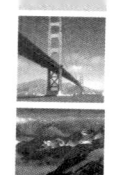

次,排居第二;動物園3,254,593人次,排名第三。

三、台灣地區國際觀光旅館

2004年台灣地區經交通部觀光局評定爲國際觀光旅館者計有59家,共有客房17,456間;觀光旅館者有26家,計有客房2,951間。其中台北市國際觀光旅館計有26家,觀光旅館9家;高雄市國際觀光旅館8家,觀光旅館0家;台灣省方面,國際觀光旅館計有25家,觀光旅館17家。觀光旅館總住用率爲68.31%。

四、旅行社及導遊

2004年12月止台灣地區依據交通部觀光局統計,旅行業實際受僱導遊人員統計,男性2,238人;女性8,321人,共計15,549人。其中以日語最多,計有1,472人;英語862人,韓語計有74人排名第三。

2004年12月止台灣地區依據交通部觀光局統計,旅行業實際受僱領隊人員統計,男性7,228人;女性820人,共計3,058人。其中以英語最多,計有13,592人;日語1,916人排名第二。

依據旅行業管理規則,旅行社可分爲下列三類別:綜合旅行社、甲種旅行社及乙種旅行社。台灣地區目前綜合旅行社共有82家,甲種旅行社1,803家,乙種旅行社共有115家,合計2,000家。其中以台北市997家最多,次爲高雄市計246家,第三爲台中市167家。

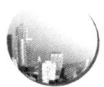

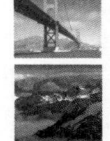

全球觀光市場 🌸✿

一、全球觀光業概況

　　2004年是全球觀光市場飛躍成長的一年，尤其是在出國觀光市場上，依據世界觀光組織（WTO）發布之資料顯示：全球出國觀光人數約有7億6,000萬人次，較2003年增加6,900萬人次，成長率為10%，居近二十年來之冠。在區域成長率方面，東南亞及東北亞地區分別高達33%及30%，其他地區均在20%以下，東亞地區可謂成果豐碩。世界觀光組織並以1995年為基準，預測2020年全球觀光旅遊人數將高達15億6,110萬人，前三大市場人數及占有率分別為歐洲7億1,700萬人（45.9%）、亞太地區為3億9,720萬人（25.4%）及美洲地區2億8,230萬人（18.1%）。

　　依據亞太旅遊協會（PATA）預測，亞太地區2005年旅客到訪人次與2004年相較的成長率，絕大部分均呈正成長。在亞洲地區以港澳（15.26%）、柬埔寨（14.41%）、尼泊爾（12.67%）、寮國（12.22）及緬甸（11.38%）之成長幅度較高；預估台灣之成長率為5.83%，而鄰近國家則以港澳（15.26%）、韓國（9.94%）及日本（9.32%）成長較高。

　　另依據世界旅遊及觀光委員會（World Travel & Tourism Council, WTTC）的預測，其顯示2005年全球旅遊總需求約為6萬2,000億美元，可創造出1萬7,000億美元產值，占全球GDP總和的3.8%；此外，全球觀光旅遊投資額更可達9,180億美元，占總投資的9.4%，提供約2億2,000萬個相關工作機會。

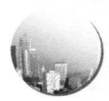

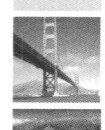

二、亞洲觀光市場概況（交通觀光局，2005）

（一）日本觀光市場

2004年日本出國人數爲16,831,112人次，較2003年成長26.6%，其中以前往中國大陸（3,334,255人次）爲最多，韓國（2,443,070人次）次之。2004年入境日本之旅客約6,137,950人次，與2003年比較成長17.8%，赴日主要客源國家（地區）人次依序爲韓國、台灣、美國、中國大陸及香港；若以成長率分析，則以加拿大最高，其次爲中國、澳門、新加坡、韓國及台灣。

（二）香港觀光市場

2004年香港居民出境人數爲68,903,433人次，與2003年比較成長13.07%，其中以前往中國大陸（59,675,547人次）爲最多，澳門（4,223,926人次）次之；若扣除赴中國大陸及澳門的出境人次爲5,003,960人次，與2003年比較成長13.01%。香港居民海外旅遊主要目的國家（地區）依序爲泰國、日本、台灣、新加坡及菲律賓；以成長率分析，以瑞士（62.75%）最高，其次爲義大利（60.11%）、台灣（29.3%）、德國（28.5%）及日本（22.21%）。

在入境旅客方面，2004年赴港旅客爲21,810,630人次，與2003年比較成長40.38%；因中國大陸「個人遊」措施持續加溫，帶動赴港總人次創新高紀錄，以旅客居住國家（地區）分析，赴香港主要客源國家（地區）依序爲中國大陸、台灣、日本、美國及韓國。

（三）南韓觀光市場

2004年南韓出境旅遊市場爲8,825,442人次，與2003年比較成長24.55%；中國大陸爲第一大目的國，其次依序爲日本、泰國、美

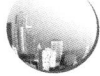

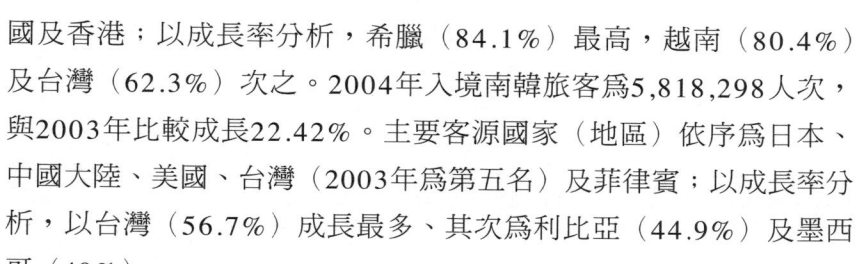

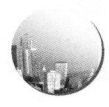

國及香港；以成長率分析，希臘（84.1%）最高，越南（80.4%）及台灣（62.3%）次之。2004年入境南韓旅客為5,818,298人次，與2003年比較成長22.42%。主要客源國家（地區）依序為日本、中國大陸、美國、台灣（2003年為第五名）及菲律賓；以成長率分析，以台灣（56.7%）成長最多、其次為利比亞（44.9%）及墨西哥（40%）。

（四）新加坡觀光市場

2004年赴新加坡旅客為8,328,118人次，與2003年比較成長35.93%；赴新加坡主要客源國家（地區）依序為印尼、中國大陸、澳洲、日本及馬來西亞；以成長率觀察，以科威特（157.09%）最高，其次為越南（138.19%）。

（五）馬來西亞觀光市場

2004年赴馬來西亞旅客為15,703,406人次，較2003年成長48.47%；赴馬來西亞主要客源國家（地區）依序為新加坡、泰國、印尼、中國大陸及汶萊；以成長率觀察，以阿拉伯（249.9%）最高，其次為科威特（235.2%）及汶萊（110.4%）。

（六）中國大陸觀光市場

2004年到訪中國大陸旅客計190,308,312人次，較2003年成長18.96%；就國別（地區）分析，仍以香港為首位（占6成以上），其次為澳門（約占2成）；外籍旅客（扣除香港、澳門及台灣）占15.53%，為16,932,200人次。

（七）泰國觀光市場

2004年赴泰國旅客為11,737,413人次，較2003年成長16.42%；赴泰國主要客源國家（地區）依序為馬來西亞、日本、韓國、中國大陸、新加坡、香港及英國；以成長率來看，以阿根廷

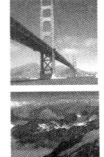

（90.41％）最高，其次為埃及（66.45％）及西班牙（64.08％）。

特殊觀光旅遊市場

傳統的觀光旅遊市場一直是以大眾旅遊為主流，但是隨著消費者自我意識之抬頭及在旅遊業者競爭壓力下，各式各樣迎合消費者之旅遊產品競相出籠，造成一股特殊觀光旅遊之風潮。特殊觀光旅遊可視為小眾時代的代表作，而目前特殊觀光旅遊依其形成方式大致可分為特殊興趣觀光旅遊（Special Interest Tour）和特殊目的觀光旅遊（Special Purpose Tour）兩大類。分別介紹如下：

一、特殊興趣觀光旅遊

所謂特殊興趣觀光旅遊涵蓋的範圍非常廣泛，舉凡與個人的特殊專長、愛好有關，又有足夠的需求量者，皆為旅遊業者積極開發之產品，市場上較常見的特殊興趣遊程，大致上可分為以下幾類：

（一）與運動健身有關的旅遊

目前市場上最常見的有關運動健身的旅遊包含有單車之旅、滑雪之旅、高爾夫球之旅及潛水之旅等項目。旅行社操作高爾夫球團的內容，僅止於代訂飯店、餐飲、機場接送、機票及代訂球場。其中代訂球場一項，在整個遊程安排中最易產生操作上的困難。因國外知名度高、設備好的球場，經常處於客滿狀態，除非有特殊管道，很難排在預計的行程內。

這類旅遊中又以單車旅遊之操作較困難，因為單車配備及路線均需要特別加以考慮，所以台灣現有的單車旅遊團體，都是由旅行

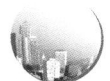

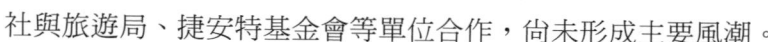

社與旅遊局、捷安特基金會等單位合作，尚未形成主要風潮。

（二）輕鬆的休閒旅遊

　　這類的休閒旅遊包括溫泉之旅、花祭之旅、郵輪之旅等。郵輪的行程在國內旅遊市場上已有十年以上的歷史，業者當初在規劃此項產品時係將目標市場鎖定在金字塔尖端的客源，所以在行程設計上也偏向以天數長、高價位的豪華團為主。隨著台灣旅遊人口年齡層之下降，業者在包裝郵輪行程時亦不斷作修正，最顯著的情況則表現於旅遊天數之縮短，價位也跟著降低這二個因素上。

　　至於花祭之旅，最有名的行程當屬日本的賞櫻、賞楓團，這也是業者每年必定安排的主要產品。賞櫻團大約是在每年3月底至4月初進行；賞楓團則要在9月至10月之間出發。稍具規模的旅行社每年大約可組成5-10團此類團體。近年來荷蘭的鬱金香亦成為旅遊主題，主要是配合荷蘭庫肯霍夫公園的開放時間，每年約在3月底至5月底。賞花的行程，礙於花期短暫及季節性因素，不能作全年性的固定行程推出，但花期開放時間大抵可正確預估，業者只要事先做好準備，當有意外的收穫。

（三）藝術文化之旅

　　這類產品主要是以博物館、宗教場合及畫廊等藝術涵養較高之據點進行參觀，若以英國、法國、荷蘭的12日藝術之旅為例，所參觀的文化藝術方面的行程包含蒙馬特區、羅浮宮、聖母院、沙特爾大教堂、龐畢度中心、阿姆斯特丹國立歷史博物館、梵谷博物館、溫莎古堡、西敏寺、大英博物館、倫敦國立藝術畫廊，並到歌劇院觀賞歌劇。行程看來非常豐富，但旅客一趟走下來，總感到精疲力盡，難以迅速吸收藝術養分。此行程操作之困難點，還包括要有合適的專家進行解說導覽，例如，請國內著名藝文人士行前演講，甚至親自帶團出國，始能讓國人信服，進而參加團體。另外，當地導遊的安排亦要謹慎，最好是在當地主修藝術的台灣留學生，或學有

69

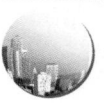

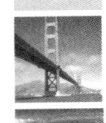
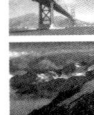
專精且會說中文的專家、學者，方能將此行之精華發揮至極致。

（四）自然生態景觀旅遊

　　這類旅遊是將大自然作為活動的場合及教室，適合親子團及一些有學識上需要的專家、學者。目前台灣旅遊市場，屬於這類的旅遊產品大約有生態之旅、農莊之旅、冰河之旅等。在生態旅遊方面，澳洲昆士蘭的凱因斯、大堡礁及芬瑟島等，均以生態的觀光著名。較正式且嚴謹的生態觀光則可在美國維京群島國家公園、澳洲菲利浦島上夏日樂園海灘等地獲得，又如南非及東非肯亞也以野生動物著稱。但除少數特殊團體外，大部分的團體均是以在行程中加入1、2天參觀自然生態的方式呈現，與「生態觀光」之定義尚有某種程度之差距。例如，東非肯亞團，在肯亞的8天行程中，參觀了4座野生動物園，是市場上最凸顯生態旅遊的行程。農莊、冰河等亦常在行程中出現。尤其是農莊行程，自1994年開始，幾乎所有東澳團體均會安排在農莊住宿1個晚上以上，旅行業者也會在廣告促銷上凸顯此主題，往往也能獲得預期的效果。

二、特殊目的觀光旅遊

　　所謂特殊目的觀光旅遊包含以下之範圍，舉凡會議旅遊、獎勵旅遊、海外充電旅遊、海外遊學旅遊、考察旅遊等，只要是為了某種特殊目的而出國進行旅遊者，都可視為特殊目的觀光旅遊。市場上較成氣候的特殊目的觀光旅遊大概可分為以下幾類：

（一）獎勵旅遊

　　獎勵旅遊（Incentive Tour）是在工商業發達的社會中最受歡迎的員工福利之一。近年來不斷有大型企業團體與旅行社簽約，將公司的年度旅遊及商務旅遊等大型活動或固定行程，交由一定且信

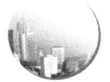

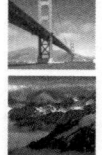

譽良好的旅行社長期配合。尤其是保險業及傳銷業，如美商安泰人壽、安麗（Amway）等企業組織，幾乎每年或是每季都設有經紀人獎勵旅遊的制度，旅行社若能以優良產品簽訂長期契約，必能創出傲人業績。當然，此項產品由於具有相當數量之優勢，故在價格上可享有相當優惠。但除了價格的考量外，舉辦獎勵旅遊的公司，仍會評估業者的專業知識、服務態度等，甚至考量業者是否有能力承辦大型晚會；所以，除了殺價外，旅行業者可努力的空間還是很大。

（二）海外遊學之旅

　　青年學生及上班族都有可能參加海外遊學團，尤其是在政府開放役男出國觀光後，及出國旅遊年齡層有明顯下降的趨勢下，結合出國旅遊與學習，又是雙效合一的旅遊模式，這類旅遊成為市場寵兒將是指日可待。市場上較受歡迎的產品是語言學習營，例如，以英國、美、加、紐、澳等英語系國家及日本為目的地的遊學團，在寒暑假期裡總能創造出不錯的業績，受到學生市場的青睞。

（三）會議旅遊

　　以商務或參加會議為目的，或是赴海外參展的團體及個人，都是會議旅遊的主要客層。台灣企業邁向國際化的特徵之一，便是派駐海外員工人數及國內員工赴外國出差之差旅費用與日俱增。除此之外，外商設立在台的分公司，每年也都有可觀的差旅支出。分析企業差旅費用的支出情形，可發現機票及住宿幾乎占去所有費用的55-60%。除此之外，尚有一項重點市場，即是參展團的承辦。不論是個人或團體，要赴海外參觀特別展覽，如電子、五金、家具、服裝等行業，常舉辦國際性的展覽會，吸引不少台灣業者至海外參觀，或是組團出國設攤展覽，無論國際散客（FIT）或是團體（Group），都必須藉由代理商代為安排機票、住宿等，一旦開發出這樣特定的客源後，旅行社較易維持業務量的穩定成長。這類觀光

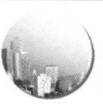

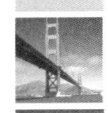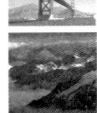

旅遊市場在團體市場資料的蒐集準備較耗費人力。旅遊代理商可以主動開發市場，例如，海外各式展覽時間表、參展廠商資料庫的建立等，以掌握資訊為手段來掌握市場。旅遊代理商本身亦應積極參與各國的重要旅遊展，以利行銷工作之推展，也同時可獲取相關的資訊。

（四）考察旅遊

無論消費者的目的是海外投資或是移民，他們都會赴當地考察環境，甚而有一些固定的工商團體會定期組團進行考察之旅。投資考察團除了要安排行程外，業者本身亦需具備某些專業知識如投資、移民及相關法律等，若能代為安排投資專家及當地相關業者隨團解說，則更具號召力。移民潮的興起，帶動部分旅遊業者規劃出考察＋探親訪友＋觀光的三合一旅遊產品，如美加團及紐澳團，都很適合加點新鮮的品味，重新包裝。目前，北航的美加東9天行程，正是標準三合一的產品。

（五）海外特殊訓練之旅

愈來愈多的訓練課程在國外展開。目前社會上流行的成長團體、潛能開發、瞭解自我的訓練課程等，已蔚為一股風潮。動輒1、2萬的費用，五花八門的訓練課程，參加的人潮一波又一波，所以若是到海外參加訓練課程又可順道觀光旅遊，也是一個極佳的賣點。此外，也有旅行業者積極開發一項源自日本的訓練課程——「我不抱怨」（I Will Not Complain）。此項課程乃是透過分組活動進而瞭解團隊精神的重要性，經由遊戲而重新肯定自我。整個課程在東京附近的一處訓練村進行。一經包裝成海外特殊訓練之旅，預計將有不少的客源。此外，針對專業技能所開設之短期充電課程，也有其市場存在。出國旅遊不僅僅止於觀光，再加上充電、學習、自我成長等，這類的旅遊產品趨勢也慢慢在形成。

旅遊批發商以量取勝，所推出的旅遊團體以傳統大眾旅遊行程

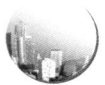

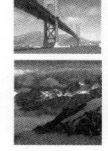

居多，小型旅行社難與之競爭。特殊興趣觀光旅遊與特殊目的觀光旅遊則是各憑本事，施展實力以取得業務的優勢。但在客源、行程安排等則更需要特別的專業知識之輔佐，如何獲得此專業知識，掌握完整的資訊，並將之與旅遊規劃結合，創造出符合特別需求的旅遊產品，方能在競爭的旅遊市場中創造商機。此二大類特殊觀光旅遊市場或許是現今各型旅行社的發揮空間。若能以此為出發點，再配合聯營中心之經營方式，不僅消費者可各取所需，業者亦可在較符合效益的情形下各展所能，達到供需的雙贏。

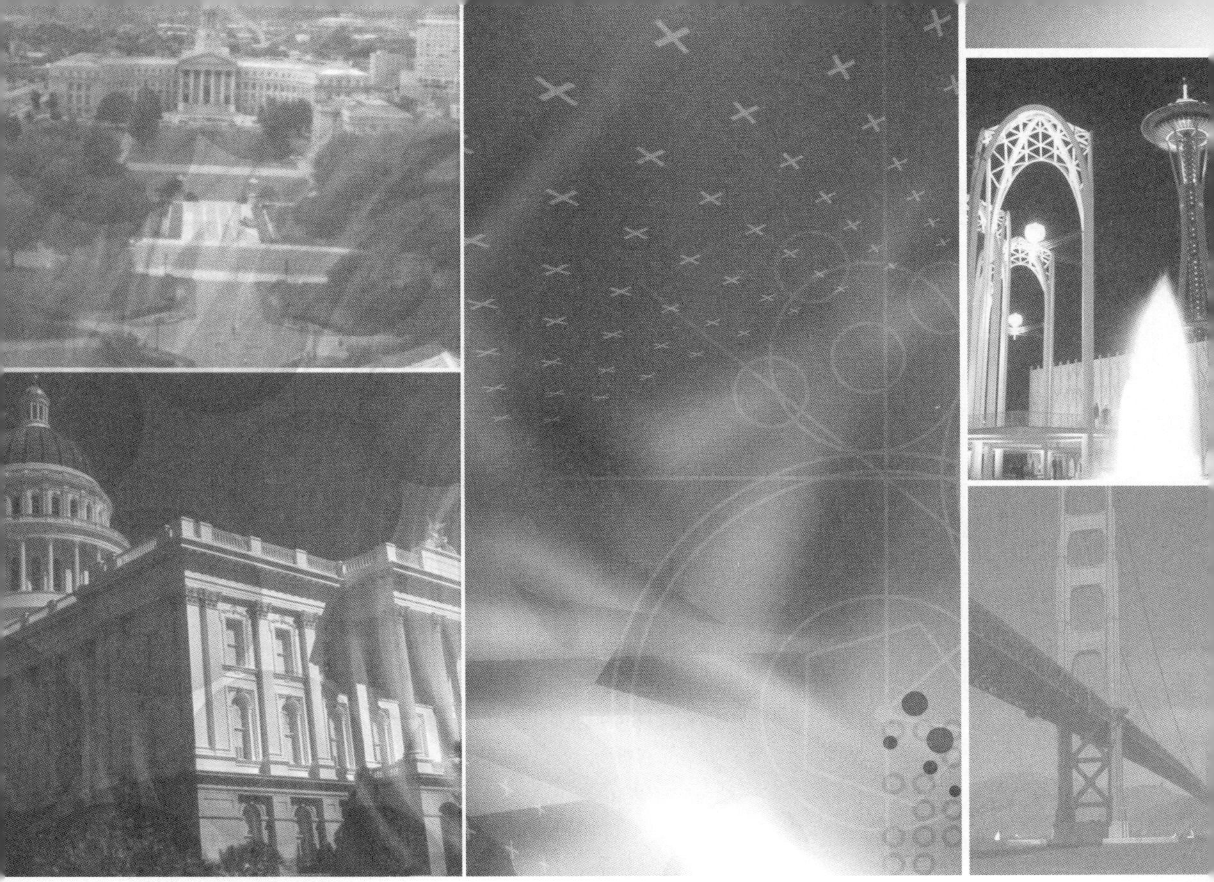

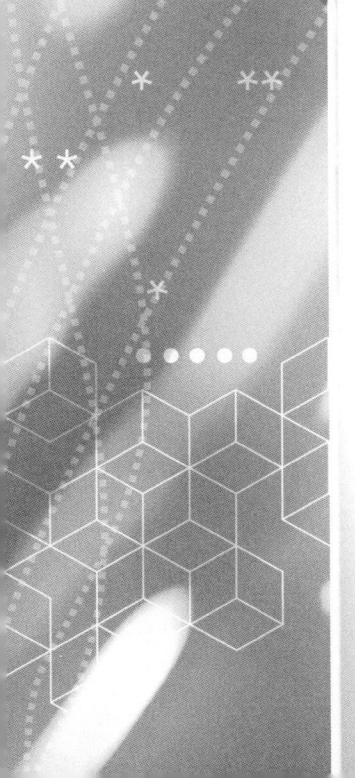

第四章

觀光客購買行爲

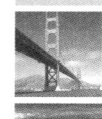
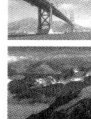

觀光客的興趣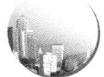

一、什麼叫興趣

　　興趣是人們對於某種事物的特殊認識傾向。人們通常用「喜歡」、「願意」等字樣來表述他感興趣的事務，人的各種需要是興趣產生和發展的基礎，而興趣產生的基礎不僅是天然的物質需要，更主要是精神和文化的需要。因此興趣成為人們從事各種活動的一種強烈的動力。

　　基本上，興趣可分直接興趣與間接興趣二種：

1. 直接興趣：對事物或活動的本身感到需要而引起的興趣，如觀光、美食等。
2. 間接興趣：對事物或活動的未來結果感到需要的興趣，如對外語的熟練，可能是因為要做好旅遊服務接待工作的需要而產生的興趣。

二、觀光客興趣的特點與形成條件

(一) 觀光客興趣的特點

　　一般而言，觀光客的興趣具有以下之特點：

1. 不同的興趣傾向性：意指對客觀事物和活動的具體內容所產生之興趣。例如，青年人對流行文化及娛樂有興趣，中年人則較喜歡參觀博物館和買東西。此又可分為積極的興趣如上述者，消極的興趣則有色情、賭博等。

2.不同興趣的廣泛性：意即其興趣指向客觀事物範圍的大小。有些觀光客對所有事物都感到新鮮、好奇。但有些觀光客只對特定事物產生回應。

（二）觀光客興趣形成的條件

觀光客興趣的形成與下列因素有關：

1.個人社會生活條件的差異：因不同社會環境、不同家庭和教育環境而形成不同的興趣。
2.個人日常活動的差異：隨著日常活動的變化，個人的興趣也在不斷地發展變化。
3.個人獲得的知識及技能的差異：例如，看國劇，如無此方面的知識，又無人翻譯介紹，則觀光客無法對國劇產生興趣。

觀光客的一般需要 ❀ ❀

需要是引起觀光旅遊的重要誘因之一，因此研究觀光客的需要有助於我們瞭解觀光客的各種行為。

一、什麼是需要

需要指的是在一定的生活條件下，人們對客觀事物的要求，如食、衣、住等。人的需要具有三方面的特點：

1.為某種具體的事物，是對某些特定對象的要求，指向一定的實體物質、時間及空間條件。

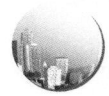

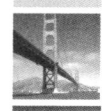
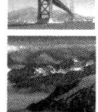

2.需要形成與否，決定著他的行動及其對需要內容的選擇。以牛肉爲例，印度人因宗教因素而拒食之，故無此需要。

3.人的需要並不因其獲得滿足而終止，有一些需要具有明顯的週期性，還有一些會在滿足的基礎上衍生新的需要。

二、需要的分類

需要可分爲天然性、社會性、精神性三個方面：

1.天然性的需要：即保證人的生存所不可缺少的客觀事物的要求，這些都是最基本的要求，以符合生活、安全所需。

2.社會性的需要：即社會交往、被尊重，還有勞動和實現理想抱負的需要。

3.精神性的需要：即對客觀事物認識的需要。

以上三者，基本上都處於不可分割的聯繫之中。

心理學家馬斯洛（A. Maslow）將需要分爲五類。他的需要層次理論將人類需要作等級排列；最基本的是生理需要，再來是安全、愛和歸屬、受尊敬及最上層的自我實現需要（見圖4-1）。每類代表一組特殊需要。其中，最基本之需要是較高層次需要之基礎。

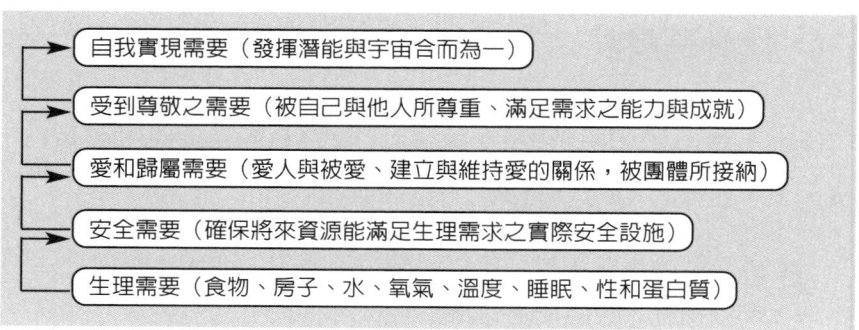

自我實現需要（發揮潛能與宇宙合而為一）

受到尊敬之需要（被自己與他人所尊重、滿足需求之能力與成就）

愛和歸屬需要（愛人與被愛、建立與維持愛的關係，被團體所接納）

安全需要（確保將來資源能滿足生理需求之實際安全設施）

生理需要（食物、房子、水、氧氣、溫度、睡眠、性和蛋白質）

圖4-1 馬斯洛的需要層次

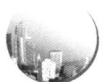

三、觀光客的一般需要

根據上述分類，觀光客的一般需要則包含：

1. 天然性的需要，即生理上的需要，如運動和娛樂。
2. 觀光客的社會需要，如進行社會交往和需要尊重。
3. 觀光客的精神性需要，如追新獵奇的需要，對藝術、宗教信仰、美好事物的追求。

四、觀光在不同旅遊過程的心理需求

在觀光的旅遊過程中，遊客心理的需求可以依下列階段加以說明：

（一）觀光旅遊準備階段

1. 透過群體內的溝通作用，樹立旅遊信譽，比用廣告招徠觀光客更重要，此即「口碑」。
2. 權威的暗示，以專家之態度提供建議。
3. 中立輿論對觀光客的選擇也有很大的影響作用。

宣傳參加觀光旅遊具有多方面的優越性，如旅途有安全感，省時方便及價格便宜。

（二）觀光旅遊階段

觀光客的心理需求可以概括為需要為「安全」、「迅速」、「舒適」、「方便」。

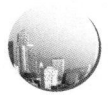

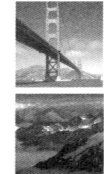

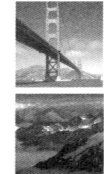

（三）遊覽活動階段

盡力抑制身體的疲勞感，使觀光客在遊覽中，始終興致勃勃、毫無倦意、留連忘返及滿足各項需求，如購物等。

（四）觀光旅遊結束階段

觀光客很自然要對全程進行分析和綜合回憶。

觀光客的旅遊動機

心動不如行動，但是要先心動才能有所行動。動機是激勵人們心動並採取行動的主要原因之一。如果沒有相應的客觀條件，對某種事物的需求只能停留在原地上，如此則不會產生行動的動機，更不能導致購買的具體行動。

一般而言，觀光旅遊動機可以從以下二點討論之：

一、觀光旅遊動機產生的客觀條件

觀光旅遊動機產生的客觀條件包含：

1.人們有足夠而可供支配的金錢。
2.人們有自己支配的時間。
3.觀光成為一種社會風氣，促使人們加入旅遊者的隊伍。
4.可供觀光客供用的交通工具和現代化的旅遊設施。

前三者即所謂的有「錢」、有「閒」及有「涎」。

二、觀光旅遊的動機和障礙

引起人們從事觀光旅遊活動的原因，常常不只一個。綜合麥肯塔許與哥爾德勒（1990）及其他相關研究（Middleton, 1994），可將人們從事觀光旅遊活動的基本動機分成六大類：

1. 生理上的動機（Physical Motivators）：例如，身體的休息、運動的參與、海灘的遊憩活動、輕鬆的娛樂活動及與健康直接有關的其它誘因。此外，有些動機也和醫生的指示與建議有關，如：前往溫泉區、前往某地作健康檢查等。總之，這些動機都具有藉由身體上的活動，以減輕緊張的特性。

2. 文化上的動機（Cultural Motivators）：此可界定為想要瞭解其它地區之欲望，例如，其它地區的食物、音樂、民俗、繪畫、舞蹈和宗教等。

3. 人際上的動機（Interpersonal Motivators）：這包括了結交新朋友、探訪親友、避開家人或日常工作等等。

4. 娛樂上的動機（Entertainment Motivators）：這只是為了娛樂的目的而參與觀光活動，可能是參加特殊節慶或節目、大採購及至遊樂場玩樂等。

5. 地位與威望上的動機（Status and Prestige Motivators）：這與人們的自我需求（Ego Needs）及個人發展有關，其中包括：藉由觀光旅遊以滿足自我受重視、被注意，和享聲望等欲求；以及從事商務、會議、求學，和其它滿足個人在嗜好上或知識上之追求的觀光旅遊活動。

6. 宗教上的動機（Religious Motivators）：這指的是單純只為朝聖之目的或以宗教名義行醫療目的的動機。

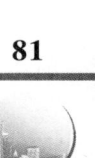

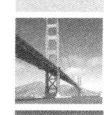
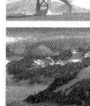

觀光客購買行爲影響因素及旅遊決策

觀光旅遊行爲可視之爲「消費者行爲」之一。一般而言,消費者需歷經五個階段,即:問題認定、資訊蒐集、替代方案評估、購買決策及購後行爲等,詳述如下:

1. 問題認定:消費者的購買程序,以消費者認爲有需要或發生問題爲起點。
2. 資訊蒐集:資訊來源可略分爲四種,即個人、商業、公共和經驗。
3. 替代方案的評估:因爲觀光旅遊產品的需求是有高度的敏感性、季節性及相當大的彈性,更無法試用,所以對消費行爲之決定有很大的變數。
4. 購買決策:消費者已建立一項購買意圖之後,在產生購買決策之前,至少還有二項干擾因素;第一項是「他人的態度」,第二項是「非預期的情境因素」的影響。
5. 購後行爲:消費者購進了產品,使用了產品,當然體驗出某種程度的滿意或不滿意,消費者憑藉這項滿足或不滿足,使其有某項購後行爲的表現,這也是行銷人員不能不注意的事。

影響觀光客購買行爲的主要因素有文化、社會、個人及心理等,其消費決策過程更與購買行爲有關。茲將影響觀光客購買行爲之因素及觀光客之旅遊決策歸納如下:

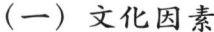

一、影響觀光客購買行為的主要因素

（一）文化因素

影響購買最大的因素就是消費者的文化特質，即文化因素（Culture Factors），特別是消費者的文化、次文化和社會階級。文化是決定人的欲望和行為的基本因素。文化水準愈高對觀光的需求愈高。同時對於觀光實體之水準要求亦愈高，尤其對於文化觀光會較熱絡。

（二）社會因素

消費者的行為也會受到社會因素（Social Factors）影響，例如，消費者參考團體、家庭及社會角色與地位。觀光客消費行為受家庭的影響相當大。是誰在支配經濟權？又是什麼樣的家庭結構？都會影響其消費行為。

（三）個人因素

觀光客的購買行為也會受到個人因素（Personal Factors）的影響，特別是年齡、生命週期、職業、經濟環境、生活方式、個性及自我觀念等。

以日本出國觀光客的趨勢為例。第一大出國旅遊市場為新婚蜜月旅行，據估計每年結婚的新人有75萬對，其中有90％的新婚夫婦會選擇出國渡蜜月；第二大為學生遊學旅行及單身女性。為了擴展生活領域，培養世界觀，高中以上畢業旅行鼓勵國外觀光。晚婚女性不需負擔家計，國外旅行成為休閒活動之目標；第三大為中年女性市場，其兒女已長大成人，先生事業忙碌，無法陪伴她們出國，故成群結隊，以購物或嚐美食為名出國旅遊，屬於豪華的旅行團體。這是拓展觀光市場、行銷最好的特定目標市場；第四大為雅痞

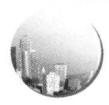

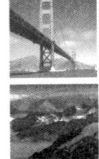

市場,他們是年輕有專業知識技能的中上所得階層,他們經常旅行,須不斷推陳出新,特別是餐飲活動內容之安排要能滿足他們的榮譽感、高貴感;第五大為銀髮市場,60歲以上,以退休者為主,無家庭事業之掛慮,以對天然觀光資源之欣賞為主。

(四) 心理因素

一個人的觀光旅遊行為會受到五個主要心理因素(Psychological Factors)的影響:動機、知覺、學習、信念與態度。

(五) 其他

除上述因素外,在觀光旅遊行為上,時間的安排與花費的多寡是影響觀光客另外的二個因素。

■ 時間因素

在時間的安排上,有些觀光客為了節省時間,或為了所謂「充分利用時間」,可能在很短的期間,去了很多的觀光勝地,使得原本想休息,輕鬆一下的旅遊,變得更加疲勞、緊張。另一方面,有些觀光客因為時間未花在工作上,而去觀光旅遊,覺得有罪惡感,於是安排以對孩子有教育意義或有所收穫的家庭旅遊,來將之合理化。例如有些人將公務出差與觀光旅遊結合,對時間作「最有效」的利用;而有些觀光客因觀光旅遊之時間節奏和工作上班的時間節奏不同,而不能適應,產生了所謂與時間有關的緊張。因此,有的心理學家建議,在度假旅遊開始前,要作一些時間步調上的調整,以便順利適應,真正享受休閒時光之較緩慢的步調。

通常,觀光客在可自由支配之閒暇時間裡從事觀光旅遊活動,其所造成之影響常超乎時間之外;也就是說,我們不僅要注意到時間的長短,例如,週末假日、國定假日,及寒、暑假等,且要瞭解這些假日或觀光客所利用之閒暇時間,在一年之中的分布情形,因為這會影響到觀光地區之擁擠程度及季節性。此外,觀光地區在經

濟上、實質環境上，和社會上也都會因這不同之時間季節分布，產
生不同的影響。

■ 成本因素

在金錢花費方面，不同的所得水準、匯率及價格，會造成不同
的影響。所得水準的改變，會改變消費型態；在國際旅遊上，匯率
的變動，影響了觀光客的購買意願及購買力；而價格之高低，影響
了觀光客在交通、住宿、餐飲、遊樂及購物等方面的花費成本，也
相對影響了觀光客的觀光旅遊決策。

除了時間和花費成本外，各國政府的措施，也將決定觀光客的
觀光旅遊能力；這包括：護照、簽證、外匯管制，及海關之管制等
措施。此外，政治的不安定、戰爭、恐怖活動，和觀光客個人的年
紀、家庭因素、健康狀況、語言能力，及資訊之取得等能力，也都
會對觀光旅遊能力產生影響。

二、觀光客之旅遊決策

在從事有關觀光旅遊活動之設計時，總是希望能瞭解觀光客為
什麼從事觀光旅遊活動，亦即哪些動機會促使他們從事觀光旅遊活
動？而他們又從事哪些觀光旅遊活動？以及觀光事業的業者或政府
部門要如何去滿足他們的需求？為什麼選擇某一或某些目的地？其
相關交通工具、住宿設施、餐飲服務，和活動的決策是怎麼決定
的？過程如何？此時，就需要解釋觀光客的行為，但要解釋這些行
為並不容易，因為人們的行為受到太多因素所影響。有些研究將觀
光客視為一消費者及一決策者，當觀光客從事觀光旅遊活動時，他
們是在作消費選擇，而此選擇是觀光客所作之主觀的判斷。

企業組織可從瞭解哪些因素會影響觀光客所作之觀光旅遊決
策，來瞭解觀光客之觀光旅遊行為。有時候觀光客會花較多的時間
和精神，蒐集有關資訊，評估可行的方案後，才作出決定；有時候

85

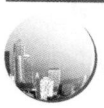

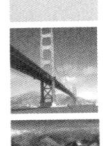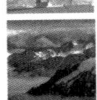

觀光客只根據其現有的知識和態度,習慣性地作出決定,並未加以蒐集其它資訊;而有時候觀光客則僅僅只是臨時起意,或僅只是因一時受到某種刺激所引起之衝動性購買行為(Impulsive Buying Behavior),便會在未事先規劃下作出決定。

同一個人在不同時間所作決定之過程可能不同,而不同的人所作決定之過程亦不同。當一個觀光客計畫花3萬元去泰國曼谷度假旅遊一星期時,表示他對這3萬元之利用決策,是去泰國曼谷而不是去琉球,不買電視、衣料或其它東西。同時,他也選擇了如何利用這一星期的時間,這段時間他將不在別的地方使用。問題是他為什麼選擇去泰國曼谷,而不去琉球或新加坡從事觀光旅遊活動?若我們能更清楚地知道,觀光客所作認為能滿足其所需的決策之影響因素為何時,對於深入瞭解其觀光旅遊行為和觀光旅遊決策,將有很大的幫助。

以下僅針對觀光旅遊心理之角度來加以分析影響觀光旅遊決策的因子。

(一) 知覺

在知覺(Perception)方面,一個人的知覺指的是「其用來選擇、組織和解釋資訊,以產生一種有意義之描述的過程」。人們對相同的刺激會產生不同的知覺,影響知覺之因素可分為兩大類:一是刺激因素(Stimulus Factors)。例如,顏色、大小、形狀、聲音、環境等;二是個人因素。例如,視覺、聽覺、嗅覺、味覺、觸覺、智力水準、性格、興趣、需求、動機、期望、心情、態度、價值觀、過去的經驗,及人口統計變數等。

經由人類的歷史,我們常認為知覺是對周遭世界之真實的反映。而行為科學之研究發現這是一個錯誤的假定,其實人們通常所知覺的大多是其所能知覺的部分。人們的知覺有三個過程:

1.選擇性注意(Selective Attention):消費者每天生活在大

量的刺激下，不可能注意到所有的刺激，因此會將大部分的刺激過濾，正因爲如此，如何吸引消費者或觀光客之注意，便是觀光業者的挑戰；通常消費者比較注意與目前需求有關的刺激、與目前期望有關的刺激，及異常的刺激。

2.選擇性曲解（Selective Distortion）：消費者即使注意到了刺激，也會依其個人信念、偏好、興趣、觀點等，來解釋各種訊息，因此常會有刻板印象（Stereotyping）的產生。一般而言，愈模糊或複雜的刺激，愈易導致消費者以其自己的方法來解釋和理解。

3.選擇性記憶（Selective Retention）：消費者通常將與其需求價值觀、態度、信念等有關的訊息記在心裡，對於其它無關的事務很快地便忘了。而只有被記得的知覺才會影響隨後的行爲。

因此，觀光業者在作行銷之努力時，應瞭解觀光客的知覺，基本上是反應其認爲重要並與他們相關的資訊，而且會根據他們自己對此資訊特徵的知覺與他們自己本身的需求、動機、期望、性格、經驗，和心情等來解釋這資訊。

在傳達訊息時，須針對目標消費者的知覺過程，吸引消費者注意，產生良好印象，並能記在心裡，方能引起購買行爲。

(二) 學習

在學習（Learning）方面，心理學家們認爲大部分的人類行爲都是來自於學習。人們經由經驗和所接觸的資訊而學習，並改變其行爲。因此觀光客的經驗和其所接觸的資訊，便是影響其旅遊決策的因素。觀光業者應瞭解潛在消費者的需求，提供能讓其覺得可解決問題，滿足需求之資訊，並讓其瞭解在作購買決策時對產生之風險及不確定性的顧慮可透過其所提供之產品和服務以獲得解決。而最重要的是提供能滿足其期望之愉快體驗，產生良好印象，方能讓

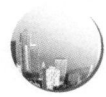

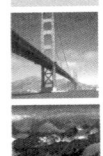

觀光消費者持續購買行為。

（三）性格

在性格（Personality）方面，所謂性格指的是一個人獨特的心理特徵。對於性格之描述，可推測其心理特徵，而行銷研究人員或觀光旅遊行為研究人員發現，心理統計變數為與個人生活型態（Life-Style）特徵有關的變數。例如，一個人的日常生活、活動、興趣、觀點、價值觀、知覺和需求等（Wells, 1972），能反映出一個人的性格特徵及態度，且能說明其在生活環境中的全貌。對於生活型態的研究、瞭解及其與產品及服務之間的關係，是市場定位（Positioning）工作上很有用的資訊之一。

另外，消費者性格中的自我概念（Self-Concept）或自我意象（Self-Image）對其消費行為亦有所影響，當產品與服務之象徵性意象符合消費者之自我意象或期望得到之意象時，便能引起其購買。觀光旅遊產品一般而言是一無形性的產品，因此最終產品乃是體驗（Experience），這是外在看不見的（Invisible）感覺；但是，另一方面它又是一不只看得見，而且具有高度象徵性的東西，從使用的裝備、所住的旅館、所去的餐館、所使用的交通工具等等，都可能代表著某種程度的象徵意義，例如，成功、有成就等。其實消費者性格中的自我意象有二個：一是真實的自我（the Real Self）；一是理想的自我（the Ideal Self）。真實的自我是我們實際上對自我的認知；理想的自我是我們希望成為的情況。對許多人來說，觀光旅遊活動，是達成其所重視之理想自我意象的方式，若我們能對人們之自我意象作深入的研究，對瞭解人們為什麼要旅遊是會有相當助益。

（四）動機

在動機（Motivation）方面，觀光客從事觀光旅遊活動之動機常是探訪親友，暫離文明的喧鬧、舒暢身心、消除壓力、獲得新知

等，其實這些對於想瞭解觀光客真正為何觀光旅遊而言，僅是表面的答案，因為這並不能滿足我們瞭解觀光客從事觀光旅遊活動之更深層的心理原因；為什麼人們要探訪親友？為什麼我們要暫離文明喧鬧？為什麼我們要獲得新知？等等。動機是影響我們行為很重要的因素，動機被定義為一種足以驅使人們設法尋求滿足的需求；即一種驅動力（Drive）。觀光旅遊是一複雜的，具象徵性的行為，觀光客所要滿足的需求是多重的（見表4-1），如我們前面所述，知覺、學習、性格等都會影響人們要不要旅遊？去哪裡旅遊？如何去旅遊等旅遊決定？但對於人們為什麼要旅遊這一個問題，僅提供了有限的答案；到底什麼原因促使人們從事觀光旅遊活動？目前為止，並無一個很好的理論來說明。

表4-1　十八種重要的觀光旅遊需求

教育與文化
去看看別的國家的人民如何生活、工作及遊戲。 去看特殊的景緻。 去對正在報導的新聞事件有更清楚的瞭解。 去參與特殊的活動。
輕鬆和樂趣
擺脫日常單調的生活。 去好好玩一下。 去獲得某種與異性接觸或浪漫的經歷。
種族／傳統
去拜訪自己祖先的故土。 去拜訪自己家人或朋友曾經去過的地方。
其它
天氣、健康、運動、經濟、冒險、勝人一籌的本領、順應時尚、參與歷史、社會、瞭解世界的願望。

資料來源：Thomas, J. A. (1964). *What Makes People Travel*. ASTA Travel
　　　　　News, pp.64-65.

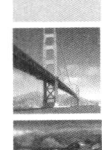
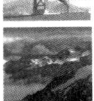
（五）態度

在態度（Attitude）方面，所謂態度指的是個人對某些事物或觀念所抱持之同意或不同意的知覺、評價、感覺，和行動傾向（見圖4-2）。性格及動機與態度的形成都有關，態度使人尋求喜愛的事物，而避免不喜歡的事物，消費者之態度一旦定型後，很難予以變更；如何讓觀光客知曉觀光旅遊產品與服務之存在，並對其產生良好的態度是很重要的。通常，要改變消費者的態度，大致上有五種方式：

1. 產品上的改變：如透過改變實質設備之外觀、環境、品牌、員工的服務態度等。
2. 知覺上的改變：即提供資訊，如利用廣告強化印象，改變名稱、訴求等。
3. 激起行為上的改變：如將實際的資訊利用廣告或幽默手法，改變消費者原有之信念，或影響其情感與觀點；並可利用誘因如送贈品等，激勵消費者消費，進而發展或改變態度。

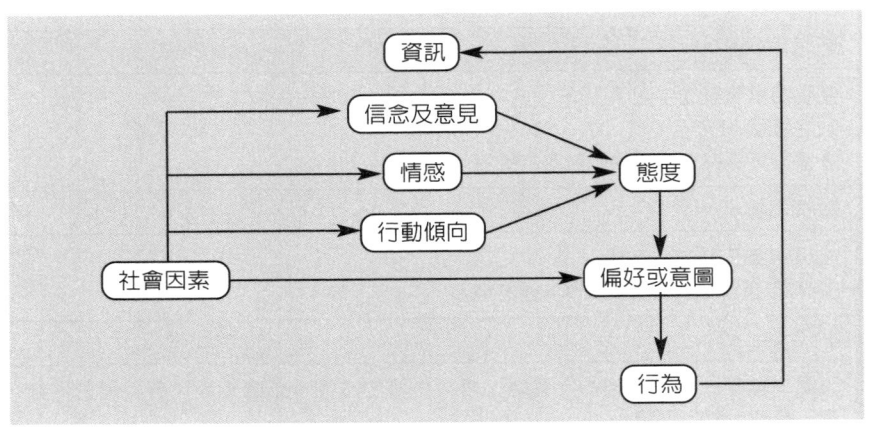

圖4-2　態度與觀光旅遊決策過程

資料來源：Mayo, E. J. and Jarvis, L. P. (1981). *The Psychology of Leisure Travel*. Boston: CBI Publishing Company, Inc., p.190.

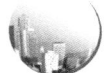

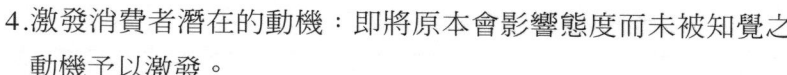
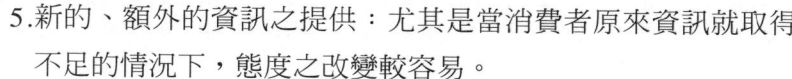

4.激發消費者潛在的動機：即將原本會影響態度而未被知覺之
　動機予以激發。

5.新的、額外的資訊之提供：尤其是當消費者原來資訊就取得
　不足的情況下，態度之改變較容易。

　　消費者的行為還會受到許多社會因素的影響，如：參考群體
（Reference Groups）、家庭成員、角色與地位、社會階級，及文化
和次文化等的影響。所謂參考群體指的是那些直接或間接影響人們
態度與行為之群體；包括成員不斷交互影響的主要群體，如：家
庭、朋友、鄰居和同事等，以及交互影響較少的次要群體，如：宗
教組織，及同業公會、商會等社會組織。當群體的向心力愈大，溝
通程度愈有效，或消費者對這些群體尊重，則此群體對消費者在消
費的決策上，就愈具影響力。

　　家庭成員對消費者之購買行為亦有強烈的影響，對於不同的產
品，夫妻參與購買的程度互有不同，行銷人員必須確定對於特定產
品或服務之購買，夫妻雙方何者較具影響力，是丈夫作決定，或是
妻子作決定，還是雙方影響力相等；而小孩有時也在某些方面具有
影響力。此外，家庭生活週期對於家庭及其成員之態度、需求、價
值觀和興趣等，都會造成改變，這也會影響消費形態。

　　每個人在群體中的角色（Role）和地位（Status）亦對購買行
為有所影響。表4-2與表4-3分別說明有關觀光客角色與相關行為之
特徵，每一個角色底下都包含了某些行為，這些行為取決於其他人
對個人之期望；而每一個角色都伴隨著某種地位，反映出社會上一
般人對這個角色的尊重程度，人們通常會選擇那些能夠顯示其地位
的產品，惟在不同地理區域和不同的社會階級，地位的象徵會有所
差異。

　　一般說來，同一社會階級內的人士具有類似的行為，人們通常
以所處的社會階級來判斷其地位的高低，但社會階級並不是取決於
某一個因素，而是基於職業、所得、財富、教育、價值傾向等因素

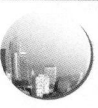

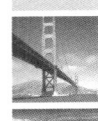
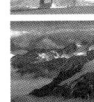

表4-2　十五種遊客的主要五項角色相關行為

遊客型態	五項主要行為（依重要順序排列）
觀光客	拍照、買紀念品、造訪名勝、在各地均作短暫停留、不瞭解當地居民
遊客	在一地作短暫停留、品嚐當地食品、造訪名勝、拍照、私下瞭解當地
度假者	拍照、造訪名勝、與自己的社會脫離、買紀念品、對當地經濟有助益
飛行員	過奢侈生活、關心社會地位問題、嫖妓、喜歡與同階層的人來往、造訪名勝
商人	關心社會地位問題、對經濟有貢獻、不拍照、與同階級人物來往、過奢侈生活
移民	有語言障礙、喜歡與同階層人物來往、不瞭解當地居民、不過奢侈生活、不剝削當地居民
環保人士	對環境感興趣、不買紀念品、不剝削當地居民、私下瞭解各地區、拍照
探險者	私下瞭解各地、對環境感興趣、具冒險精神、不買紀念品、敏銳觀察當地社會
傳教士	不買紀念品、尋求生命的真諦、不過奢侈生活、不嫖妓、敏銳觀察當地社會
留學生	品嚐具當地風味的食物、不剝削當地居民、拍照、敏銳觀察當地社會、具冒險精神
人類學家	敏銳觀察當地社會、私下瞭解各地區、對環境感興趣、不買紀念品、拍照
嬉痞	不買紀念品、不過奢侈生活、不關心社會地位問題、不拍照、對經濟沒有貢獻
國際運動員	與自己的社會不脫離、不剝削當地居民、不瞭解當地居民、私下瞭解各地區、尋求生命的真諦
駐外記者	拍照、敏銳觀察當地社會、造訪名勝、冒險、私下瞭解各地區
宗教朝聖者	尋求生命的真諦、不過奢侈生活、不關心社會地位問題、不剝削當地居民、不買紀念品

資料來源：Pearce, P. L. (1982). *The Social Psychology of Tourist Behaviour*. UK: Pergamon Press Ltd., p.32.

表4-3　與二十種角色相關行為最相關的五種觀光旅遊角色

角色相關行為	旅遊角色（依重要順序排列）
拍照	觀光客、駐外記者、度假者、探險者、人類學家
剝削當地居民	環保人士*、朝聖者*、探險者*、留學生*、商人
造訪名勝	觀光客、飛行員、駐外記者、度假者、嬉痞
瞭解當地居民	觀光客*、移民*、飛行員*、人類學家、運動員*
過奢侈生活	飛行員、嬉痞*、傳教士*、朝聖者*、商人
敏銳觀察當地社會	人類學家、留學生、探險者、傳教士、環保人士
對環境感興趣	環保人士、探險者、人類學家、飛行員*、商人*
對經濟有貢獻	商人、嬉痞*、觀光客、朝聖者*、度假者
沒有歸屬感	觀光客、遊客、飛行員、度假者、駐外記者
具冒險精神	探險者、商人*、飛行員*、駐外記者、觀光客*
脫離自己的社會	嬉痞、移民、傳教士、朝聖者、探險者
在一地短暫停留	觀光客、飛行員、遊客、運動員、探險者
有語言障礙	移民、觀光客、留學生、運動員、遊客
品嚐當地食物	留學生、觀光客、遊客、飛行員、駐外記者
私下瞭解該地	探險者、人類學家、環保人士、駐外記者、遊客
關心社會地位問題	飛行員、商人、嬉痞*、傳教士*、朝聖者*
尋求生命真諦	傳教士、朝聖者、嬉痞、人類學家、環保人士
嫖妓	飛行員、傳教士*、嬉痞、朝聖者*、商人
喜與同階層人士來往	飛行員、移民、商人、嬉痞、運動員
買紀念品	觀光客、傳教士*、嬉痞*、環保人士*、探險者*

＊：表示在該項行為中，該旅遊角色占極小比例，但在重要順位上，它仍與該項行為
　　的相連性在前五名之列。

資料來源：Pearce, P. L. (1982). *The Social Psychology of Tourist Behaviour*.
　　　　　UK: Pergamon Press Ltd., p.34.

所共同決定的，個人可以晉升到上一個階級，也可能落到下一個階級。不同的社會階級會產生獨特的產品和品牌偏好，這對根據社會階級而形成之目標市場的行銷型態是很重要的。

　　另外，文化（Culture）因素對消費者的行為之影響廣泛而深遠，因為人類的行為大部分是經由學習而來，在某個社會中成長的個人，經由家庭和其它重要機構的社會化過程，學習了一套基本的價值觀、知覺、偏好與行為。而每個文化都包含了較小的幾個群體，即次文化。不同的宗教群體、國籍群體、種族群體或地理背景

93

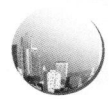

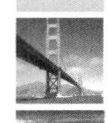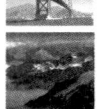

等，都會有不同之倫理觀、興趣、信念、態度、習慣、風俗、傳統等，也都對產品之選擇有影響。

　　總之，觀光客的消費行為是要滿足其各種需要──心理、生理、安全歸屬、地位及自我實現的需要，而其時常受家庭大小、季節因素和經濟情況的影響。購買決策則受不同角色的影響。所以行銷人員必須設計能滿足不同觀光客不同消費行為之產品，始能強化其目標市場的行銷方案。

觀光旅遊消費習性 ✿✿

　　在日新月異的工商時代，隨著世界潮流的脈動，人類整個生存的大環境在變，社會的結構亦隨之在變，人生觀、價值觀，甚至消費者的購買習性也變幻莫測。因此，使得各工商企業在尋找目標顧客時，無不絞盡腦汁的透過市調、問卷、試吃會等種種調查方法，以瞭解時下消費者的最新購買習性，藉以掌握消費者瞬息萬變的動態。

　　相同的，觀光旅遊業者亦不例外，在媒體廣告上的預算逐年攀升的同時，更應確切明瞭觀光客的習性，從瞭解其觀光旅遊的型態、產品內容、旅遊天數、團費預算、旅遊目的、如何選擇旅行社、考慮因素、旅遊資訊來源、媒體旅遊廣告來源等，作全盤性體檢。

　　整體而言，國人的出國旅遊概況，已有許多新的訊息不同於以往。例如，國人喜愛的旅遊方式：「半自助」與「自助」旅遊已超過五成七的比例，但「參加旅行團」的傳統旅遊方式，仍占37.33%，顯示其參團比例雖已下降，但只要能規劃出具特色的深度旅遊團，依然可獲大多數旅客的青睞。

　　國人最喜愛的產品內容，以「單國深度之旅」最為吃香，高達

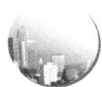

78.67%，應可作爲業者在規劃新行程時的一個有力參考數據。

　　國人出國旅遊的主要目的，依次爲純休閒度假（36.50%）、著名景點觀光（26.28%）、藝術文化（12.41%）、美食購物（12.04%）、探險運動（5.47%）、觀賞特殊節慶（4.38%）等，因此在企劃新行程時，不論是舊瓶新裝或是開發新的旅遊景點，均須著重能讓旅客可全然放鬆心情的休閒度假模式，捨棄太過於緊密的行程安排，當然也少不了參觀一些當地國的著名景點，使整個行程步調悠閒順暢。

　　至於國人每次出國旅遊的適合天數，49.33%受訪民眾選擇「6-8天」，其次爲「9-12天」，占32.67%，二者合計已超過八成，以往旅遊業者普遍認爲短天數的行程規劃爲不變定律，但選擇「5天以內」爲適合旅遊天數的消費者，卻僅占6%，顯示出消費者內心的期望已逐漸改變，即使有於有限假期，依舊選擇6天以上的旅遊行程。

　　對於參加旅行團的團費預算方面，超過六成四的民眾選擇2萬至4萬之間，4萬至6萬之間亦占了18%，選擇2萬元以下者，則僅占8%，由以上數據資料顯示，似乎可打破消費者在旅遊市場上，一律以價格爲導向的作風。

　　另外一個現象則是，消費旅客出國購物的預算普遍偏低，選擇2萬元以下者，已占了50%，選擇2萬至4萬之間，亦有32.67%，其餘4萬至8萬以上，僅占出國旅客的一成左右。可見業者近年推出各種行程的無購物（No Shopping）團，使市場回歸合理團費報價，順應「民意」依歸，消費者是較喜愛自由的購物環境，而非走硬性規定的購物站。

　　以往總認爲消費者在選擇參加旅行團的最主要取決因素，爲團費的高低。但近來之分析顯示，「行程安排」卻居於首位，占了21.85%，「住宿品質」與「旅遊天數」並列第二，均占了14.41%，消費者也注重「導遊及領隊的素質要求」，占13.74%，至

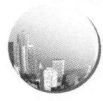

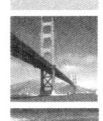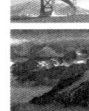

於「團費高低」的考慮因素僅占12.16%，排名第5，「旅行社知名度」排名第6，占9.01%，可見消費者在選擇參團時，並非以旅行社知名度高，或大型旅行社為考量重點，主要還是在於產品的獨特性，與行程特色的安排，無怪乎標榜小眾市場的特殊團體，如印度、尼泊爾、土希埃、中東等，依然有其市場空間。

而選擇旅行社的考慮因素，以往最主要為藉由親友的口碑相傳，但時至今日已降至第3順位占15.60%，目前消費者最主要的考慮因素為「旅行社的服務態度」，占23.40%，依序為「形象與信譽」占20.89%，由此可見旅行社尚須以服務業的精神為宗旨，注重售後服務，方能鞏固其原有客源。至於「價格」因素，則僅占10.86%，並非決定性考慮因素，而「業務員交情」方面，僅占5.85%，顯示只要旅行社的形象信譽良好，則業務員即能有事半功倍之效。

對於所需要旅遊資訊會透過哪些方式得知時，雜誌與報紙平面媒體分占第1及2位，分別為29.96%與24.55%，親友介紹則占23.83%，宣導DM亦功不可沒，占了11.91%。

提及旅遊廣告的可信度，高達86%的消費者認為，「普通，要再查證」，可見在愈來愈泛濫的旅遊廣告中，如何在內容設計上求實在，勿作誇大不實廣告，藉以提升旅行社在消費者心中的信賴度。

另由交叉分析可發現，如依男女性別來區分，國人喜愛的旅遊方式，以「參加旅行團」而言，女性占了60.71%，多於男性的39.29%，以「半自助旅遊」而言，則男女幾近平等，分別為50.85%及49.15%，差別極少，但若以「自助旅遊」而言，則可清楚看出男性普遍多於女性，高達85.19%的男性喜愛自助旅遊的方式。

如依年齡層來區分，46至65歲之銀髮族中，約有四成二的受訪者喜愛「參加旅行團」，如以26至35歲之壯年出國旅客中，高達47.46%喜愛「半自助旅遊」的方式，此外亦不可小覷15至25歲之青年出國旅客，其比例約占27.12%，而「自助旅遊」的方式，亦以

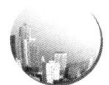

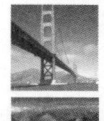
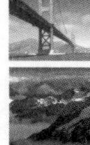

26至45歲的中壯年出國旅客為主流，突破五成八以上。

　　若以年齡層來區分國人喜愛的旅遊型態，15至25歲之青年人，較為青睞「主題旅遊」，高達51.61%，顯示時下年青人已能接受以特殊主題規劃的旅遊文化。至於26至35歲的壯年期，此一族群以上班族居多，因此在忙碌工作一段時日後，往往嚮往能夠全然放鬆（Relax）的「海島休閒」度假模式，占了42.59%。而46至55歲及56至65歲這二個銀髮族的年齡層，則一律選擇「都會定點」為其最喜愛的旅遊型態，分別占42.86%及42.10%。

　　若以職業別來分析出國旅遊的適合天數，則可看出上班族較喜愛的6至8天的旅遊行程規劃，占了60.26%。公教人員則選擇天數較長的9至12天，可能與其有寒暑假或其他的連續長假有關，占了53.84%。至於一般家庭主婦亦選擇6至8天，占58.34%，可能與家人同遊，有其家庭因素的考量，而在13天以上的行程，則無人選擇，比例為0%。

　　若以平均月收入來分析參加旅行團的團費預算，月收入為2至3萬者，選擇團費為2至4萬約占68.63%，而平均月收入高達7萬以上者，大部分亦選擇2至4萬之間的團費預算，占了58.62%，可見高收入者並不見得會選擇高價位的團費，故6萬元以上的團費預算，僅占了6.9%。

　　綜上所述，惟有在充分瞭解消費者的需求趨勢及購買行為，才能設計出符合其需求的產品，而達成觀光行銷之最終目標。

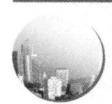

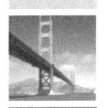

小小 趨 勢 分 析

表1　旅遊計畫安排所需時間

臨時安排	1-2個月	3-4個月	5-6個月	半年以上	未填寫
30.67%	38.00%	14.67%	3.33%	667%	6.67%

表2　喜愛的旅遊方式

參加旅行團	半自助	自助	未填寫
37.33%	39.33%	18.00%	5.33%

表3　喜愛的旅遊型態

海島型態	都會定點	主題旅遊	未填寫
31.33%	30.00%	34.00%	4.67%

表4　喜愛的產品內容

單國深度旅遊	列國周遊	未填寫
78.67%	19.33%	2.00%

表5　最喜愛的旅遊目的地排名

1	2	3	4	5	6
7	8	9			
歐洲	美國	東南亞	紐澳	東北亞	加拿大
大陸	中東	南非			

表6　旅遊適合天數

5天以內	6-8天	9-12天	13天以上	未填寫
6.00%	49.33%	32.67%	9.33%	2.67%

表7　團費預算

2萬以下	20,001～4萬	40,001～6萬	60,000以上	未填寫
8.00%	64.67%	18.00%	2.67%	6.67%

表8　購物費用

2萬以下	20,001～4萬	40,001～6萬	60,0001～8萬	80,001以上	未填寫
50.00%	32.67%	8.00%	2.00%	1.33%	6.00%

小小趨勢分析

表9　旅遊主要目的

純休閒度假	觀賞特殊節慶	著名景點觀光	美食、購物
36.50%	4.38%	26.28%	12.04%

藝術文化	探險、運動	其他
12.41%	5.47%	2.92%

表10　參加旅行團的考慮因素

團費	旅遊天數	行程安排	旅行社知名度	住宿品質
12.16%	14.41%	21.85%	9.01%	14.41%

航空公司	導遊領隊素質	安排自由活動	餐飲內容
4.50%	13.74%	4.95%	4.95%

表11　是否簽訂旅遊契約

是	否	未填寫
50.00%	40.00%	10.00%

表12　選擇旅行社考慮因素

知名度	形象、信譽	親友口碑	服務態度
6.41%	20.89%	15.60%	23.40%

行程設計	價格	業務員交情	旅行社規模
13.93%	10.86%	5.85%	3.06%

表13　自費活動

全部參加	部分參加	完全不參加	未填寫
10.00%	79.33%	1.33%	9.33%

表14　利用旅行社功能

參加旅行團	代訂機票	代訂旅館	代辦簽證	旅遊諮詢
30.63%	27.93%	7.66%	18.02%	15.77%

表15　旅遊資訊來源

報紙	雜誌	廣播	電視	宣導DM	看板	親友介紹
24.55%	29.96%	1.81%	7.22%	11.91%	0.72%	23.83%

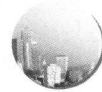

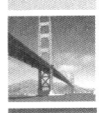
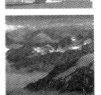

小小趨勢分析

表16　報紙旅遊廣告閱讀比例

民生報	聯合報	中國時報	大成報	自由時報
33.68%	25.91%	24.35%	3.11%	7.25%
中國旅報	中時晚報	聯合晚報	經濟日報	工商時報
1.04%	1.04%	2.07%	0.00%	1.55%

表17　旅遊廣告可信度

很高	普通	很低	未填寫
4.00%	86.00%	5.33%	4.67%

表18　喜愛的旅遊方式與年齡（%）

項目	15-25歲	26-35歲	36-45歲	46-55歲	56-65歲	合計
參加旅行團	17.86	26.79	12.50	23.21	19.64	100
半自助	27.12	47.46	13.56	6.78	5.08	100
自助	14.81	29.63	29.63	11.11	14.81	100

表19　平均收入與參加旅行團的團費預算（%）

平均月收入	2萬元以下	2-4萬元	4-6萬元	6萬元以上	合計
2-3萬	9.80	68.63	13.73	1.96	100
3-4萬	10.00	80.00	10.00	0.00	100
4-5萬	7.14	57.14	25.00	3.57	100
5-6萬	8.33	66.67	16.67	0.00	100
6-7萬	0.00	66.67	33.33	0.00	100
7萬以上	3.45	58.62	24.14	6.90	100

表20　年齡與喜愛的旅遊型態　（%）

年齡層	海島休閒	都會定點	主題旅遊	合計
15-25歲	25.81	19.35	51.61	100
26-35歲	42.59	27.78	25.93	100
36-45歲	33.33	29.17	33.33	100
46-55歲	14.29	42.86	33.33	100
56-65歲	26.32	42.10	31.58	100

第二篇 行銷策略篇

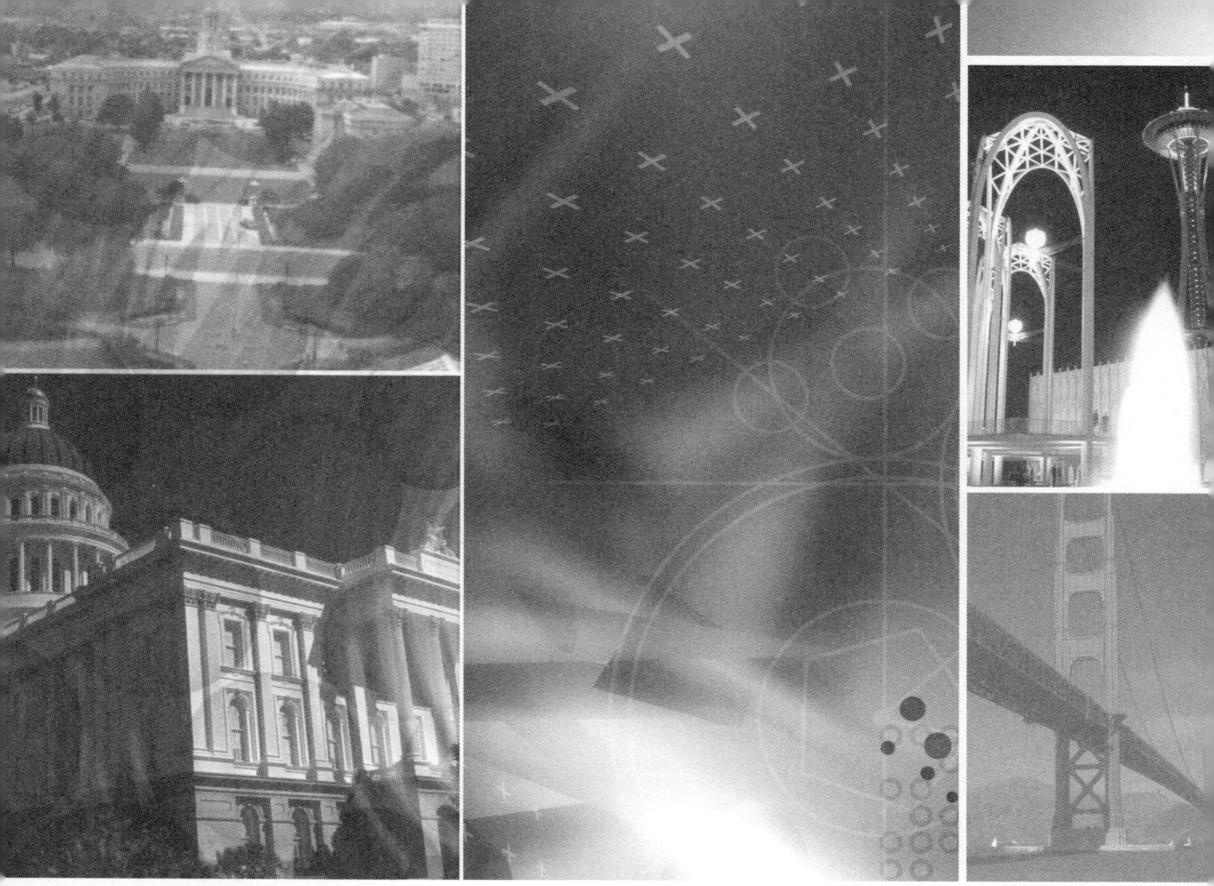

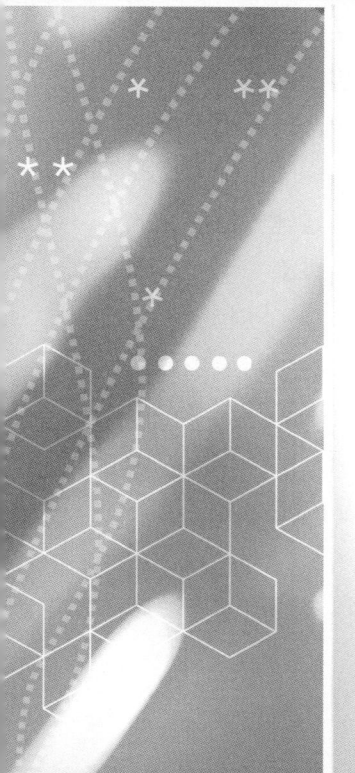

第五章

觀光市場區隔及
目標市場選擇

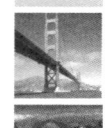
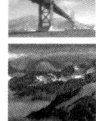
綜觀觀光行銷步驟及行銷策略，在進行目標市場選定之前，尚須先進行市場定位及市場區隔之工作，方能選擇目標市場，其過程分別說明於後面章節。

觀光市場定位

一、觀光市場定位概念

所謂觀光市場定位，就是瞭解觀光客對觀光產品屬性如產品包裝、當地文化、季節氣候、寧靜度等之偏好，以及確定該屬性下所構成的「產品空間」中，各種相同觀光產品所分布的位置，並找出在此空間中，在觀光消費者心目中所認知的位置。

定位的目的，在於協助瞭解各種相同觀光產品中，本身產品實際上的知覺點與觀光客心目中認知的理想點的距離，及與其它相同觀光產品之間的差異，作為瞭解本身產品特性並配合觀光消費者的偏好，以利達成企業組織的目標。

由於每種觀光產品均有其特性，所謂特性往往是建立在產品的屬性（外觀、性能、成分）及顧客對產品的感覺（香濃、可口、美麗）之上；如果產品的屬性與知覺越接近顧客的理想，則越容易達成預期的觀光行銷任務。根據觀光消費者在市場定位中對某項產品知覺點和理想點分析情形，可以進一步瞭解何種訴求對消費者最具影響作用。依此，我們可作成適當的觀光產品區隔，同時也可以瞭解到觀光產品競爭對手的狀況，以及何處是該產品的處女地，有待我們去開發。

在定位中，企業組織比較容易瞭解到同儕對自己與自身所意識

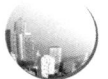

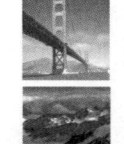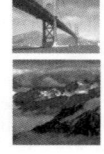

位置的關係及距離，如果缺乏定位，往往無法確定本身之相關屬性和對象者的認知偏好，形成在事實與理想間的歧見或差距，而導致錯誤決策。例如，當政府推展政策需要先瞭解民意並獲得其支持才能有效推動，為順應現實需求，以便配合推展，政府政策之擬定上需考慮其在國家整體系統功能的「角色定位」，而其所占據之位置就顯得非常重要。因此，我們可以瞭解到觀光市場定位的重要性及這種觀念的延伸。如果目前國內各個觀光企業組織體與政府主管機關均能加強定位觀念，則整個觀光事業的經營上將會有重大的提升和突破。

二、市場定位的方法

　　觀光旅遊市場定位的方法很多，但是沒有一種方法可稱絕對完美。因此，當企業組織施行一種定位方法後，如果經過一段時間所得到的結果與期望中的定位不遠，則可稱之為好的定位；相反的，如果與企業組織設定的目標相差太遠，則必須重新定位或檢討修正。通常一項成功的觀光產品定位是結果與企業組織設定的行銷目的完全契合。不然，即使再美麗的定位語句也是沒有價值，因為它不能為觀光企業組織創造銷售或利潤。

（一）市場定位的步驟

　　一般處理市場定位的步驟有下列幾項：

1. 建立產品認知空間圖。由此圖中可以看出企業組織產品特性和觀光消費者的情形，同時也可以一目了然現存的品牌與理想中的距離。
2. 現存品牌模擬定位。
3. 分辨或確認觀光產品品牌的優點或弱點。假設某區隔之內沒有該觀光產品時，這可能表示該區隔內未具使用該觀光產品

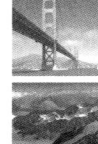
之機會。

4.假設觀光產品有機會存在，便可使用行銷研究、廣告和其它
行銷組合變數去發展新的觀光產品，或重新定位現有產品，
去迎合這種機會。

（二）市場定位方法

市場定位本身並沒有所謂的價值，只有當這種市場定位有效時
才會有意義。通常市場定位會採用下列七種方式，分述如下：

1.以觀光產品屬性或特質作為定位的基礎。
2.以觀光客或消費者的利益作為定位的基礎。這種定位方式與
觀光產品的屬性強烈相關，也是一種非常有效的方式。
3.依使用者分類定位。
4.與其它觀光產品對比定位。這種策略是採用與其它同樣產品
作比較，並述其差別利益。
5.觀光產品等級分類定位。該種定位方式對引介新產品或特殊
產品比較有效。
6.依特有的習慣定位。
7.混合定位策略。以兩種或兩種以上的品牌結合處理。

通常一項有效的市場定位，可以協助特定市場的區隔，提供觀
光客或消費者適當而正確的概念。最有效的定位策略，可以指出整
個競爭架構，其目的主要是希望讓觀光消費者，明確的瞭解企業組
織的產品品牌或品質較其它的競爭對手為優。另一種方式，是讓本
身市場定位超越其它的競爭者的地位，其目的是減少競爭。反之，
則是將市場定位，完全與其它競爭對手的產品特性相同，以減少競
爭，使本身產品依附現存較具優勢的產品。

基本上，大型觀光企業組織，在定位分析時，可採用多種行銷
定位策略，如低成本策略，產品差異策略和市場利基（Niche）策

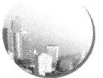

小小討論

特殊市場定位

　　舊產品由於時間或空間轉變必須將產品重新定位，以便符合實際需要，其定位之方法較為特殊，通常下列因素造成需要重新定位。

1. 觀光產品為吸引新區隔的觀光消費者時需要重新定位。在這種情形有時候需要考慮改變觀光產品，或是只是改變行銷市場。

2. 觀光行銷人員擬增加新目標市場，同時保有舊有區隔的市場。也許這種情況可以一種產品去迎合數個市場區隔。

3. 增加現有觀光產品的市場規模。因為增加現有的市場規模，常導致觀光消費者因而轉變成另一個目標市場。

4. 由於市場結構轉變。假設某一種觀光產品係新開發完成，整體的觀光潛在消費者，對於產品類別需求和可能的成長會改變。如何認知觀光產品在市場中的改變，新產品的屬性就占有重要的地位。在市場結構轉變時，同時去調整產品特質和目標市場，也是一項很重要的事情。

　　有時觀光產品並不需要重新進行市場定位，因為現存的目標市場區隔，能夠符合現有或新產品的需要，如果重新定位，反而不能達到新目標市場的區隔。基本上，定位的目的是希望觀光企業能夠在觀光市場上求得生存，因此必須加以研究分析觀光產品與成長率、市場占有率、銷售和利潤等相關重要指標，俾便瞭解觀光產品在現存市場表現情形與工作環境。

略等。理想的定位策略希望能夠持久，並且使其他競爭對手無法趕上。通常觀光行銷人員不需要考慮整個觀光市場定位，只要評估各個觀光產品市場區隔。但是當有新的研究報告關於定位和市場區隔策略時、應建檔以備未來決策之用。如果有可能，平時也應蒐集資料，如相關觀光產品屬性、特性、人口變數、心理變數、使用率和消費反應等資訊，作為往後市場定位、市場區隔及目標市場選擇等

107

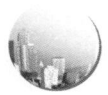

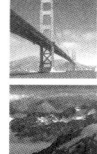

方面之參考。在目前,以所謂的電腦訂位系統(Computerized Reservation System, CRS)能同時達成預約及資料蒐集、分析之功能,已成為最新之趨勢。

　　總之,觀光市場定位是一項非常有用的技術,也是有效行銷之重要關鍵。定位比廣告更重要,因為定位是讓觀光消費者在得到廣告、公關、銷售推廣和銷售時,認識企業組織的廣告和銷售訊息。因此,觀光市場定位真正的意義是銷售和回饋企業組織的投資。

市場區隔之意義及方法

　　成功的觀光事業者都曉得,我們不能將觀光旅遊市場視為單一整體,用一種產品去滿足所有的顧客,必須針對某一特殊的產品,確認出特定的目標顧客,使得這項產品能確實地滿足他們的需要,如此方能奠定企業本身的競爭優勢。

一、市場區隔之意義

　　所謂「區隔」(Segment)是指賣方組織將市場規劃分成若干個不同的群體。而所謂市場區隔(Market Segmentation)係指在不同群體中,選定一個或數個群體作為對象,開發不同的產品及行銷組合,以滿足各群體的不同需要,這種行銷方式又稱之為目標(對象)行銷(Target Marketing)。

二、市場區隔之方法

　　市場區隔,一般說來,並無一定或適當的方法,只要劃分出來

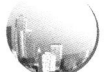

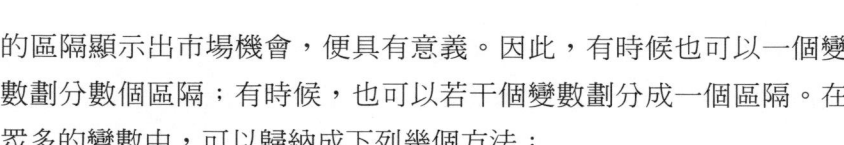
的區隔顯示出市場機會，便具有意義。因此，有時候也可以一個變數劃分數個區隔；有時候，也可以若干個變數劃分成一個區隔。在眾多的變數中，可以歸納成下列幾個方法：

（一）地理區隔

地理區隔（Geographical Segmentation）其劃分的基本概念是認為消費者的需要和反應會因地理位置不同而有所不同，而將之劃分成市場區隔。例如，可依地理位置分為州、國家地區、省、市、鄉鎮、鄰里等多種，當然也可以按其市場潛力或其它因素，如產品成長、使用率、忠誠度等作為劃分成其它地理市場區隔。

（二）人口統計區隔

人口統計區隔（Demographic Segmentation）的主要概念是以人口變數作為市場區隔的基礎。例如，可將人口依年齡、性別、所得職業、教育、種族、本籍、家庭大小、生活階段等劃分成為若干個區隔。而這種劃分方法常被用來量度觀光消費者的欲望、喜好、使用率、忠誠度、追求利益等多方面，對於掌握市場大小及研究如何有效進入市場，均有很大的幫助。

（三）行為區隔

行為區隔（Behavioristic Segmentation）又稱之為產品關聯區隔，也就是指購買人對某一產品或某一產品屬性的知識、態度、使用或反應為基礎，將購買人劃分為若干個群體。通常這些行為區隔購買變數可分為：購買時機、追求的利益、個人使用情況、使用率、忠誠度、購買準備之階段及行銷因素（如價格、品質、服務）等。一般而言，行為變數是市場區隔較佳的變數。

（四）使用者及消費者之特性

使用者及消費者之特性（User and Consumer Characteristics）

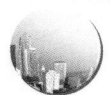

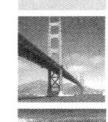
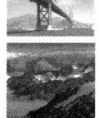

觀
光
行
銷
學

是以使用者的使用頻率來作來區隔之基礎。對於所謂經常使用者，其消費型態及決策與偶爾購買者存在著相異的考慮因素。經常使用者通常會針對所使用產品之內容及價格逐一比較，並且常伴隨某種程度之產品忠誠度；偶爾購買者通常屬於隨性購買，較不計較也無從比較產品內容及價格。

（五）心理計量區隔

所謂心理性區隔（Psychographic Segmentation），是以社會階層、生活方式或人格特質等心理性變數，作為劃分基礎，將購買人區分成若干群體。例如，就社會階層，我們可劃分成上上層、上下層、中上層、中下層、下上層及下下層等；如以生活方式來劃分，則可劃分成刻苦型、專心於家庭型、退休人員型、時髦社區居民型、喜愛名流社交型等；如以人格特質可區分成獨立型、衝動型、大丈夫氣概型、反應靈敏、充滿信心、保守、節制、珍惜羽毛、柔順、走極端等類型。在實際運用時，便依某次產品特性，選擇出它應屬於哪一類（如社會階層、生活方式或個性）群體，然後針對各群體的喜好與態勢，提出適當的廣告、媒體和行銷組合。

（六）價格區隔

在價格區隔（Price Segmentation）上，由於一般的消費者對於價格都是非常敏感而能正確反應在購買行為及決策上，故而可以以價格變動接受程度作為市場區隔之變數。

（七）旅遊目的區隔

旅遊目的區隔（Purpose of the Trip）包括商務旅遊者、會議旅遊者、非商務旅遊者，如：度假、探訪親友等。

（八）旅遊習慣和偏好區隔

旅遊習慣和偏好區隔包括：所使用的交通工具、旅遊安排和訂

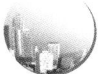

票之起源、使用的付款方式、購買之服務等級、旅遊季節等。

（九）個人或團體旅遊區隔

個人或團體旅遊區隔包括：外國來的散客（Foreign Independent Travelers, FIT）、國內的散客（Domestic Independent Travelers, DIT）、團體全備式遊程（Group Inclusive Tour, GIT）等；而其中散客又可分為花費低者到豪華奢侈者；團體又可分為各種特殊興趣團體，如：遊學（Study Tours）、獎勵旅遊等。

上述幾種為一般性的市場區隔方法，在國際市場區隔中通常用的另外幾種方法為：(1)依集群分析將世界市場區隔成為高度開發國家、已開發國家、半開發國家、低度開發國家、極低度開發國家等；(2)以策略分，將世界市場區隔劃分為一個國家為一個區隔，若干個國家為一個區隔單位，或是以購買類似行為模式為區隔；(3)依國際市場上的貿易集團如歐洲共同市場、拉丁美洲、中美洲共同市場等；(4)依環境（如人口、密度、年齡、識字率、農業人口、工業化程度、都市人口等）和社會（種族、宗教、語言等）因素等作為國際市場區隔的變數。

觀光市場區隔種類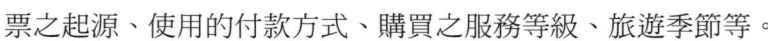

現今觀光客可選擇之觀光旅遊目的地和相關服務很多，並有許多競爭業者進行促銷活動，加以觀光客之需要亦不斷在變化，於是觀光業者和觀光客之間的「溝通」便愈來愈顯得重要，而此種溝通正是「行銷」要達成的目標。從人類的經濟發展歷史中發現，自有交換制度以來，便存在著生產和消費間的配合問題，亦即在供給和需求之間，如何才能使供需雙方完成交易？此種問題隨著人類生活

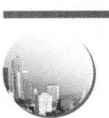

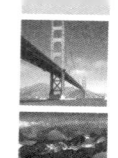

方式和技術條件的演變，愈來愈複雜。基本上，此有賴於從事交易活動之供需雙方的充分瞭解：供給者能知道買方是誰？需要什麼？為什麼需要？需要多少？願付多少價格？需要者能知道有哪些產品？在什麼時間、什麼地方、以何種價格能買到？來滿足其需要。

　　市場是由許多的消費者組成，消費者與消費者之間有著不同的欲望、偏好、態度、個性和習慣等，所以一個觀光企業組織，根本不可能同時處理所有觀光市場，從經濟效益之立場分析，亦不是最佳之方案。以全世界觀光收益最多的國家——美國為例，1984年全年觀光收益達140億美元，而根據美國商務部統計，這項金額是由一百萬個觀光企業組織所共同努力創造出來的結果，所以觀光企業組織必須建立起一種市場區隔的觀念。由於在國際市場上不同的國家和地區間，具有高度的差異性。因此，應該針對不同的市場需要，制定不同的行銷策略，再配合觀光企業組織本身資源條件，選擇最佳的市場進入，達成任務。

　　市場區隔化可發掘出許多對公司有用的市場機會。最好的區隔市場是有最高的銷售額、成長最快、高利潤、競爭弱，及行銷通路簡單的市場，但通常很有少有一區隔市場能樣樣俱佳。企業組織要找出最具吸引力，而又能配合企業組織長處的市場進入。

　　因此，有效的行銷活動即在於企業能界定出對其最有利的區隔市場，也就是能發掘出最值得其服務的消費者與需求。一企業組織可利用各種區隔變數，找出最佳的區隔機會。

　　區隔（Segment）觀光市場的主要目的，歸納言之，有下列各項：

1. 發掘觀光市場之拓展機會：即研究每一區隔觀光市場之需求情況，瞭解目前競爭者之供需情形，確定目前觀光客之滿足程度，以決定在該觀光市場的發展目標與方向。
2. 瞭解各區隔觀光市場對該觀光目的地之反應，以指導其觀光行銷活動。

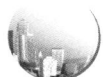

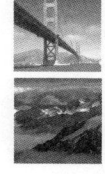

3.便利觀光目的地依照觀光需求之特性正確調整其觀光產品。

基於以上目的,列舉觀光市場區隔種類如下:

一、依旅行目的分類

1.度假市場（Holiday Market）。
2.文化觀光市場（Cultural Tourism Market）。
3.會議觀光市場（Congress Tourism Market）。
4.療養觀光市場（Health Tourism Market）。
5.運動觀光市場（Sport Tourism Market）。
6.探險觀光市場（Adventure Tourism Market）。
7.商務觀光市場（Business Tourism Market）。

二、依年齡分類

1.青年觀光市場（Youth Tourism Market）。
2.成年觀光市場（Adult Tourism Market）。
3.銀髮族觀光市場（Senior Tourism Market）。

三、依市場規模或潛能分類

1.主要觀光市場（Primary Tourism Market）。
2.次要觀光市場（Secondary Tourism Market）。
3.機會性觀光市場（Opportunity Tourism Market）。

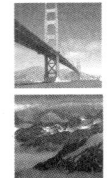

觀光行銷學

四、依價格或旅行安排之內容分類

1.豪華觀光市場（Deluxe Tourism Market）。
2.中產階級觀光市場（Middle-class Tourism Market）。
3.大眾觀光市場（Mass Tourism Market）或社會觀光市場（Social Tourism Market）。

五、依旅程範圍分類

1.國民旅遊市場（Domestic Tourism Market）。
2.國際觀光市場（International Tourism Market）。
3.區域觀光市場（Regional Tourism Market）。

六、依使用之交通工具分類

1.地面觀光市場（Land Tourism Market）：汽車、鐵路、自用車、巴士等觀光市場。
2.海上及水上觀光市場（Sea and River Tourism Market）。
3.空中觀光市場（Air Tourism Market）。

七、依性別分類

1.男性觀光市場（Masculine Tourism Market）。
2.女性觀光市場（Feminine Tourism Market）。

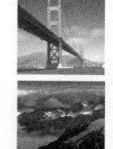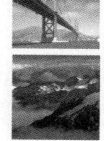

八、依旅行方式分類

1.個人觀光市場（Individual Tourism Market）。
2.團體觀光市場（Group Tourism Market）。

目標市場的選擇

從上面所述我們可以瞭解到市場區隔有很多種不同的方法，但是劃分出來的區隔市場是否相關、有效或具吸引力，這是進行市場區隔必須注意的工作。譬如，購買機票的觀光客，我們將它劃分成白人與黑人兩類，而可能觀光客的膚色，與機票的購買沒有任何關聯。再說黑人和白人搭乘航空飛機的感受都是一樣，根本無須再作區隔。如再假設購買機票的觀光客已經認為乘坐甲、乙、丙公司的飛機服務都大同小異，都希望能用相同的價格來買。那麼從行銷的觀點來看，這個市場區隔便沒有意義了。

將市場作有效區隔的主要目的除能藉市場區隔瞭解消費者與產品間之關聯外，最重要的功能當屬幫助企業體選定目標市場，以確定主要的行銷對象，方能集中攻擊火力，迅速而確實的推展行銷工作。但在選擇目標市場時，必須注意所選擇的目標市場能顯現出下列幾種特性：

一、可衡量性

目標市場能夠很容易量測出其市場的大小，這便是有可衡量性（Measurability）。以觀光旅遊來說，如將國家平均所得劃分成幾個區隔，其中，高、中所得的國家與赤貧國家比較，很容易看得出

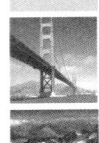
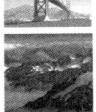

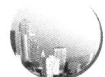

來，高平均所得國家的國民對觀光旅遊市場具有潛力，赤貧國家人口中，溫飽堪慮，出外旅遊的機會相對減少。這種有效的區隔稱之為可衡量性。反之，如將世界旅遊人口劃分成白、藍、黑三種膚色區隔，這個區隔就很難區分出，哪種膚色人口喜歡旅遊，因為享受不會因膚色不同而有所差異，只是其它情況如經濟、時間等是否許可而已，所以這種無關或含混的區隔便稱之不具可衡量性。

二、可及性

可及性是指目標市場的選擇，應該以觀光企業組織能夠真正的進入和服務該市場為準。例如，我們將某地區潛在旅客劃分成年輕人，喜歡外出，對新奇的事物有興趣和愛看雜誌等特性。如假設這種旅行需花費很多錢，對年輕潛在顧客來說是符合年輕的條件，但是因其沒有足夠的經濟能力，即使年輕人想去旅行也是空想。如再假設潛在旅客喜歡雜誌，但是如果刊登旅遊訊息的雜誌，根本不在當地發行流通，雖然潛在旅客喜歡看雜誌，但觀光企業所發行的雜誌媒體沒辦法進入當地。這種情形，便是所謂的缺乏「可及性」（Accessibility）。

三、實質性

實質性（Substantiality）是指目標市場應具有相當的實質規模，能實際創造利潤或吸引力。譬如，某航空公司準備開闢航線選擇目標市場，某些地區雖有觀光客，但是因客源不定，又受季節性影響，若航空公司將之規劃成一個定期航線市場，這項目標市場便缺乏實質性。因為客源不定又受季節性影響，這表示該項目標市場無法為企業組織創造利潤，沒有利潤當然談不上吸引力。換句話說，目標市場應具相當規模，並與企業能力資源配合，才算該目標

市場具有實質性。

四、吸引力

　　所謂吸引力（Attraction）就是指目標市場的相對利潤潛力的大小。獲利能力越高的當然表示這種目標市場越具有吸引力。相反的，獲利能力差，便是吸引力較弱。一般企業所能享有的利潤是由市場需求、企業成本和各區隔市場的競爭態勢而定，所以如能深入分析整體相對間的優勢，作為劃分市場區隔的依據，並選定目標市場，這才有意義。不然目標市場雖具可衡量性、可及性及實質性，但不具吸引力及企業利潤，顯然違反選擇目標市場的基本意義。

　　無論我們是用哪一些變數來描述目標市場，當一個觀光市場用較多的變數來區隔時，便更為精確；但相對地，其市場的人數便減少了。觀光市場區隔並沒有一固定或單一的途徑，我們可嘗試各種可能的變數來作市場區隔，但在選擇目標市場時，則必須具備上述特性條件；也就是說，我們能衡量、估計實際消費者或潛在消費者的數量，而這些消費者不但都是具有購買能力者，且數量能大到值得我們去開發，最後便是這目標市場必須具有競爭不會太激烈，觀光企業的資源也足以應付的可行性。

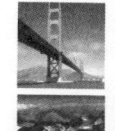

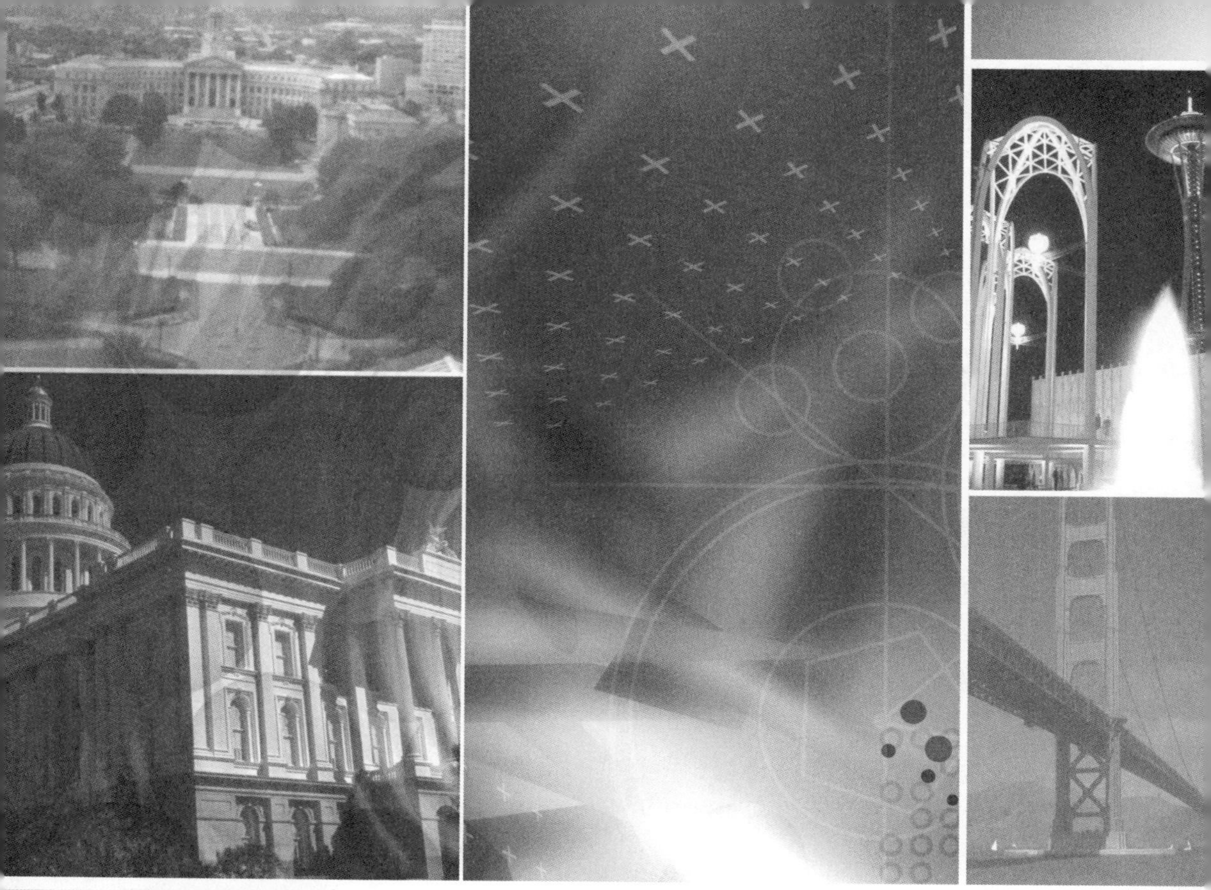

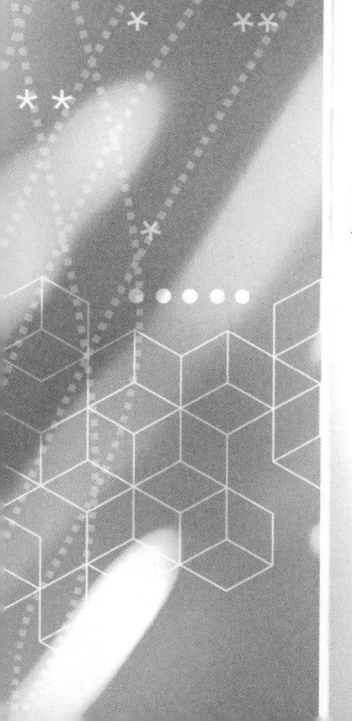

第六章

觀光行銷產品策略

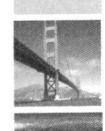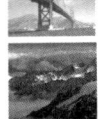

　　在傳統行銷學中的四個P當中究竟哪一個最重要呢？答案當然是都很重要！但是在都很重要中總有一個是要被先行提出來討論的，答案當然是產品。觀光產品策略在觀光行銷學中具有舉足輕重之地位，其所扮演之角色就如同操控汽車之方向盤，不僅決定了企業組織之走向，同時也是影響消費者購買與否的最直接因素。

　　在觀光行銷學中觀光產品的概念與社會上一般產品的概念不盡相同。一般觀光客很容易把觀光產品狹義地理解爲觀光客在觀光過程中所住過飯店中的一個床位，乘坐過的飛機、火車的座位，吃過的一次風味餐，一次接送和解說或是一次參觀遊覽等。其實這些內容只有在觀光客的消費過程中才能說它們是產品；這裡所指的觀光產品，不是指觀光客在觀光過程中購買的一般商品（雖然購物也是觀光產品中的一個組成元素），而是觀光客從離家開始觀光到結束行程回到家的整個過程中所包括的全部內容，即爲觀光行銷學中統稱的觀光產品或是觀光產品組合。

　　觀光產品策略就是以長期性的觀點，研擬觀光產品供應商發展觀光產品的總體方針，其內容可涵蓋產品之設計、開發、組合、特性、品牌、包裝、服務及生命週期之研究等。本章僅就其涵義、組成、特性、生命週期、設計及聯營中心產品逐一介紹。

觀光產品的特性 🌸 🌼

　　觀光行銷學是將產品及服務從供應商移至消費者之過程，故其不僅僅是研究觀光市場的需求，更重要的是要研究觀光產品的特性。因爲觀光市場和觀光產品是相互依存、相互影響的元素。觀光市場的需求直接影響著觀光目的地和觀光產品供應商的產品策略。反之，適合觀光客需要的觀光產品經由觀光行銷技術之應用又會大大地激發起觀光市場的興趣，增加市場的需求。這也就是說，研究

觀光產品策略為的是：使產品更能適應觀光市場的需要。觀光產品的品質對觀光客的消費行為往往有決定性的影響，故觀光產品的品質對開擴觀光市場，引導市場消費，提高企業在觀光市場裡的競爭能力，有著關鍵的作用。

觀光客在購買組合產品中有與一般產品相同的部分，也有與一般產品不同的特殊部分，兩者綜合組成觀光產品。其特點是，無形的觀光產品在全部觀光產品中占主要部分，並有主導作用，從而形成觀光產品，主要的特性如下：

一、不易變性

觀光市場是易受內、外因素影響而導致巨大變化，但觀光產品組成的主要部分，相對而言是不易改變的。例如，某一景點的自然風光、名勝古蹟等，都是固定不易發生改變，縱使有些微改變，其可變因素的變化也是緩慢的。

二、不可衡量性

觀光產品不同於一般產品，它具有抽象性、無形性，是既無一定狀態又不可觸摸的產品。例如，某種服務（導遊）的品質，它的價值是憑消費者的印象及感受來評價和衡量，既沒有檢查旅遊產品價值和品質的儀器，也沒有衡量它的尺度。所以，多數旅遊產品的印象及聲譽，也成為旅遊產品供應商和旅行社很關心的事情。

三、不可儲存性

這是與一般產品較明顯不同的特性，如製造業之產品今天無人

121

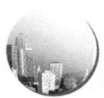

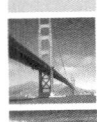

購買，可以暫存於倉庫中留待他日再行賣出。而觀光產品（如汽車的座位、飯店的床位及餐廳的餐位等），今天沒有售出，就失去了今天這一產品的價值。觀光產品往往具有很強的時間代謝性，過時就失效了。因此，觀光旅遊企業十分關心其產品的使用，千方百計想提高產品使用率，尤其是觀光旅遊業的工作者特別會想盡辦法擴大淡季的旅遊市場。

四、需求彈性大

觀光客因受各種因素影響很大，對觀光產品的需求彈性就很大。如有些旅遊目的地，八、九兩月需求量較平常成倍增長。故某些觀光產品會因氣候、自然季節、節慶假日等的影響，致需求彈性很大。

五、替代性強

觀光產品除了需求彈性外，替代性也很強。所謂的替代性具有兩個涵義：(1)隨著人民生活水準的不斷提高，觀光產品逐步成為人們的需求，但畢竟不同於食物和衣服是人們生活的必需品一樣，它是比較高級的奢侈品，是一種享受，如有的人想要出國旅遊一次，就有可能必須以放棄另一種需求的方式來加以替代；(2)觀光客可以選擇旅遊路線、目的地國、景點、飯店、交通工具、餐廳等。所以，注意提高服務品質，改進交通工具及旅遊設備、設施，可提高觀光客的選擇機會。例如，中國大陸的萬里長城和埃及金字塔都是很有吸引力的旅遊資源，但如果到萬里長城旅遊的交通設備、設施較為落後，觀光旅遊者就可能放棄來此而選擇去金字塔。

此外，國內外學者也認為觀光旅遊業其實是所有產業的綜合。觀光產品組合既包含無形產品（占絕大多數），也有「有形產品」

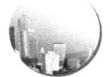

（占少數）；既有精神產品，也有物質產品。所以，觀光產品牽涉的層面是非常廣泛的。

觀光產品的意義與分類

觀光產品不同於單純的其它實質產品。它只有在身處消費過程中才證明自己是產品。消費的過程則是在把產品消耗的同時，才同時完成產品最後的生產過程。所以，觀光客如果不去購買一個床位，不去購買一個飛機座位，這個床位、這個飛機座位空著，即無法完成整個生產，也就沒有消費價值，所以就不能稱為完全的觀光產品。

一、觀光產品的意義

人文觀光景點與各種旅遊設施等可視為觀光產品的組成元素。然而什麼是觀光產品呢？Burkart and Medlik（1984）與 Middleton（1994）認為，「就觀光客而言，觀光產品係包括自離家起到回家止的整個經驗」。按照他們的看法，觀光產品係為各種不同構成要素的一個結合體，或一個套裝組合（a Package）。

根據以上這種觀點，我們可以清楚地給觀光產品下定義：觀光客不僅花錢而且花一定時間購買從他離家到返家的整個過程中，為滿足其娛樂、休息、求知或其他目的的一次經歷，就是觀光產品。換言之，所謂觀光產品係為觀光客所享用的前述原料與設施之總稱，主要包括下列三個主要項目：

1.觀光目的地的各種觀光吸引事物，包括觀光客心目中對該目的地的形象。

123

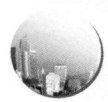

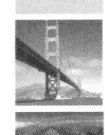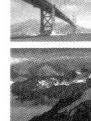

2.觀光目的地的各種設備，包括住宿、飲食、表演與娛樂等設施。

3.通達觀光目的地的途徑與工具。

但是隨著每個人需求之不同，觀光客也會有不同的考量。下面幾個例子可以作為說明：

例如，一個參加海上郵輪之旅的觀光客，其所購買的產品乃是在一艘舒適豪華郵輪上的一個充滿陽光、新鮮空氣及豐盛食物的服務與情境，並有夜間娛樂節目的輕鬆假期。至於是否在沿途港口停靠對他來說都不是特別要緊之事。至少可以確定的是，並非所有參加該項海上遊覽的人都是為了此項遊覽（包括有過境地點的觀光吸引事物在內）才參加此行程。因此，在這種情況之下的觀光產品自不能與購買到某一目的地去的團體旅遊遊程相同。

又如一個到維也納、巴黎、倫敦或羅馬去的歌劇或音樂愛好者，同樣並不是購買成套的觀光產品，他所需要的乃是在他所方便的某一天、某一個歌劇院或音樂廳的一個座位，至於交通、住宿和飲食等只是附屬的產品而已，只要能取得這個座位，其他的都無關緊要，可以以普通的標準來安排。在此一情況下，主要的觀光產品則是歌劇或音樂廳的座位。

其他如對於參與會議（Meeting, Exhibition, and Conference）類型觀光者言，這些決定參加在某地舉行的某項會議的商務客或學者，其之所以如此做決定主要乃基於該項會議對他所具備的重要性，而不是因為會議地點具有許多觀光吸引事物與設備，當然後面兩項因素可能會具有附加效果，而對那些尚未決定與會的人士可能仍具有鼓勵作用。如果將出席會議與遊覽或購物配合在一起，則他們將更有可能出席該項會議。在此種情況下的觀光產品仍然是該項會議的性質和其對該人士所具備的重要性。

在某些特殊的情況下，進住某家著名旅館（如杜拜之帆船旅館，號稱七星級旅館）可能是觀光客所要購買的觀光產品。光是該

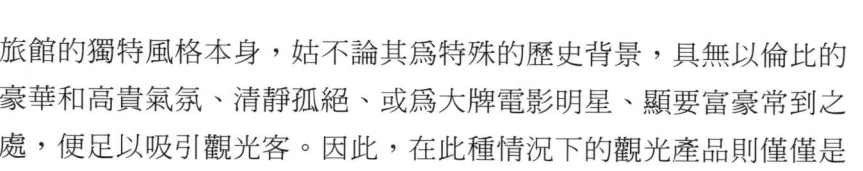

旅館的獨特風格本身，姑不論其為特殊的歷史背景，具無以倫比的豪華和高貴氣氛、清靜孤絕、或為大牌電影明星、顯要富豪常到之處，便足以吸引觀光客。因此，在此種情況下的觀光產品則僅僅是進住該旅館的享受及體驗。

因此，一個觀光目的地並非只有一種觀光產品而已。一個觀光目的地可以為不同的觀光客提供各種不同的具吸引力的事物（attractions），故可具備多種觀光產品。例如，一個國家可提供各種不同的假日產品（Holiday Products），如冬季或夏季運動產品（Sports Products）、文化產品（Cultural Products）、健康療養產品（Health Products）等。又如一個休閒地區也可能提供許多不同的產品，如打高爾夫球、釣魚、登山等等，因而可同時吸引許多屬於不同行為群體的觀光客。就如同一個旅館也可提供許多不同的產品，如五百人的會議、充滿陽光的週末、為期三天的音樂節、為期兩週的夏季運動假期等。足見各式各樣觀光產品之所以成為觀光產品乃是由觀光客的嗜好、動機，以及觀光目的地所具吸引事物和設備的種類所形成。

二、觀光產品的分類

每一個觀光目的地（一個國家、地區或度假區）必定具有一些足以吸引觀光客的事物。此等觀光景點（Tourist Attractions）可視為可加開發和配製以適合各個不同市場觀光客胃口的原料。這些原料可歸納為天然環境與文化價值體系兩大類。前者包括陸上景觀、海上景觀、生態環境及氣候等；後者包括各種歷史古蹟、文化呈現、現代科學、技術成就、人民的生活方式、宗教性建築物等。不過徒有上述這些原料尚不足以保證一個觀光目的地的觀光事業便能夠蓬勃發展。因為除此之外尚須兼有各種旅遊設施才能使此等原料為觀光客有效的加以利用。因此，為了吸引觀光旅客，使目的地

125

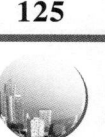

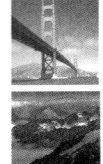
的供給能與市場的需求發生有效的連結，便必須將前述之各種原料與旅遊設施配合在一起。

因此，在討論觀光產品時，便可以由個別產品及完整產品二個構面加以說明。

首先就個別產品（Individual Product）言，此類產品係是構成完整產品之各類別產品，如以住宿類來說，可包括飯店、旅館、民宿、及青年活動中心等。個別產品可以由下列三個部分組成，分別是：

1. 核心產品（Core Products）：即產品本質上所欲提供能滿足消費者的利益，如飯店之核心產品為提供「如同在家般舒適的住宿」。

2. 實質產品（Tangible Products）：即消費者在付出一定價格後，實際所能獲得產品。如飯店中住宿一晚對實質物品如床、浴室、餐點等之享用。

3. 擴張產品（Augmented Products）：即消費者在享用實質產品中所能獲得具附加價值之產品。如該飯店所獨有之設備（如大型按摩浴缸等）或其所享譽之形象、服務等。

就完整產品（Overall Product）而言，此類的產品為一完整的觀光產品，其內容應包含以下之四個主要成分（Components）：

1. 目的地的景點及環境：其中關於景點部分又可分為自然景點（Natural Attractions）、人為景點（Built Attractions）、人文文化景點（Cultural attractions）及社會生活景點（Social Attractions）。

2. 目的地之設施及服務：這包含了住宿設施、餐飲設施、交通運輸、活動項目及採購活動等。

3. 目的地之可及性：這包含當地的基礎公共設施，如道路、交通設備、政府管制等。

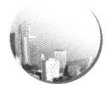

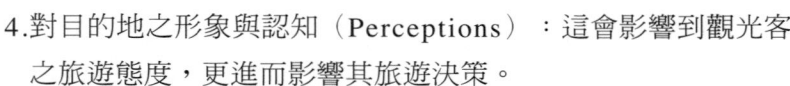

4.對目的地之形象與認知（Perceptions）：這會影響到觀光客
　之旅遊態度，更進而影響其旅遊決策。

　　對觀光客而言，他們所滿意的觀光產品，不只是餐廳裡的餐點
或美術館內的欣賞而已，其所在乎的是相關整體配合的結果。觀光
產品供應系統中每一環節均會影響到觀光消費者的滿足程度。然
而，觀光消費者卻不見得對於系統中每一步驟環節感到興趣。他們
關切的只是消費系統中能替他們負擔較多的功能，相對減少消費者
不必要的工作勞務，這也就是所謂的「消費系統觀念」。

　　觀光產品的發展或改良，常需要從配合消費系統的觀點去努
力，而非純觀光產品本身的發展或改良，理由是假如某觀光客來華
期間，進住某飯店，該飯店的服務水準品質均屬一流，讓觀光客有
賓至如歸的感覺，但是當他出門搭乘本地計程車，遇到司機態度兇
惡或服裝不整；如在回國時，又遇到海關人員服務態度不良，場站
設施維護不佳；觀光消費者對原先所購買的旅館產品的優良價值感
產生折扣現象，甚至影響到其它觀光相關產品或無價的國家形象資
源。然而，對計程車司機、海關人員來說，他們並非觀光產品的生
產者，但是影響觀光產品的品質不下於觀光產品生產者，因此我們
必須建立整體的行銷觀念，觀光產品發展競爭情勢，並不完全導源
於實質觀光產品的生產者，而是包含其它（如海關、金融、政府行
政、相關行業或機構）影響觀光消費者認為有價值的事物，也惟有
認清和重視此點，整個觀光產品發展，才有更多的銷售機會。

觀光產品生命週期 🌸❀

　　所謂「產品生命週期」（Product Life Cycle, PLC），就是某項
產品在消費者心目中的地位或概念，隨著時間和空間而改變，呈現

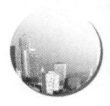

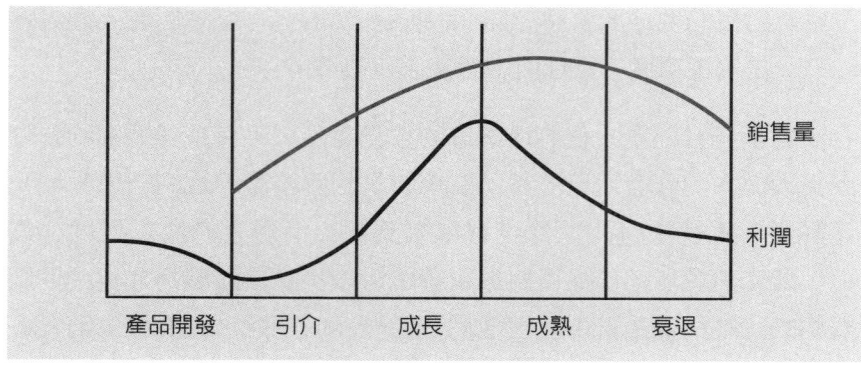

圖6-1　生命週期圖

資料來源：修改自Lumsdon, L. (1997). *Tourism Marketing*. New York: International Thomson Business Press. p.144.

如生命週期般的現象（圖6-1），這種現象就像人類一樣，從出生、成長、成熟、老化到死亡爲止。產品生命週期理論是由兩個構面組成：一是銷售和利潤；另一是時間；主要的用途爲提供行銷人員對行銷策略演進的架構，供作規劃與控制行銷組合的思考行動之依據，以便配合市場與消費者需求，創造觀光企業組織綿延不斷的最佳利潤和觀光資源的活力。

　　產品生命週期的觀念，已經成爲行銷學中最重要的基本觀念之一，產品生命週期通常分爲以下幾個階段：產品開發階段、引入及介紹、快速成長、成長趨緩、成熟及衰退等幾個時期。但在實際生活中，很難找到哪種產品能完全符合這種歷程。因此，在探討觀光產品生命週期前我們必須瞭解下列幾點：

1.並非所有的產品均有完整的生命週期，產品發展中途就像人類一樣有很多還未達到成熟即告夭折。
2.各階段的經歷時間，因產品不同而有所差異。
3.生命週期長短也因產品不同而有所不同。
4.各階段彼此之間也沒有絕對的順序，有些產品一上市即達到

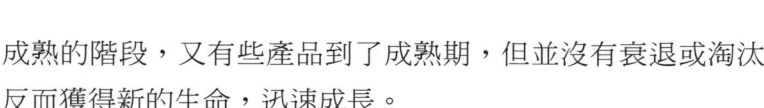

成熟的階段，又有些產品到了成熟期，但並沒有衰退或淘汰反而獲得新的生命，迅速成長。

5.有些產品雖然維持很高的銷售量，然而實際上銷售利潤已經達到零的情況，必須淘汰，重新開發新產品。產品生命週期各階段均有其特性和反應狀況如表6-1。

由於新產品的開發，風險性比較大，失敗的比率較高，有些產品常常尚未到商業化的程度時即告夭折；有良好的組織安排，對開發新產品的各階段過程有正確決策及研究是新產品開發的保證，產品生命週期理論正是引導行銷人員去辨認某項產品處在什麼階段，應採取哪些恰當的行銷策略，掌握問題與機會，訂定良好的行銷計畫。產品生命週期中所指的產品，通常是指除真正的產品外，還包括了產品的品牌、形式、種類、聲譽、知名度等。產品在銷售上所表現的模式，主要受兩方面的影響：一方面是受到大環境的影響如國民所得水準、技術進步、競爭狀況等；另一方面則是企業本身的表現，如利用行銷手段、改變生命週期的長度和形狀等。

表6-1　產品生命週期現象表

項目	生命週期				
反應表現	特質	介紹	成長	成熟	衰退
	銷售	慢	快速	慢速	下降
	利潤	忽略	頂峰	下降	慢或零
	現金流動	負	緩和	高	低
	顧客	換新	大市場	大市場	遲緩
	競爭者	少	成長	眾多	減少競爭
策略	策略焦點	擴充市場	滲透市場	防衛分攤	多產
	行銷支出	高	高	下降	低
	行銷重點	產品告知	品牌偏好	品牌忠誠	選擇
	行銷通路	不平衡	增強	增強	選擇
	價格	高	低	最低	上升
	產品	基本	改善	差異	合理化

資料來源：Doyle, 1976.

129

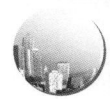

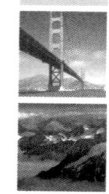

　　觀光產品正如其它商業產品一樣，也有生命週期的現象，而且觀光產品在自然生命週期現象上表現得特別明顯，有些觀光產品表面上銷售情形良好，而實際上利潤已經降至接近零的地步，因此，將生命週期理論運用在觀光產品上，作為觀光產品經營管理的手段有其絕對的必要性。雖然台灣本身擁有的人文或自然觀光資源都很豐富，但對新開發或已開發的觀光產品，仍應注意到產品的生命週期，設法加速觀光產品的成長和延長產品的成熟期，甚至設法避開衰退，安全邁向另一個新生命期，迅速再成長。以往大家較不重視這方面的問題和機會，任由觀光產品自然凋零。以下就台灣地區之風景區、觀光旅館及觀光交通運輸之生命週期現象加以探討。

一、風景區

　　就台灣的風景區而言，其產品生命週期已進入成熟期，且有轉入衰退期跡象的風景區計有烏來、野柳、石門水庫、陽明山公園、關子嶺、指南宮、明德水庫、日月潭、烏山頭等地，其中以指南宮、明德水庫等地跡象較為明顯。而產品生命週期尚稱穩定成長的有故宮博物院、澄清湖、八卦山、墾丁公園等地。雖進入衰退期但因更新再成長的如阿里山。新開發風景區計有亞哥花園、秀姑巒溪觀光區、小人國等。以上是台灣風景區在產品生命週期比較明顯的例子。

二、觀光旅館

　　在觀光旅館方面，也因時空的流轉，同樣地出現產品生命週期現象。台灣光復（1945年）以前，所建的觀光旅館，幾乎蕩然無存，即使光復初期所建的觀光旅館能倖存者亦寥寥無幾。後來隨經濟發展陸陸續續興建的觀光旅館，亦在興建完工後五至十年之間被

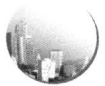

淘汰出局，或是變成次級旅館者不在少數，當然也有不少旅館是避開觀光產品生命週期的衰退期，躍入另一次新生命，持續不斷成長。

三、觀光交通運輸

　　觀光交通運輸項目的航空、公路、鐵路、遊輪等，亦出現明顯產品生命週期現象，如曾經成為熱門話題的「阿里山觀光鐵路」廢存問題。曾經輝煌奔馳七十多年的阿里山高山森林鐵路，由於敵不過公路運輸的競爭，已經行至產品生命週期中的衰退期，進入存亡的階段。目前，其為世界僅存的三條高山森林鐵路之一。1912年，阿里山觀光鐵路正式營運，起初以運材為主，後轉變為以運客為主，成為著名高山觀光鐵路，是台灣著名勝景之一。自從阿里山公路通車以來，它的收支由盈轉虧，平均每年林務局在這條鐵路上貼補1億新台幣，林務局在不堪負荷下報請中央定奪是否繼續營運。經營了七十年，在短短的幾年之內就決定了鐵路的存亡。由此可證明產品生命週期每階段應有相關配合策略，如未注意則極易導致失敗。

　　由上面所提列的風景區、旅館、交通運輸等有關產品生命週期現象可知，任何一項產品均可能遭受到整體環境的影響或衝擊，直接迅速改變消費者對該產品在心中的地位和概念，當發生問題產品進入淘汰命運時，再想扭轉這種劣勢，可能已經非常困難。因此，重視產品生命週期理論的功能，對產品經營管理策略演進，事前事後規劃控制，配合市場與消費者需求，創造企業組織最佳利潤的觀念，實有其必要性。

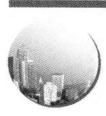

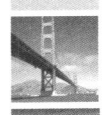
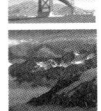

小小飯店歷史

　　台灣觀光事業發展之初，僅只台北市圓山飯店（1947年興建）、中國之友社（即現今人事行政局現址）、自由之家、勵志社（已拆除）、鐵路飯店（南海路前美國新聞處地址）等幾家旅館。

　　1956年，政府開始重視觀光事業，政府與民間才開始大舉興建旅館，其歷程如下：

■ 1956～1961年

　　1956年成立台北市漢口街紐約大飯店（第一家有套房衛生設備）、台北市石園大飯店（第一家民間興建觀光飯店）。1957～1961年，成立高雄招待所（1969年遷建為今日高雄圓山飯店）、日月潭涵碧樓招待所（原名日月潭涵碧樓）、彰化八卦山招待所（現改為風景遊樂區）、台中市招待所（1959年改名台中鐵路飯店，現已拆除）、澄清湖招待所、文山招待所。1961年經政府首次核准十五家觀光旅館，台北市：國際、華府、石園、龍宮、王子；北投：美華閣、新秀閣；台中市：鐵路飯店；台南市：華洲、中央；高雄市：華園、大同之家、克林、豪華；宜蘭：礁溪碧山莊旅社。

■ 1962～1971年

　　1964年又核准台北市的中國、東方、太平洋、福壽、樂后、南京、第一、綠園；北投的新生莊；台中的意外；台南的臨海；台北縣的金山等十二家飯店。1965～1966年核准台北市：統一、國賓、中泰、巴黎、伯爵、亞士都、新台北、台灣、華園；北投：別有天、龍城、逸村、松林、南國、美樂多；台中市：華宮；台中縣大甲鎮的建新；台南市的台南；高雄市的圓山等十九家飯店，連同以前核准共有四十六家觀光旅館。1967～1971年台灣觀光事業普遍發展：台北市：華國、中央、台華、美琪、太陽、鑽石、永安、東龍、奧林匹克、新亞、泛美、天使、帝后、華都、綠州、百利、聯合、光華、富國、華懋、陽明山的中國；基隆市的遠東；桃園的夏威夷；中壢的亞洲；台中市：鴻賓、寶島、全安；南投縣的日月潭；彰化的台灣；嘉義的阿里山賓館；台南市：成功賓館、光華；高雄市：華王、王子、帝國、公爵、肯乃第、百馹、中華、台灣、桃源別館、南亞、皇都；台東的知本；花蓮：福隆、亞士都等五十二家觀光飯店。

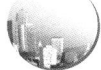

小小飯店歷史

■ 1972～1978年

1971～1978年核准觀光旅館：台北市：圓山、希爾頓、華泰、世紀、芝麻酒店、康華、美侖、鳳殿、羊城、國王、嘉年華、三普、美麗華、財神酒店、金帝、帝后、麒麟、金堡、名城、六六六、假期、泉樂莊、北投、華南、萬祥、熱海、石門水庫的芝麻酒店；桃園的今日；台中市：敬華、台中、新天地、涵碧樓招待所；台南市的華興；高雄市：圓山飯店、國統、海灣、愛河、三華；屏東的墾丁賓館；花蓮：統帥、朝北、東洋；宜蘭的礁溪飯店等四十三家飯店。

■ 1978～1985年

1978～1985年核准觀光旅館：台北市：環亞、兄弟、福華、來來、亞都、老爺、三德、富都（原為豪華酒店）、一樂園、交通、中原、天成、華華、六福、文華、國正、華城、明星、國聯；桃園市的南華；台中市：南華、名立；高雄市：高雄、國賓、京王、名人、皇統、白金漢；花蓮：中信、吉祥；嘉義：國園、嘉冠；雲林縣：高山青、草嶺；屏東的四重溪；宜蘭的幼獅；澎湖的寶華等飯店。1986～1987年中安、凱撒、圓明、金國、鼎鼎、阿波羅等國際觀光旅館、墾丁國民旅館等。

1971～1978年間，台灣地區觀光旅館之興建有如雨後春筍，大量增加，往後數目又逐漸減少，減少的原因如下：(1)觀光旅館趨向大型化；(2)觀光旅客並未大幅增加，因此競爭激烈。在1978年觀光主管機關實施檢查，其中因設備陳舊、經營不善，失去觀光旅館水準，依法吊銷部分觀光旅館登記。其中不乏有早期之旅館在內，亦遭淘汰。

旅館新陳代謝速率很快，也就是說該項觀光產品的生命週期不是很長，如果該行業各決策層及行銷管理人員，未注意將產品生命週期配合策略，那麼相當有可能在產品未達成熟期即已經出局。

交通部觀光局委託政大公企中心所作觀光旅館調查報告中曾指出，旅客對住宿旅館的印象分析，顯示旅客對設備滿意指數的前五名為福華、老爺、亞都、來來、圓山等飯店；對服務滿意指數最高的前五名者為亞都、老爺、富都、來來、福華等五家飯店；對價格滿意指數最高者為奧林匹克、台南、慶泰、國王、名人等五家飯店；綜合平均滿意則以亞都、富都、圓山、老爺、福華等五家飯店最

133

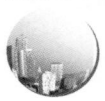

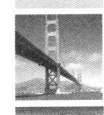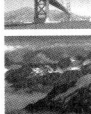

佳。在這前五名中，除圓山外，其它四家旅館年齡全部在七年以內，甚至有的開業只不過一、兩年而已。然而旅館投資金額龐大，回收速度較慢，折舊率高，所有設施在可變更作其它用途的可能性又很小的情況下，在開發此類觀光產品時，經營管理決策上，更應密切注意生命週期與各階段應有的策略以設法延長產品成熟期，加速穩定成長阻止進入衰退期。

觀光產品其他相關策略

除了產品組合及產品生命週期外，以下就觀光產品其他相關策略說明如下：

一、 觀光產品需求管理策略

觀光產品市場需求和服務能量的配合與策略如下：

1. 差別訂價：亦即藉價格差異，實行需求管理，將尖峰需求部分移轉至離峰時段。例如，旅館在旺季時人滿為患，而淡季門可羅雀的情形就可藉價差，引導部分非尖峰需求的人去利用這離峰時的設施。

2. 開發離峰時段需求：由於觀光產品，受季節性的影響很明顯，故開發離峰時段的需求顯得相形重要。因此，可藉由各種促銷活動或開發離峰時段專用產品來刺激離峰需求。

3. 建立預售制度：觀光產品在管理策略上可建立其預售制度，例如，航空公司、旅行社、旅館等便利用訂位制度來預先掌握其需要量。

4. 輔助服務：尖峰時段為避免超負荷經營，致觀光消費者感覺

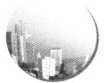

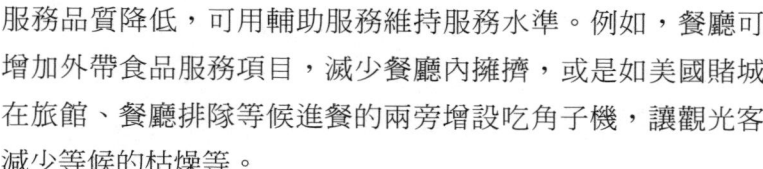

服務品質降低，可用輔助服務維持服務水準。例如，餐廳可增加外帶食品服務項目，減少餐廳內擁擠，或是如美國賭城在旅館、餐廳排隊等候進餐的兩旁增設吃角子機，讓觀光客減少等候的枯燥等。

5. 自助式服務：由觀光客自己動手或參與的方式，一方面可降低成本；另一方面又可增加觀光消費者參與的興趣，常採用這種自助式服務方式的有：餐廳、汽車旅館、露營區等。

6. 提升尖峰時段高效率與聘僱臨時兼職人員：利用兼職方式聘僱人員，可以減少主要服務人員的負擔，使服務品質維持一定的水準，如尖峰時段的風景區、旅館餐廳等均可採用這種方式。

7. 預留彈性：觀光產品設施宜預留彈性，例如旅館、風景區等應預留擴充餘地；旅行社、航空公司等可保留機位數名，以應特別需求之彈性措施。

二、 觀光事業生產力策略

提升觀光事業生產力策略有：

1. 精選適任人才與加強訓練，藉以提升觀光服務品質與效率。

2. 犧牲非必要性的服務品質，增加觀光產品和服務的容量。如超大的旅館門廳雖予以觀光客很好的印象，但超大的門廳相對的亦減少了客房、餐廳的面積。因此如何規劃適度的門廳，將增加其它方面的容量，尤其在旺季擁擠時更能看出這種需要。

3. 投資資本密集度較大的設備，以提高觀光供給的能量。如科技漢堡，將漢堡實施工廠化生產；航空公司購用巨無霸噴射客機增加載客量等。

135

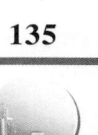

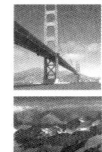
4.開發觀光替代性產品或服務。譬如,旅館在旅遊旺季爆滿時如要立即興建旅館幾乎不可能,但是可開發簡便價廉的露營帳篷等輔助設施以替代正式旅館的不足。

5.設計更有效的服務從而減輕或取代原有的服務。如設計更快速有效的作業程序,減少不必要的流程阻塞。例如,旅行社在聘僱員工時,可挑選懂國際法又具多國語言能力的人,對旅行社來說就可不必另外花錢去聘請法律顧問專家或語言專家等人,來執行旅行社業務,無形中提高了服務的效率與效能。

組合觀光產品的原則 🌸🍀

在瞭解觀光產品之意義、特性及組合情形後,本節乃針對觀光產品之組合及設計原則提出具體建議如下:

一、行程安排與設計之考慮因素

1.航空公司的選擇。

2.交通工具的交互運用。

3.成本與市場的競爭力。

4.前往目的地的先後順序考慮。

5.旅遊方式的變化。

6.行程天數的多寡。

7.淡旺季的區分與旅行瓶頸期間的避開,及行程節目內容的取捨。

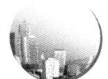

二、觀光產品設計的基本原則

設計觀光產品時應考慮以下基本原則：

1.多功原則：同時具備有調查及瞭解觀光客需求之功能。
2.經濟最佳原則：同時考慮交通費、住宿費、餐飲費、職工工資等。
3.旅遊結構、布局得當原則：
   (1)儘量避免重複經過同一觀光旅遊景點。
   (2)各觀光旅遊點之間的距離不宜太遠，以免在旅途中耗費大量時間和金錢。
   (3)一條觀光旅遊路線不宜選擇過多的旅遊點。
   (4)旅遊順序應由一般的觀光旅遊點逐步過渡到吸引力較大的觀光旅遊點。
   (5)同一線路上的各遊覽點應各有特色。
4.交通安排的原則：交通工具以迅速、舒適、安全、方便為基本標準。
5.確保多種服務設施的原則：多種服務設施必須得到保障，如交通、旅館、飲食等。
6.內容豐富多彩的原則。

聯營中心產品

除了依照傳統經營模式，由單家旅行社推出觀光產品外，聯營中心（PAK）的產生，對消費者而言無疑是一大福音，消費者除了可以得到較合理價位外，旅遊產品的內容及品質也較穩定，而且可以在理想的時間內出遊。以下分別討論聯營中心產品的經營型態、

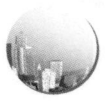

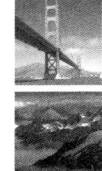

優缺點、要件及未來走向。

一、聯營中心之經營型態

現階段的聯營中心類別,可依操作模式、利潤分配、組合成員的不同而有所區分。

(一) 以操作模式區分

目前聯營中心的操作模式,大致上可分為統一操作與個別操作二種:

1. 統一操作:亦即在聯營中心的成員之中選定一家旅行社為操作中心。操作中心的選派,可以永遠固定指派或由與聯營中心成員中互相輪流操作,以單月、雙月、單季、半年為單位輪流,甚至抽籤均可。因此,在選派操作中心的原則上,對聯營中心所銷售產品的操作經驗豐富與否,是非常重要的考量因素。有的中心成員專門負責機位的掌控;有些負責團體操控細節;有的則負責行銷、文宣、甚至公關;各家旅行社各司其職,可將聯營中心組織的空間化與專業化發揮至最高極限。

2. 個別操作:是指聯營中心成員的操作實力相當時,可採用此種模式,個別操作,獨立出團,並以統一的售價銷售共同的產品,因此財務亦屬於獨立的狀態,但在結合力量上則稍嫌單薄。

(二) 以利潤分配區分

利潤分配的方式,以目前聯營中心的型態而言,可區分為實績分配、利潤均分與財務獨立三種:

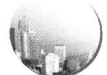

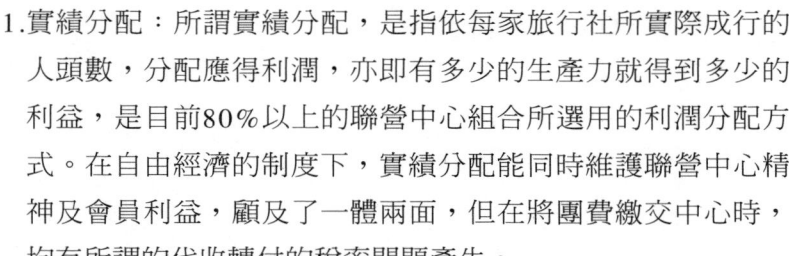

1. 實績分配：所謂實績分配，是指依每家旅行社所實際成行的人頭數，分配應得利潤，亦即有多少的生產力就得到多少的利益，是目前80%以上的聯營中心組合所選用的利潤分配方式。在自由經濟的制度下，實績分配能同時維護聯營中心精神及會員利益，顧及了一體兩面，但在將團費繳交中心時，均有所謂的代收轉付的稅率問題產生。

2. 利潤均分：即不分彼此，不論交出人頭數多寡，利潤一律平均分配。但在利潤均分制之下，不論作多作少，中心都一樣會將利潤平均分給各家，因此成員們較無壓力，較不會有競相殺價的情形發生。

3. 財務獨立：財務獨立是較為單純的方式，團費不用繳來繳去，各自出的團，各自負責財務結算，是隸屬於個別操作的財務體制之下。

(三) 以組合成員區分

組合成員可分為批發（Wholesaler）族群、零售（Retailer）族群及批發搭配零售等三種：

1. 批發族群：聯營中心組員全部均為批發業者，組織、陣容、操作能力均堅強，但容易形成市場上的寡占，且大家均是龍頭老大，缺乏協調精神，形成「流團」比率偏高。

2. 零售族群：由甲種業者自行合組聯營中心，學習心與凝聚力較強，亦能走出另一片天空。

3. 批發搭配零售：此種組合是以批發為主導地位，其餘甲種業者則類似其下游代理商為其代銷產品。

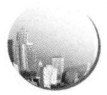

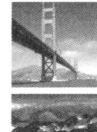
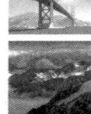

二、聯營中心之優缺點

（一）聯營中心之優點

就其優點而言有：

1.產品知名度高，市場容易接受：透過聯營中心的組合，推廣
經費較爲充裕，有足夠產品的文宣、行銷工作。聯營中心形
象較易建立，產品的知名度亦能夠在短期內提升，使消費者
產生信賴感，自然市場的接受度亦較高。

2.行銷網路擴張，銷售通路順暢：以前由單家旅行社推出觀光
產品有所謂「孤掌難鳴」的窘境，因此聯營中心組合後，遍
布全省的成員，各自有其累積的客戶群資源及經營已久的行
銷網路，不僅能從點到面的擴張，銷售通路亦更形順暢。

3.分攤經費預算，經營成本下降：單一旅行社操作，大筆的廣
告文宣經費，不僅壓力大且回收速度慢，但如結合代理商的
力量，則可節省人事、廣告的開銷，同時與航空公司、當地
旅行社的議價空間較大，使得業者成本下降，再由聯營中心
成員分享利潤，對旅行社未來生機更有空間。

4.結合各家力量，創造最高利潤：結合各家力量是經營策略的
方法之一，例如長程線本身的團費架構係依人數多寡採階梯
式報價，如與聯營中心結合將可達到固定的團體名額，得到
便宜成本，創造最高利潤。

5.合團成功率高，風險損失降低：單一旅行社促銷操作產品
時，因過程不易，容易流失商機，但如合組聯營中心，各家
代理商均有其資源，多少有些利潤，合團成功率也較高，可
達到風險分散的目的。

6.互相觀摩學習，集思廣益檢討優缺：聯營中心結合後，可藉
以檢視自己公司的體質，互相觀摩利害得失。團隊合作的力

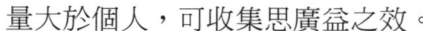

量大於個人,可收集思廣益之效。

(二) 聯營中心之缺點

聯營中心的缺點有:

1. 操作分配不公:由於聯營中心在操作分配上易產生分配不公的情形,故舉凡機位分配、報名情況監督等,均須本著既定的內部規範、誠信原則,以免中心公平性受到質疑。
2. 中心選派爭執:操作中心的推選,須從有人力、具實務經驗的代理商來推選,如各家理念不合,極易造成心態上的不平。
3. 成員意見不一:聯營中心組員愈多,相對的意見亦較複雜,難以達成共識。
4. 長久合作性低:不論是哪一種聯營中心的操作模式,只要牽涉到利潤分配的問題,聯營中心均極易瓦解,無法長久合作。

三、聯營中心之要件

目前業者在操作聯營中心已有相當的經驗,可避免不必要的問題產生,且成立聯營中心的利多於弊,因而聯營中心的組織型態是值得肯定的,因此聯營中心成立的要件,亦缺一不可。一般而言,必須具備以下要件:

1. 成立聯營中心,一定要有公基金。
2. 有利則合,無利則分。
3. 重視聯營中心操作中心的公平性。
4. 聯營中心成員須適度犧牲。

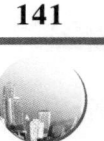

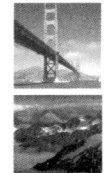
5.聯營中心領導者須具公信力、強勢度。

6.權利義務須明確區分。

7.訂立內部條款、規範,切實遵守。

8.利潤分配須公平、公正、公開。

9.聯營中心成員如技術犯規,須依罰則懲罰。

10.聯營中心須兼顧成員利益及聯營中心精神。

11.聯營中心最好只選定一家航空公司及當地旅行社配合操作。

　　現行國內聯營中心的產品依其目的地國之遠近,可分為長線及短線。另有部分產品係由航空公司所主導。

四、聯營中心之未來

　　只要旅行業有新的行程產生或有所需求,便會有聯營中心的存在,因此旅行社的合作是勢必絕對的,聯營中心可以不斷的延續。但聯營中心絕不是萬靈丹,須體認市場供需情形與市場導向。新的旅行社成立,即有新的見解及新的族群,必須依階段性的變化,才能演變成為大家均有能力自行組團,此時,聯營中心才會隨時空的流轉而式微解散,甚或再重新「東山再起」,這只是一個聯營中心市場的自然消長。不過,在現階段,聯營中心的存在是有其時代性的意義。

　　以自由經濟貿易立場而言,不能限制聯營中心的發展,只能依產品的適度性來決定聯營中心的形成,有些線則需要聯營中心的組合操作,共同炒作市場,屬於短期配合的新趨勢。但某些耳熟能詳的產品,如美西8天、歐洲12天等之類的產品,因資源來源簡易,且市場成熟後,旅行社皆能自行操作,則沒有組成聯營中心的必要性,但可以肯定的一點是,聯營中心絕對是未來的一大趨勢。

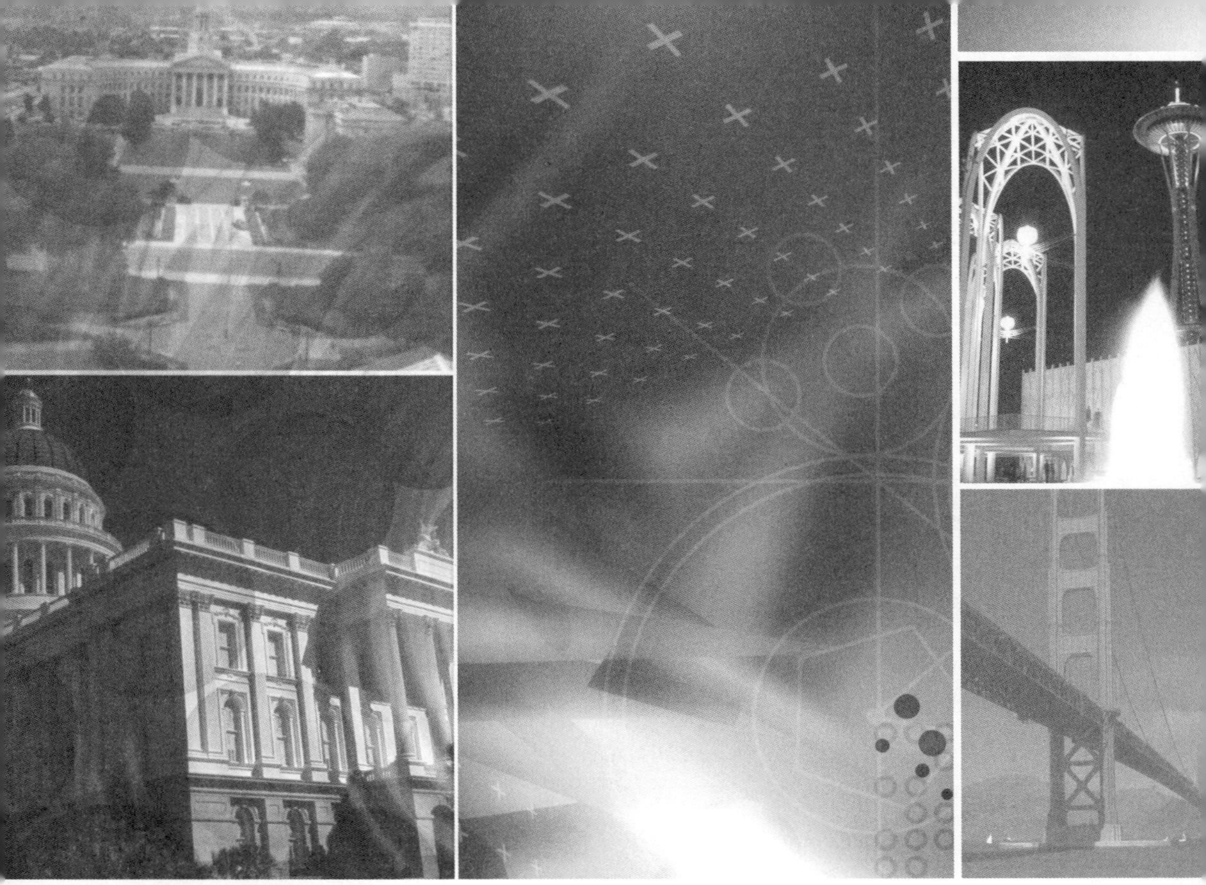

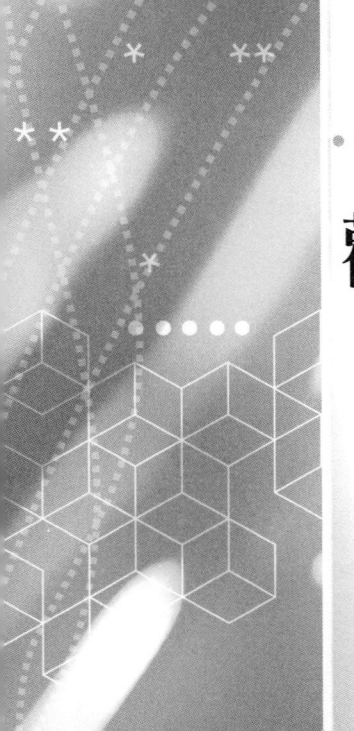

第七章

觀光行銷價格策略

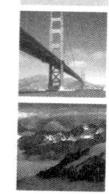

價格之範圍及意義

定價（Pricing）係指訂定產品之基本價格或原始供應價格。其在行銷策略中也有著舉足輕重之地位。例如，人們付利息給貸款銀行、付費用給診斷醫生、付錢給計程車司機、付保險費給保險公司以保障生命及財產安全。這些都是價格的例子。因此，每項交易都有價格，即使價格是零。

為了成功地推銷商品或服務，銷售者必須設定價格。事實上，價格經常是企業組織行銷策略的墊腳石。物流業者，如家樂福、萬客隆等靠的是低價形象；相對地，很多產品與品牌以相當高的價格來強化其超級品質形象，如賓士汽車、香奈兒服飾等。

價格之存在有助於消費者將其購買力分配於各項產品及服務上。消費者比較各種替代品之價格，然後決定如何支用金錢。價格是行銷策略的一個基本構面，其會影響產品之需求。因此在作成任何價格決策之前，必須先評估其對需求之可能影響及與其他行銷策略要素之一致性。

旅館在觀光產業而言是非常重要的一個供給，以美國的旅館業為例，可發現，在一九八〇年代，每年總營業額達600億美元的旅館（含汽車旅館）業面臨前所未有之擴充與改變。其中最顯著的改變之一便是市場區隔增多。若以價格區分，今日其旅館業主要可分為三種區隔：豪華型、中價位和經濟型：

1. 豪華型區隔包括位在主要大城市和名勝地區的旅館，這些旅館每晚的費用可能超過數百美元，而且提供各式各樣的休閒娛樂設備及服務。喜來登公司（Sheraton Corporation）和凱悅（Hyatt）傳統上一直是這個市場上的代表性旅館。
2. 中價位區隔的旅館其每晚的費用依其所在地點而定，約在100美元之內。雖然瑪麗爾特（Marriot Courtyard）和漢普

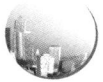

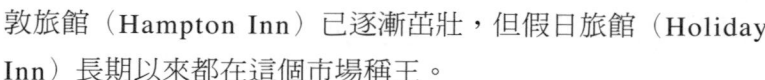

敦旅館（Hampton Inn）已逐漸茁壯，但假日旅館（Holiday Inn）長期以來都在這個市場稱王。

3.經濟型區隔一直由「汽車旅館6」（Motel 6）和「超級8」（Super 8）所主宰，它們以每晚平均35美元的房價提供樸實無華而實用的房間。

這三個區隔各有其不同的成本結構。當房間愈大、服務及娛樂設備亦增加時，其成本也跟著上升。成本之差異往往導致住房率（Occupancy Rate）的不同。為涵蓋成本，房間必須出租之比例亦不同。例如，豪華型出租率的損益平衡點是67％，中價位旅館是64％，而經濟型汽車旅館則是61％。

旅館業內各式各樣的價格顯示該產業產品差異化之情形普遍存在。但是在房間大小、地點、娛樂設備和其他非價格因素都不相同的情況下，各觀光業者如何做成價格決策為本章所要加以審視之重點。

價格不但影響需求量而且也影響總收入。因此，價格對企業組織（或產品）之利潤有很大的影響。當生產與銷售量改變時，某些成本也會改變。所以，在設立價格時，企業組織還必須考慮有關的成本、預期銷售量及其他與利潤有關的組織目標。圖7-1顯示，理性的價格設定所應包含之要素：(1)訂價目標；(2)價格與需求分析；(3)成本、數量與利潤之關係。

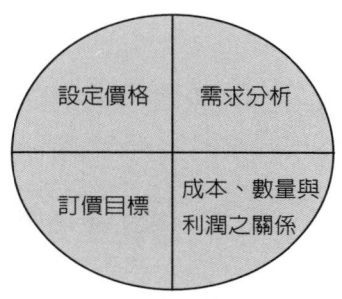

圖7-1　訂定價格之要素

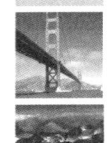

價格訂定之目標及導向 🌸 🌿

很多觀光產業組織已設立訂價目標以作為價格決策之方針。一般而言，這些目標乃用以反應企業組織的目標。雖然光靠這些目標不足以訂出最佳的價格，但是它們卻有助於行銷經理人員縮小可能之價格範圍。然而，如果管理階層發現某項產品不符合訂價目標，該產品可能會自產品線中刪除。

每個企業組織都有自己的訂價目標，一般的訂價目標可分為四種（見表7-1）：(1)利潤導向；(2)數量導向；(3)形象導向；(4)穩定導向。這四種訂價目標並不需要互相獨立，分別說明如下（Schoell, 1993）：

表7-1　訂價目標之導向

1.利潤導向		
a.利潤最大化	b.目標投資報酬率	c.目標盈餘
2.數量導向		
a.銷售量最大化	b.市場占有率最大化	
3.形象導向		
a.品質形象	b.價值形象	
4.穩定導向		
a.目標投資報酬率		

一、利潤導向目標

古典經濟學理論假設企業組織總是選擇能創造最高利潤之價格，亦即利潤最大化。如果所有企業組織都一致採用這個觀點，那

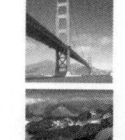

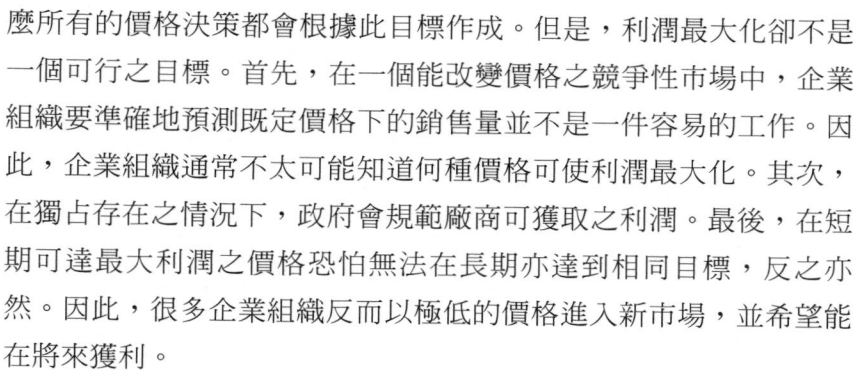

麼所有的價格決策都會根據此目標作成。但是，利潤最大化卻不是一個可行之目標。首先，在一個能改變價格之競爭性市場中，企業組織要準確地預測既定價格下的銷售量並不是一件容易的工作。因此，企業組織通常不太可能知道何種價格可使利潤最大化。其次，在獨占存在之情況下，政府會規範廠商可獲取之利潤。最後，在短期可達最大利潤之價格恐怕無法在長期亦達到相同目標，反之亦然。因此，很多企業組織反而以極低的價格進入新市場，並希望能在將來獲利。

其具體的做法是：由企業組織決定利潤目標——即可接受的利潤水準。利潤目標基本上有二種：目標盈餘和目標投資報酬率。目標盈餘是以利潤對銷售量之比值所表示的某產品之利潤目標。因此，企業組織可能以可達到20%目標利潤之價格出售產品。目標投資報酬率是對某產品所設立之利潤目標；以該產品所創造之利潤對相關投資設備之比值表示。譬如，企業組織可能設定可以創造25%目標投資報酬率之產品價格。

二、數量導向目標

對於重視銷售與市場占有率的企業組織而言，數量目標訂價法（以達到某銷售量或市場占有率爲目標之訂價法）非常普遍存在。由於透過低價或其他行銷方法所達到之高銷售量所需之成本可能極高。因此，以目標銷售量爲主的訂價政策可能面臨之風險不小，須相當小心。

較高的銷售量通常有助於企業組織很快地建立市場地位。例如，航空公司之訂價政策通常反應其數量導向目標。因爲坐滿乘客與只坐滿一半乘客飛機之營運成本相差不大，所以各航空公司都會想盡辦法出售空下的機位，如候補機位、淡季時之折扣票價等。

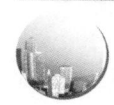

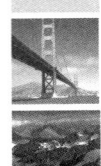
三、形象導向目標

形象之建立也可藉著價格來達成。有些企業組織將價格訂得很高，以便建立或維持高級或豪華之形象，例如，位於知名風景區中的高價位觀光旅館常以高消費來建立其豪華形象；但其他企業組織則可能以低價建立物美價廉的形象。「保證最低價」是價值導向的企業組織常用的策略。

不論是採取高價位或低價位，形象目標定價法（Image Pricing Objective）指的是為加強消費者對企業組織之整體產品組合印象所採之定價方式，以刻意強調企業組織之高價位產品線以突顯其品牌地位。反之，價值導向之商店則以低價之印象吸引對價格敏感之顧客。

四、穩定導向目標

在觀光產業中，如果有一家旅行社降價，其他旅行社很可能採取跟進策略，尤其是當消費者對價格非常敏感時。在旅行業市場，遊程品質是購買時的重要考慮因素。但是價格卻也不容忽視。當消費者認為各旅行社提供產品之品質相差無幾，降價所導致的結果是每家旅行社的利潤都減少了。

不同的訂價目標對觀光業之競爭策略有著重要之涵意。因此，觀光業者選定之目標必須與其本身在市場上之定位一致。譬如，選擇利潤目標意謂著企業組織將忽略競爭者之價格。這項選擇可能是因為根本就沒有競爭者。可能是觀光企業組織正以最大之產能營運，也可能是因為價格與其他產品屬性比較起來微不足道。相對地，選擇數量目標可能是想擊退其他競爭者；選擇穩定目標則可能是想迎合競爭者以求生存。在上述二種情況下，行銷管理人員必須評估競爭者之行動。

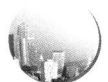

最後，當選擇形象目標時，觀光企業組織可能想藉著突出自己之產品，或集中在某一區隔以避開競爭。但是，不論選定的是哪一種目標，觀光企業組織能否達成這些目標視價格與其他因素之關係而定。

基本訂價方法之介紹

在估計需求、成本和利潤後，行銷管理者對各個價格下之可能結果可以有比較深入之瞭解。這些估計也可協助行銷管理者判斷某一價格達成訂價目標之可能性。

在決定最後定價前，還必須考慮其他因素。通常以透過中間商來達成銷售之觀光企業組織必須瞭解中間商對價格變動之看法。中間商的價格決策會受到生產者價格決策之影響。以下將討論產品訂價與中間商訂價法。

一、產品訂價

觀光企業組織所面臨的最重要訂價決策之一即是產品訂價。當新產品與市場上現有產品頗有差異時，產品訂價就顯得更為重要。在這種情況下，因為直接比較價格有所困難，觀光企業組織通常在設定價格方面會有較大的空間。引進新產品的二種基本訂價方法是：去脂訂價法（Skimming Pricing）及滲透訂價法（Penetrating Pricing）。

（一）去脂訂價法

去脂訂價法係用極高價格定價新產品以吸引對價格不敏感之購

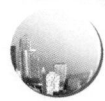

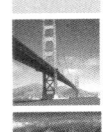
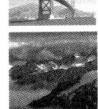
買者。其目標市場是訂定在金字塔之尖端客戶，目的在於儘快回收投資成本。例如，高級休閒俱樂部、電視遊樂器和高爾夫休閒俱樂部的行銷工作者都採用去脂訂價策略。

去脂訂價法的優點之一是，觀光企業組織可以很容易地再利用降價（而非漲價）以刺激需求。因此，對於需求曲線形狀毫無所知的觀光企業組織通常可採用去脂訂價法，然後再慢慢降低價格直到達到滿意的銷售水準。

其他準則也可當作選擇去脂或滲透訂價法之參考（如表7-2所示）。更確切地說，如果新產品可大幅度地提高消費者的滿意度，則需求可能不具彈性。或者觀光企業組織可能沒有足夠產能以滿足更多人之需求。因為高價格所創造之單位利潤高，去脂法可讓觀光企業組織很快地收回投資成本；反之，高價格可能吸引競爭者進入市場。因此，從競爭的觀點來看，當公司擁有專利或進入障礙存在時，採取去脂訂價法比較可行。

（二）滲透訂價法

以相當低之價格引進新產品以迅速達到市場滲透目的之訂價法即為滲透訂價法。在這種訂價法下，企業組織期望需求具有彈性，

表7-2 選擇去脂或滲透定價法之考慮因素

準則	有利情況	
	去脂法	滲透法
需求曲線	不具彈性	具彈性
經濟規模或學習曲線	無	有
科技改變速度	快	慢
投資成本回收	快	慢
進入障礙	高	無（低）
產能	受到限制	大

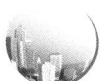

即使產品不具任何創新性，如果價格夠低的話，對該產品之使用率或消費率也會增加。譬如，當推出的平價速食店價格夠低時，消費者購買的頻率也會提高。

去脂和滲透訂價法所造成之影響似乎也取決於口耳相傳（Word-of-Mouth Communication）。如果這種傳播力量很強，則低價策略可加快資訊擴散之速度。因此宜採用滲透訂價法。如果口耳相傳之力量不大，則去脂訂價法似乎是比較好的選擇。如表7-2所示，行銷管理者還需考慮其他因素，其中最重要的便是經濟規模。如果經濟規模可使觀光企業組織之平均成本下降，則便可提高利潤；此外，維持低價將可減少潛在競爭者進入市場之機會。

二、中間商訂價

成本加成訂價法（Mark-Up Pricing）是批發商和零售商訂價時最常使用之方法，如遊程供應商與旅行社間之關係。更確切地說，中間商主要依據他們付給供應商的價格訂價。實際上，他們是採用目標利潤訂價法——「目標利潤」即所謂之「加成」。產品之加成金額即為中間商所設定之利潤目標。我們用「毛利」（Gross Margin）這個名詞來表示售價與成本之差異部分。

（一）加成之計算

加成即中間商售價與成本差異之部分。因此，如果旅行社以25,000元買進機票，再以20,000元賣出，其加成（Markup）即為5,000元。中間商希望所銷售產品之加成不但能支付營業費用而且還有利潤。

加成通常以百分比表達。譬如，5,000元的加成可以二種方式表達。第一種方式是與成本之關係，如下所示：

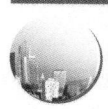

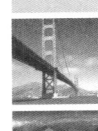

$$成本加成百分比 = \frac{加成}{成本} = \frac{5,000元}{25,000元} = 25\%$$

第二種方式是與售價之關係，如下所示：

$$售價加成百分比 = \frac{加成}{售價} = \frac{5,000元}{20,000元} = 20\%$$

（二）計算折降額度（Markdown）

　　雖然中間商依成本加成法來訂定售價，但如果消費者仍認為太貴，中間商就需要降價出售。因此，中間商在定價時還要考慮需求之因素。

　　折降額度是降低原始價格之部分。譬如，如果零售商不是以25,000元出售而是以23,000元出售機票，則折降之比例為：

$$折降比例 = \frac{折降額度}{淨售價} = \frac{2,000元}{23,000元} = 8.5\%$$

折降比例係以新售價（而非原來售價）計算。

訂定觀光產品價格的原則及訂價技巧

一、觀光產品價格因素

　　觀光產品價格範圍一般可由以下三個因素確定：

　　1.觀光產品成本所規範的最低價格。

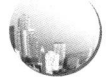

2.觀光企業組織的競爭對手其同類產品的競爭價格。

3.觀光客的購買力所規範觀光產品的最高價格。

二、觀光產品價格原則

訂定觀光產品價格時必須遵循下列原則：

1.必須反映觀光產品的價值，觀光旅遊價格的高低必須以觀光客的滿意程度為準則，還必須低於觀光產品的邊際效用。

2.必須適應市場需求。

3.必須考慮觀光旅遊價格的相對穩定性。意指：

  (1)不宜變化太頻繁，不能隨意調價。

  (2)每次調價幅度不能過大，不超過10-15%。

  (3)每次調整觀光旅遊產品價格時，要給旅客一個心理上的準備過程，通常不少於三個月。

  (4)要保留餘地，保留調價的權利。

4.必須考慮旅遊價格的相對靈活性：隨市場需求的變化有升有降，如優惠價、淡季價、促銷價、地區差價等。

5.合理安排觀光產品各服務項目之間的比例關係：1/3住宿及餐飲、1/3交通、1/3參觀遊覽旅行服務，旅行者旅遊目的地平均日消費比例宜為：採購（Shopping）40-50%、住房30%、餐飲20-25%。

三、觀光產品訂價技巧

在行銷組合中價格控制也是一門重要學問，價格不僅是技術上的問題，也是整體行銷的一部分。它必須考慮觀光客心理因素，譬

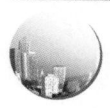

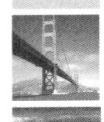

如，觀光客不熟悉旅館，價格可能就是其判斷旅館等級的標準。另外在設定定價策略時，也需要考慮供需問題。例如，週日與週末等離峰與尖峰所產生對產品的需求壓力；當壓力不同，所採用的技巧自然不同。

　　觀光產品訂價的方法如前所述，如去脂訂價、滲透訂價等，而訂價技巧通常最被看重的則有兩種：(1)心理訂價；(2)產品線訂價。如果觀光企業組織對於所有的觀光客都採用統一定價，例如，週日與週末價格都是一樣時。如果價格超過價值時，則無人願意支付這個價格。因此訂定價格，必須注意根據不同狀況採用不同的訂價技巧。下列我們介紹此二種訂價技巧。

(一) 心理訂價技巧

　　所謂心理訂價技巧，就是以觀光客的心理因素作為考慮訂定觀光產品的依據。下面幾種方式即為心理訂價技巧之應用：

1. 整數零數訂價技巧：這種訂價技巧主要利用人類心理，對每一個數字符號和視覺上的具體反應，作為訂價考慮的重點。譬如，某項觀光產品價格原可訂為1,000元，如果利用整數零數訂價法則訂為999元或998元，給消費者感覺上是在1,000元之下；或是四位數變為三位數的折扣心理。甚至在數字形狀上，也可能產生不同的震撼效果，例如，「8」呈現是均勻對稱的感受，在中國人眼中更有「發」的意思；「7」讓人有光角之感覺；「6」給人快樂的印象。對稱可能給予人產生安適效果；相反，光角可能產生刺激效果，因此如能夠將整數與零數技巧適當運用在訂價方面，將會產生難以預計的消費者心理效應。

2. 價格系列訂價技巧：價格系列訂價技巧是利用價格間的少許差異，建立顧客心理面層次與產品等級的差異，使顧客有多一層選擇的機會。譬如，我們將旅館的房間價格訂為下列組

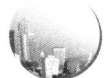

合：1,000元、1,200元和1,600元三種，在觀光客的感覺，價格代表各房間的品質與服務水準，如果1,200元是該旅館的銷售主力，則可在1,000與1,200元之間，只作小幅差距，1,200元與1,600元作較大差距，使觀光客覺得價格差異僅200元，但品質卻差異很多，在能力範圍，觀光客當然願意多花200元；相反的，1,200元與1,600元之間品質差異較小，但價格高400元，當然觀光客必定選擇1,200元之房間，如此可在無形中增強銷售主力的籌碼。除此之外，如因外在因素必須調整價格時，只須將1,000元取消，在1,600元之後再上1,800元，對觀光消費者來說比較不容易感受到價格調整所產生的影響。

3.信譽訂價技巧：這種訂價技巧主要是利用價格來提示品質的作用，使觀光客主觀去認定觀光產品的價格，主要原因是因有些觀光產品根本無法以直覺衡量或比較出其價值，只能憑藉觀光客以往的經驗，及享用高品質、高價位的潛在觀念去衡量。例如，觀光藝品店的珠寶、字畫、古董器物等就屬於該類產品。大家常會覺得觀光客為什麼會願意出高價去購買那些當地居民認為幾乎只有傻子才會購買的高價格藝品，也就是上面提到的價格與品質關係；由於觀光客對產品品質與價格之關係無法確定，只好認為，高價位必定是高品質的想法。不過當觀光消費者發現過於偏高的價格，即會造成觀光客對該產品，甚至該地區所有產品價格的不信任。因此在利用此定價技巧時需要慎重的考慮。

4.促銷訂價技巧：促銷定價技巧主要是運用人類貪小便宜的心理，將某幾項產品藉各種名義，降低售價或以折扣吸引觀光客前來作更多的消費。例如，台灣各觀光旅館藉每年雙十國慶期間歡迎歸國華僑給予特別房價即是。除此之外，還有所謂心理折扣定價，也是屬於促銷訂價的一種技巧，故意將原

155

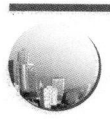

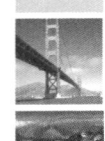
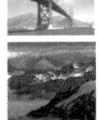
價提高，然後再給予大幅折扣，在觀光行業中，最常採用這種方式的便是藝品販賣；往往將一件小東西定價高出原價的4、5倍，然後給觀光消費者對折，讓觀光客覺得享有大幅折扣，然而對於觀光業者來說卻是賺取原價1倍以上的利潤。因此，在有些國家除非真正的正常價格與消費者折扣是合法的外，前述的折扣技巧是不合法，且屬於禁止之列。

以上所討論的是比較常用的心理訂價技巧，但是價格一經訂定後，並不表示一切都沒問題。因為客觀情勢一直在改變。所以價格還是需要經常隨情勢之變化而採取因應措施。例如，發動減價或漲價行動以應付產能過盛或需求過盛的情形發生；在推動減價與漲價的同時更應該密切注意購買人及競爭對手的反應，以免因減價、漲價引起一連串的連鎖反應，危害到本身的利益。相反的，競爭對手發起減價或漲價行動等，觀光企業組織要如何採取應對行動，均應經全面評估後，再作決策可能比較恰當。

(二) 產品線訂價技巧

產品線訂價是另一個很重要的訂價概念，在上面所討論的訂價大都是屬於個別產品項目的訂價或價格變動，以下討論的是整個產品線上各產品的相對價格訂價。由於產品線上各產品的需求和成本相互關聯及其競爭程度不同，因此要想訂出適當的價格是很困難的，但是為使整個產品線上的產品能獲取最大利益，就不能不重視所謂的產品線上訂價。產品線上的產品大致可分為主產品、衛星產品、附屬產品、副產品等幾項，至於要如何訂價，則要看觀光企業決策的政策而定。例如，餐廳是一個產品線，它的主產品可能是主菜，衛星產品可能是酒類、水果等，附屬產品可能為像台北海霸王餐廳中推銷的魚鬆豆干之類的產品。副產品可能為餿水、淘汰的餐桌巾等。

餐廳管理決策層可以依自己的目標決定定價，餐廳應是以主產

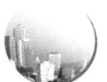

品爲利潤來源，或是以衛星產品爲利潤來源，如以主產品爲利潤來源，則可將主產品價格訂得比較高，衛星產品就以純服務性質平價供應。反之，可將主產品的價格以僅略高於食物成本和餐廳營業費的低價供應。目的在吸引消費者在消費主產品時同時增加衛星產品如酒、水果等的消費，使其成爲利潤的來源。另外，附屬產品和副產品可以說是餐廳增加額外利潤的一種方式，像海霸王附帶加工魚鬆之銷售及餿水淘汰的轉售等，一方面可減少副產品處理成本；另一方面可以獲取額外的利益，使業者有能力降低主要產品價格，提升主要產品的市場競爭力。因此如果知道產品線上的各產品是恰當的價格，則能爲企業組織獲取更大的利潤。

　　另外，在從事國際觀光產品價格擬定時，除應注意價格訂定的有關細節外，對於國與國之間的成本因素與結構、市場需求彈性、匯率兌換之變動、當地政府與本國政府之法令規定，及價格反映相互間的責任等問題均應密切注意，加以考量。因爲國際行銷訂價變動因素非常複雜繁多，任何一項因素的疏忽表示風險的加大，過大的風險將導致行銷失敗。

157

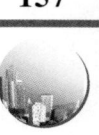

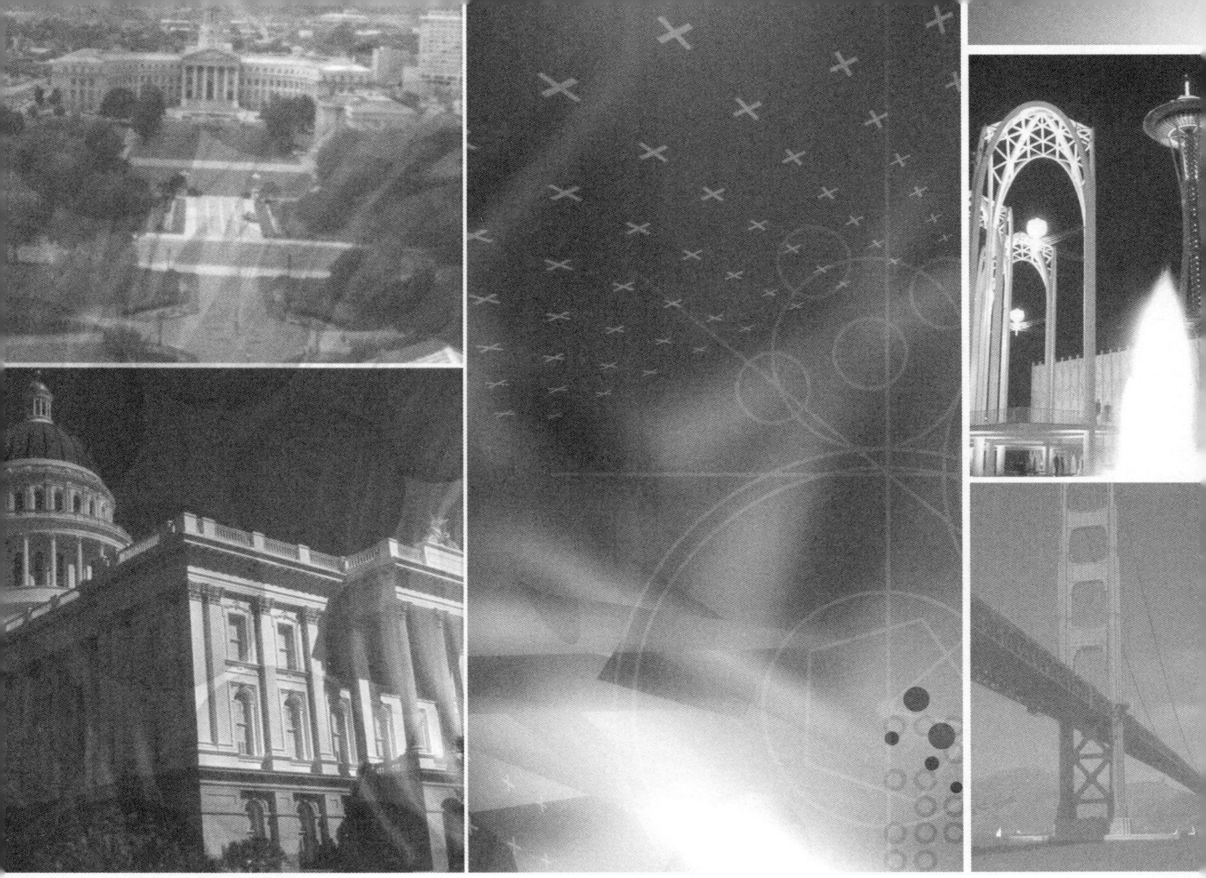

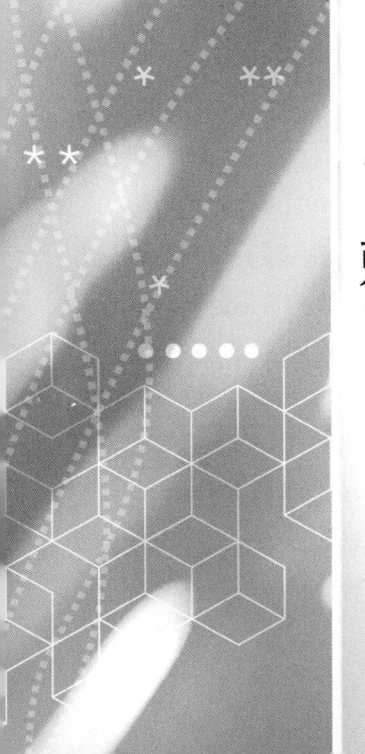

第八章

觀光行銷通路策略

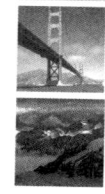

在提到觀光行銷通路之前須先提到配銷系統（Distribution System）。在觀光產業中其行銷通路系統與其他產業大致相同，有人將其分爲零階至多階通路系統，也有人按中間商之規模分成批發商（如遊程企業組織）及零售商（如旅行社）等。但是他們的配銷系統卻存在著一個基本的差異：即絕大多數的配售系統都是將產品自生產地運送至消費地供消費者購買，但是就觀光產業而言，卻有著相反的過程，亦即消費者須至產品生產地（如某觀光景點）才能完成消費行爲，並完成觀光產品之生產程序。這也就是觀光產業中生產與消費同時存在的特性之影響。

通路系統 ❀ ❀

行銷通路系統基本上可分爲垂直型態與水平型態，這兩種型態相互關聯而形成通路的結構。

一、垂直通路

行銷通路中的垂直型態（長度）決定於通路中各種成員的數目。如在圖8-1中，先以消費品及工業品說明一般行銷通路。「通路1」有企業組織與消費者這兩種型態的通路成員（即零階通路），而「通路4」有五種型態的成員（即三階通路），因此「通路1」比「通路4」較直接（或較短）；反之「通路4」比「通路1」較間接（或較長）。

中間商的層級數可用於認定通路的長度，間接通路比直接通路有較多的層級。「通路1」中沒有中間商，是零階通路；「通路4」中有三層中間商：(1)代理商；(2)批發商；(3)零售商，是三階通路。

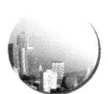

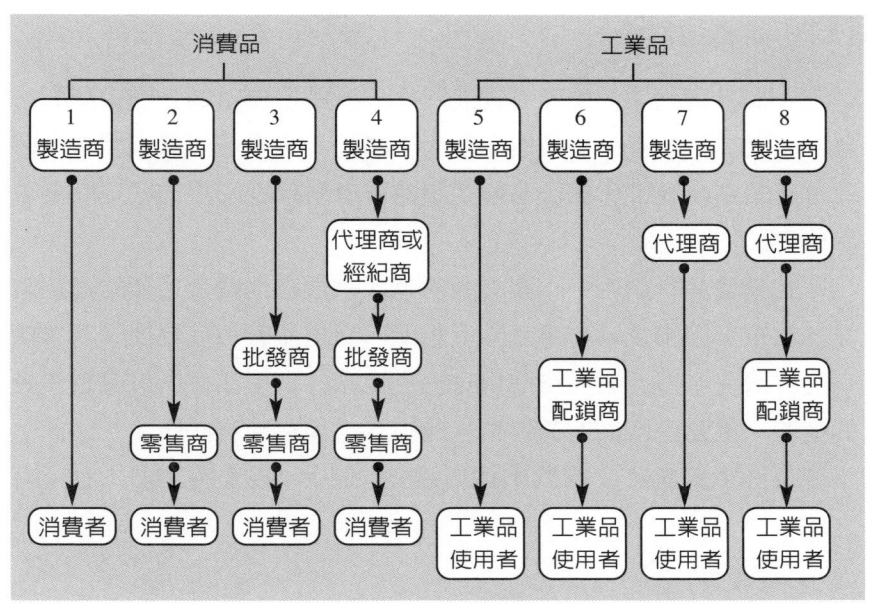

圖8-1　消費品與工業品的典型行銷通路

依有無中間商之形式來區分，通路系統可分為：

（一）直接通路

在最直接的通路中，生產者與最終消費之間並沒有中間商。生產者不透過中間商而直接銷貨給最終購買者。

圖8-1中，「通路1」是最直接的消費品通路；「通路5」是最直接的工業品通路。直接通路較常發生在工業產品中，主要是因為工業用戶在地理上較集中，購買的貨品複雜、數量較多、價格較高而且需較多的售後服務。他們也較願意與生產者直接交易。

直接通路（零階通路）有時也會用於觀光產品配銷上，如遊程製造商或信用卡公司推出旅遊計畫，直接或透過郵購及本身所屬的零售店來販賣。服務業則多由生產者直接向消費者提供服務，但在航空業則透過旅行社銷售機票及保險。當然，航空公司及保險公司也可直接提供服務給消費者。

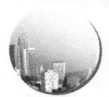

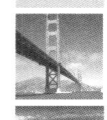
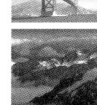
（二）間接通路

在間接通路中，生產者委託一部分配銷工作給獨立的中間商。雖然如此，生產者仍必須與中間商密切配合來滿足消費者需求；因此常有製造商提供免費服務電話讓消費者向就近的授權代理商要求服務。

在消費品行銷中，生產者→零售商→最終消費者這樣的通路常見於汽車、服飾及家庭用品的行銷上。而生產者→批發商→零售商→最終消費者這樣的通路則常見於日用品（日用品之所以會有較長的通路，主要是因為消費者希望能很容易地買到這些產品。因此，生產者必須鋪設許多據點來銷售這些產品）。觀光產品則二者皆有之。

二、水平通路

行銷通路的水平構面（或通路寬度）決定於通路中同層級參與成員的數目，數目越多表示通路越廣。如雪佛蘭（Chevrolet）汽車的零售代理商比勞斯萊斯（Rolls Royce）來得多，所以它的零售通路比勞斯萊斯來得廣。這是因為勞斯萊斯汽車的買主視所買的車是特殊產品而願意到遠在200英哩外的經銷商處買車。但是大多數雪佛蘭汽車的買主只視所買的車是一項選購品，而不願花太多時間搜尋，因此雪佛蘭汽車需要較多的代理商。

觀光產品之水平通路數目，一般而言，並不會太多，且多集中於都市區域。

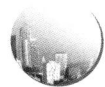

小小討論

長或短通路較好

　　生產者直接銷貨給最終購買者的理由有很多,生產者或許認為他們會做得比中介機構好,或許認為如此他們較能掌握產品的配銷,或許希望能與最終購買者做直接的接觸。與消費者愈接近愈能掌握消費行為及消費者需求之改變,因此也較易於執行行銷研究和調整行銷組合。

　　何以生產者願意讓中間商掌握部分產品之配銷?像通用電氣(General Electric)擁有20,000家消費品代理商,固特異輪胎(Goodyear Tire & Rubber Co.)有6,000家以上獨立經銷商。有人質疑像這樣財力雄厚的公司為何不自己負責配銷工作卻要假手他人。以製造口香糖製造商為例,要他們直接銷貨到包括自動販賣機的數以萬計的零售點是一件極為困難的事。相對地,生產者委託批發商配銷,這些批發商同時銷售不同製造廠商的產品。如此一來,配銷成本便可由許多製造廠商來共同分擔。

　　所以行銷通路的長與短並沒有一定的規範,當視產品之特性,生產者之特性及整體銷售條件等之不同而酌於調整。

影響通路發展的要素

　　研擬通路策略最好是從分析最終消費者的需求開始,這樣可使通路納入整體行銷方案的規劃。在發展通路策略時,企業組織必須評估每一個通路方案所能達到的銷貨數量和其相對成本,同時也必須考慮每一個通路對掌握行銷產品和最終消費者的影響。有時,在某些通路中,企業組織必須給中間商長期保證,例如,給予中間商在某特定地區擁有獨家銷售權若干年,以利於維持合作關係。

　　影響通路發展的要素有很多,例如,消費者的特性、產品特性、企業組織本身的特性、中間商的特性及外在環境。對以消費者

163

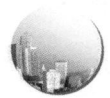

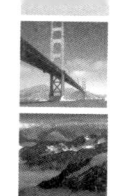

爲導向的公司而言，在發展配銷策略時，最終消費者的需求具有極重要的影響。將以上各要素說明如下：

一、消費者特性的影響

相對於消費品使用者，工業用戶除了購買輔助設備與零件外，都較喜歡直接和生產者交易。此乃因工業用戶在地理位置上較集中，且某些特定的工業品只有少數工業用戶會使用。這些特性促使工業品的通路較短。

相對地，觀光產品的通路就較長，主要是因爲消費者人數眾多，而且在地理位置上較分散，所購買的數量也較少；同時消費者需求之改變較不易被生產者所察知。而較接近消費者的中介機構則能快速地洞察這些改變並予以反應。

消費者購買行爲的改變不但會影響通路的水平和垂直構面，有時也會形成全新的行銷通路。例如，消費者喜歡一次購足，是以旅遊產品也必須一次準備好遊程上所需的各項產品，如食、住、行、遊、購等。

二、產品特性的影響

產品特性包括易腐性、流行性、外觀、複雜度、價值和標準化程度。易過時的產品需要較短的通路以避免市場淘汰及損壞之損失。短通路可以避免流行產品在通路上滯留過久。在工業品中像石灰和鐵礦這種低價值且體積龐大的產品則需要較短的通路來減少運輸和搬運成本。像電腦這樣具有高度複雜性的產品也需要較短的通路，因爲這類產品需要由生產廠商提供特殊的訓練和其他售後服務。高度標準化的產品與特殊規格產品相比則需要有較長的通路。在觀光產品中，除了在市場中穩定之產品如特定國家之旅遊外，大

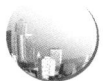

都具有易腐性，故產品常需推陳出新，故而中等長度之通路系統也就成為主要的趨勢。

三、企業組織本身特性的影響

觀光企業組織的規模、所選定的目標市場大小、財力資源均會影響其行銷策略從而影響其選擇通路的型態與數目。假如規模大，則可接觸消費者的機會亦大，故可減少中間通路。若目標市場大，則須廣設通路來服務眾多費消者。如本身財源夠，則可自設銷售點而減少通路。

四、中間商特性的影響

觀光企業組織選擇中間商時，必須先考慮其能力、意願、與企業組織之配合度等。由於中間商各有不同，其處理促銷的能力、與顧客接觸的能力、產品儲運的能力及銷售信用的能力等也有所不同，故須詳加考慮。

五、外在環境特性的影響

除了上述各要素外，尚有如競爭者之條件與況狀、經濟景氣情況，及法律管制條件等外在環境要素的影響均需加以考量。

觀光行銷通路的本質、組織及模式

所謂觀光行銷通路，是指觀光產品在國際間由賣方配送到觀光

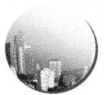

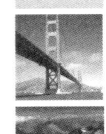
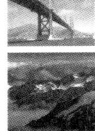
購買者的過程及參與者（如中間商、代理商、服務商及行銷公司）
的總稱。行銷通路對觀光企業組織決策具有相當大的影響，因為通
路決定了觀光產品的流向，通路如果牽涉到其它企業組織的合作，
可能表示一種對未來的承諾關係，這種承諾也可能就是一種限制因
素。因此觀光企業管理階層對行銷通路的決定必須格外小心，因為
他不但要認清今日的行銷環境，而且還需要注意未來可能的演變。
本節我們將探討下列幾項主題：(1)觀光行銷通路之本質及組織；
(2)觀光行銷通路模式。

一、觀光行銷通路的本質

由於生產者與消費者有著各種不同的距離，通路便是克服這種
距離將觀光產品從生產者移轉至觀光消費者的一種工作，並將其組
織化的方法，這項移轉工作便是觀光行銷通路的本質。行銷通路的
本質有下列幾項主要功能：

1. 簡化交易程序：提高分配效率與效能，降低配銷成本。
2. 調節供需：縮短買賣雙方的時間、空間與技術距離。
3. 組合功能：將各類觀光產品分類，依不同市場需求再使其成
   消費性組合，創造所謂的時空與占有效用。
4. 資金融通：觀光行銷通路中各項工作的成本分攤，相對減少
   賣方配銷投資，多餘資金可另作它途之用。
5. 分散風險：觀光行銷通路各項工作中所涉及之風險經由通路
   分配減少賣方獨立承擔的危險。
6. 創造利潤：經由通路中獲得交易便利、資訊提供價格訂定、
   信用融通，相對降低了賣方成本及各種負擔，而成為賣方利
   潤的來源。

以上為觀光行銷通路的幾項主要功能。至於觀光行銷通路所能

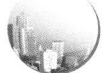

產生的功能大小則決定於執行行銷功能機構，是否具有效率與效能。高效率與高效能的執行機構，將使觀光行銷通路功能發揮得淋漓盡致，創造企業組織優厚利潤，加惠觀光消費者。反之則造成企業組織嚴重致命打擊，或導致必須更換通路的困境。

二、觀光行銷通路組織

在國內外觀光行銷通路中，如何選定哪些通路最符合觀光企業組織的經營目標，需要嚴密的評估。因爲觀光行銷通路雖是整個行銷工作的一部分，但是部分的缺陷可能導致整體的失敗。因此，必須非常小心謹慎衡量通路是否適當。我們介紹觀光產品銷售主要的行銷通路組織如後。

（一）觀光產品主要銷售通路組織

觀光產品銷售，是透過多元的通路所達成的一種銷售。因此，觀光行銷通路組織也是多元化的，不過大致可歸類爲下列幾種：

1. 遊程供應商：觀光產品獨自銷售或經營者。如航空公司、鐵路、巴士公司、遊輪、租車公司、旅館、遊憩風景區等，其獨自控制產品銷售到觀光消費者手上。這種遊程供應商，通常希望將其產品配銷得愈廣愈好。當然，有些遊程供給者可將其產品直接銷售給觀光消費者。但是，有很多還是希望透過中間商來完成其銷售。

2. 中間商（Intermediaries）：所謂中間商是銜接觀光產品企業組織與觀光消費者。觀光產品的中間商大致可以歸類爲下列三個群體：

   (1) 旅行社（Travel Agents）：旅行社是具有一種零售觀光產品功能的觀光事業單位。但是，其與一般產品零售商有所不同。一般零售商，是將產品或服務購自企業組織然後

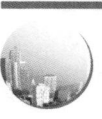

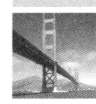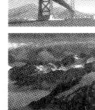

加碼,再出售給消費者。然而,旅行社卻不同於這種傳統的零售商,他是將企業組織的產品轉換至消費者。旅行社本身並沒有購買觀光產品或再加碼出售的情形,而是由企業組織支付旅行社,所謂的佣金(Commission)通常是售價的幾成。但是,大多數的觀光中間商,是將企業組織所給予的折扣產品,再加碼以較高的價錢,出售給觀光消費者,以獲取利潤,有點類似傳統的零售商。

(2)旅遊經營者(Tour Operators):旅遊經營者是提供包裝旅行產品零售給觀光消費者。一個標準的觀光旅行產品,通常包含一些或所有下列個別觀光產品,如交通運輸、旅館住宿、風景遊憩、導遊領隊、餐點、娛樂、租車等。全備式的觀光產品,由旅遊經營者向觀光產品供應商購買或組合各種不同觀光產品而成一個觀光旅行團,提供給一些個別的觀光消費者購買。由於觀光旅行產品能維持在某一購買量以上,所以價格比較便宜,同時旅遊經營者也比較能夠獲利。觀光消費者購買該種產品不僅是便利和廉價外,同時也給旅遊經營者更高的購買力。

(3)特殊通路供應者:所謂特殊通路供應者,是指除旅行社及旅遊經營者外的一些特殊通路業者,將供應商的產品媒介給觀光消費者。這種通路供應者,所針對的觀光消費者比較特殊。例如,獎勵旅遊規劃者,該規劃者專門組合一些旅行團,提供給一些公司因員工達到某種績效,給予獎勵出遊的觀光產品。其次如會議規劃師、安排旅行、住宿、活動等給一些參加某種會議或商展的人。另一種為聯合售票者。其購買一些未售旅行產品,將其轉售給一些散客或以打折方式零售給旅行社。

上述皆為觀光產品主要銷售通路組織,如前所述,我們可將上述通路歸納成兩類通路系統。一為直接通路,所謂直接通路系統,

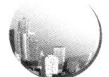

是指由觀光產品企業組織將觀光產品直接銷售給觀光消費者；另一為間接通路，這種方式是觀光產品透過一個或一個以上的中間商，將觀光產品銷售給觀光消費者。兩種系統比較，當然直接通路是比較單純，如鐵路公司在車站賣票給乘客。但是有很多的觀光產品企業組織採用兩種方法，即除自己本身直接銷售外，還經由中間商代為銷售。例如，航空公司除在自己門市部銷售機票外，還經由旅行社等代售其機票。

此外，從事觀光行銷必須要有全面通路的觀念，也就是說，如從觀光供應國的生產者到觀光接受國的買方，應視為一個整體。在這整體系統中主要分為三個部分：

1. 生產者的總管理組織：負責督導整個通路，同時也是通路的一員。
2. 國與國之間通路：是觀光產品跨躍國家進入另一國的通路。
3. 當地國內的通路：決定國際觀光行銷業務。

整個通路中的每一部分均有其重要性，但是第三部分更是決定整個國際觀光行銷業務的關鍵。因為當地國內通路為觀光消費者直接接觸的對象，如果該部分效率欠佳，則無法滿足目標市場的需求，當然也無法達成企業組織目標，在推行國際觀光行銷業務，其行銷通路組織型態可依其業務深度與程度分為兩類：

(二) 國際觀光行銷業務通路組織

■ 依行銷業務深度分類

依行銷業務之深度可設下列幾種組織：

1. 設置國外部：觀光企業組織初次或國外觀光業務僅占全部觀光業務的一部分，便可在企業組織內設立國外部，處理國外觀光旅遊業務，減少對國內業務部門的仰賴，旅行社以採用這種方式最多。

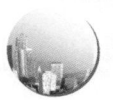

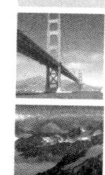

2. 成立國際觀光事業部：當國外部國際觀光業務蒸蒸日上，擴展到若干個國際市場或國外事業，就必須要設置國際觀光事業部。例如，某觀光企業在國外某些國家已經設有分支機構，或設有授權業務及合資經營事業。這時便應設立國際觀光事業部，或成立一個專業機構，處理一切國際業務，包括訂定目標、編製預算、負責國際觀光業務成長和營運等。航空公司大多採用這種方式。

3. 為發展多國籍組織：國際觀光業務發展到某種程度變成多國籍組織，這種組織特點是企業組織頂層及其幕僚只是作政策與後勤體系等的全球性規劃工作，各地的營業部門直屬企業首長管轄，也非在國際事業部門之下。企業總部以全球性業務為著眼點，負責制定管理規劃培訓執行人才，完全脫離所謂的國內與國際業務，將整個世界看成一個單一的市場。這種方式以國際連鎖旅館如希爾頓、假日飯店等最盛行。

■ 依行銷業務程度分類

依行銷業務程度可分為國內與國外兩部分：

1. 國內部分：如果觀光企業組織初次從事國際觀光行銷業務或規模狹小，為降低風險，則可：

(1) 尋找國際行銷中間商的技術協助或服務，以減少錯誤的發生，其中可供運用的中間商如委託本國其它觀光大企業設有國外部者代理、本國專營代理店，或請求本國與外國有聯營的機構代理。

(2) 假設觀光企業組織，本身已具有相當規模，也可自行設立國外部負責國外觀光業務或海外分支機構，如駐外展示中心、旅客服務中心等，派遣專人代表巡迴接洽業務，或是委託在本國的國外代理店代理國外當地業務。

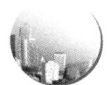

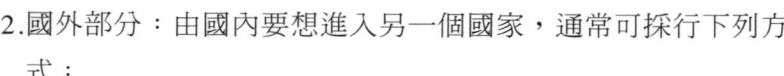

2.國外部分：由國內要想進入另一個國家，通常可採行下列方式：

　(1)成立合夥關係：在國外與當地行銷機構成立合夥的關係，如授權等。在台灣的麥當勞店，經營便是這種例子。

　(2)經營代管：這種方式爲某一外國機構提供經營管理技術如希爾頓連鎖便是一例。

　(3)合資事業：便是一個外國企業與當地企業聯合創立一個事業，共享業權與經營權，如此可減少當地國的政治因素。

　(4)直接投資：再來便是直接投資於當地國，其優點如可充分獲得成本經濟，與當地建立深切關係，易掌握當地行銷環境，或享受外國提供的獎勵等。缺點是風險大，如外匯管制、通貨膨脹、政權不穩、資本沒收等。

三、觀光行銷通路模式

　　觀光行銷通路模式，通常可分直接通路與間接通路兩種系統。該兩種系統又可將其區分爲零階通路、一階通路及二階通路模式等，茲分述如下：

（一）零階通路模式

　　所謂零階直接行銷通路模式，便是觀光企業組織直接將其產品銷售給觀光消費者。譬如，消費者從高雄到台北參加學術會議，該會議地點在政大；消費者於是找遠東航空公司訂購機票，搭機前來台北，到松山機場，下機後叫計程車前往政大。會後自己打電話到來來飯店訂房住宿。從整個觀光產品銷售來看，都是單線企業組織（旅館、航空公司、計程車等）與觀光消費者直接往來達成銷售，這種方式稱爲零階通路模式（圖8-2）。

171

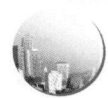

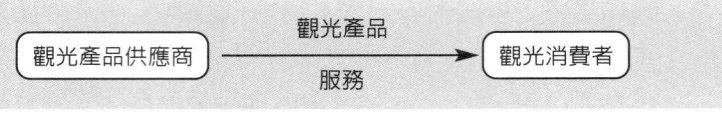

圖8-2　零階通路

（二）一階通路模式

　　所謂一階通路模式，是指觀光企業組織透過中間商，將觀光產品銷售給觀光消費者。例如，某觀光客準備今年前往美國洛杉磯環球影城、迪斯奈樂園等地，他希望住洛杉磯希爾頓大飯店，並向愛維斯租車公司承租一輛汽車。但是此觀光客並不是很熟悉當地的情況，於是此觀光客到台灣某旅社，將期望的東西告訴旅行社業務員，旅行社透過希爾頓的訂位系統幫其訂位，租車公司亦同；像這樣觀光消費者透過旅行社，再經其它觀光企業才將整個交易完成，我們稱之為一階通路模式（圖8-3）。

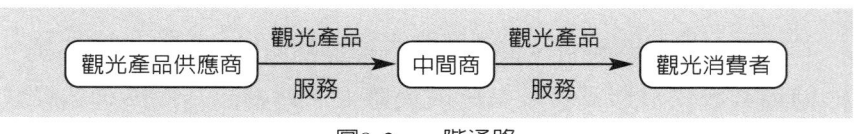

圖8-3　一階通路

（三）二階通路模式

　　所謂二階通路模式，是指觀光產品透過多個觀光企業組織及多個中間商，才將觀光產品銷售給觀光消費者，稱之為二階通路模式。例如，陳先生希望前往蘇聯莫斯科旅行，他就到旅行社辦理，該旅社向長榮訂位到歐洲，但歐洲到蘇聯，該旅行社無法訂位，其再透過歐洲旅行社大盤商，找尋當地代理蘇聯航空的旅行社訂位，才買到整個行程機位。但是該旅行社要替陳先生訂房有困難，陳先生又找凱悅飯店訂房系統，經該凱悅連鎖公司到莫斯科訂房。如

此，整個觀光活動透過多個企業組織、中間商的情形稱之為二階通路模式或多階通路模式（圖8-4）。

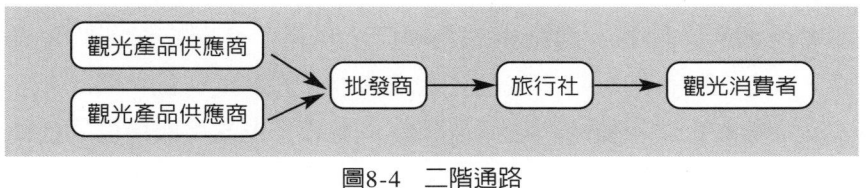

圖8-4　二階通路

觀光行銷通路的設計與管理決策

一、觀光行銷通路選擇之考量

在觀光行銷通路中如何選定最能符合觀光企業組織長程目標的通路，這是需要詳加評估。因為通路雖是整個行銷工作的部分，但是部分的缺陷可能導致整體的失敗。因此，必須非常小心謹慎，通常衡量通路是否適當，應以其經濟規範、控制能力及適應彈性等作用來全盤考量。

（一）經濟規範

在經濟規範中，我們考慮兩件事情：通路的銷售能力以及行銷成本。如銷售能力強、行銷成本又低，則表示創造利潤的能力大；相反的，銷售能力低、行銷成本高，表示獲利能力相對減少。因此，衡量觀光行銷通路是否恰當，就是以評估通路的銷售力和成本高低作為取捨的基礎。

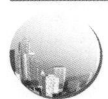

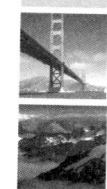

（二）控制能力

　　雖然某一觀光行銷通路在經濟規範中，具有很佳的銷售能力與行銷成本。但是，是否能成為觀光企業組織配合的對象也是一項重要考慮因素。因為，通路中的代理店，也是一個獨立營運的企業體，其存在的目的，當然也是在追求其本身的最大利益。因此，它未必以觀光企業組織的利益為著眼點，對觀光企業組織提供的技術細節或促銷資訊，也不見得會審慎運用，所以控制能力也是考慮的重點。

（三）適應彈性

　　要求代理與被要求代理者之間，具有一種承諾關係；在承諾期間，通路運用常被限制。譬如，某一代理商代理某一地區某項觀光業務，當然不希望另設一家代理店。因此在承諾期間通路缺乏彈性，當代理商績效不彰或另有新的通路方式等，卻拋不掉代理商的束縛，所以在考慮通路如涉及較長的承諾時，應審慎衡量，除非在經濟上和控制上具有絕對的優點，否則不宜輕易與代理者建立長久合約承諾的束縛。

二、觀光行銷通路之設計

　　對企業組織和中間商而言，觀光行銷通路之設計是一件極為重要的事情。例如，大批發商必須決定所需要的零售商數目和型態。當通路成員愈接近最終消費者時，它愈不需要去從頭開始建立行銷通路。如果將直接通路（或零階通路）剔除在外，每一個企業組織都必須選擇獨立的中間商協助配銷工作。觀光企業組織必須決定的因素有：

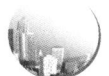

（一）通路的型式

依據觀光產品的內容與觀光企業規模可選定下列：

1.觀光企業組織自行負責所有行銷業務。
2.本地觀光業務代理店。
3.當地國觀光業務代理店等一種或兩種以上。

這也是一般常選擇的中間行銷通路方法，但是行銷通路並非一成不變，有時侯還可以發明更具創新性的通路。例如，旅館或航空公司的旅客除自己上門外，大都是以透過旅行社的方式來招攬顧客，但是有時候也可透過特別代表經紀人，直接與各大公司連絡，安排公司全部或部分人員舉辦康樂團體聯誼、旅遊活動，創造另一個新的通路型態。

（二）通路的數目

通路的數目通常依企業組織希望的市場涵蓋度來決定，市場涵蓋大概可分爲下面幾種：

1.全面通路：所謂全面通路，即是利用地點效用，強調觀光產品的涵蓋及便利性，盡力擴大銷售通路的家數，使到處都能見到該類的產品。
2.獨家通路：所謂獨家通路，剛好與上述相反，特殊觀光產品配銷受限於少數幾家，這種方式能促進產品形象效果，使中間商能有彈性，在價格上作更高的加碼，使中間商能更積極的努力推銷。同時在賣方來說，也更容易掌握中間通路的價格推廣信用及各種服務。
3.選擇通路：所謂選擇通路是介乎普通及獨家通路，也就是說選擇一家以上，但也非網羅任何有意加盟的中間商，而是經過詳細挑選以銷售力最強、行銷成本花費最低者爲擇取對象。

175

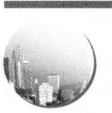

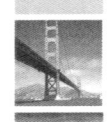
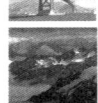
（三）賣方與通路雙方的責任及條件

在賣方與通路之間必須訂明相互間應負的責任和條件，一般約定的主要項目通常有：價格政策、銷售條件、配銷成本，或雙方的權利和義務等。

1. 價格政策：即賣方與通路之中間商，進行價格協議，訂定價格內容與供應層次及數量享有的折扣、販賣多少觀光產品享受什麼樣的價格等。

2. 銷售條件：是指有關付款方式與條件及賣方與中間雙方提供的保證。例如，雙方言明付款方式是現金還是支票，如以支票付款，開票期限的長短，付現有多少折扣，另如賣方保證充分供應觀光產品，通路保證銷售多少等均屬銷售條件之內。

3. 配銷區域：即賣方與通路中間商協議，賣方授權區域範圍，通路中間商享有區域之權利。例如，在台北市某旅行社代理某航空公司機票，對旅行社來說，當然希望在台北市僅有它一家代理，以便囊括該航空公司機票台北所有市場，但是在航空公司一定認為，如有多幾家代理，將能擴展其機票行銷面，因此相互發生利益矛盾現象，所以配銷區域就必須事先協議確定。

4. 權利與義務：這是指雙方在協議時即訂明相互權利與義務，以便大家共同遵行。譬如，連鎖旅館的代理經營通路即為很好的例子，代理經營通路有義務提供訓練、技術與管理等服務，相對的申請代理經營的企業團體，也有義務提供各種必要資訊，以配合代理經營通路各項推廣活動等。在一方來說是義務；在另一方便是權利。因此權利與義務均是賣方與通路考量的重點。

三、觀光行銷通路管理決策

觀光行銷通路管理的目標是希望建立合夥的印象和共同配銷規劃與努力執行達到預期目標。故必須選擇特定的中間商，並且運用成本效益的觀點，建立彼此互利最佳組合關係。至於個別行銷通路成員，必須時常評估或比較過去的銷售狀況，觀光產品競爭或協力者銷售情形。

觀光行銷環境一直在變，因此觀光行銷通路也必須視實際狀況加以定期檢討修正。對於評估結果的中間商或通路不佳者亦應酌情增減。甚至如果整個觀光行銷通路有問題，亦需全部將其修正。而我們如何知道我們的行銷系統出毛病呢？因而分析與評估通路便成為一項很重要的管理決策工作。通常有下列幾種方式可供參考：

（一）銷售責任額達成率

所謂銷售責任額達成率，通常指觀光事業之大批發商對其它中間商或下游觀光企業，可按該代理機構過去的銷售能力與本身期望訂定銷售責任量，並依當時經濟狀況機動調整權數，然後計算出代理商在正常情況下應達成某種銷售配額或百分比。如此便可瞭解中間商達到預定銷售額的程度，以及是否要繼續合作之參考。

（二）銷售成長率

銷售成長率係指以某一時期為基期的銷售百分比，然後與其它期間銷售比較增長的百分比稱之。例如，某旅行社去年銷售100團，今年銷售出120團，則以去年為基期增加20%。對於高成長率或達到某種成長標準時應給予適當獎勵、折扣或表揚以資激勵。

（三）銷售金額

銷售金額的多寡可作為衡量中間商績效的一種有效方法。當某

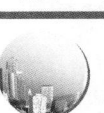

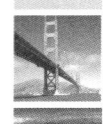
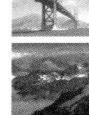
中間商或代理商其經營金額達到某一定額時表示兩種意義：一是可計算出利潤；一是可瞭解該代理商或中間商經營效率與未來潛力。

（四）中間商付款情形

中間商付款情形與信用狀況，也是評估和選擇行銷通路的主要依據，當中間商付款情形良好，代表該中間商可能帶的風險性相對較小。通常藉由下列三種方式可瞭解中間商付款的能力：付款時的態度、付款的方式，及所開票據能否兌現。

另外尚有其它因素，諸如顧客反應、其它觀光企業反應、曾經與該中間商交易過的反應或評價等皆可作為評估和選擇觀光行銷通路的依據。

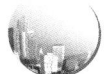

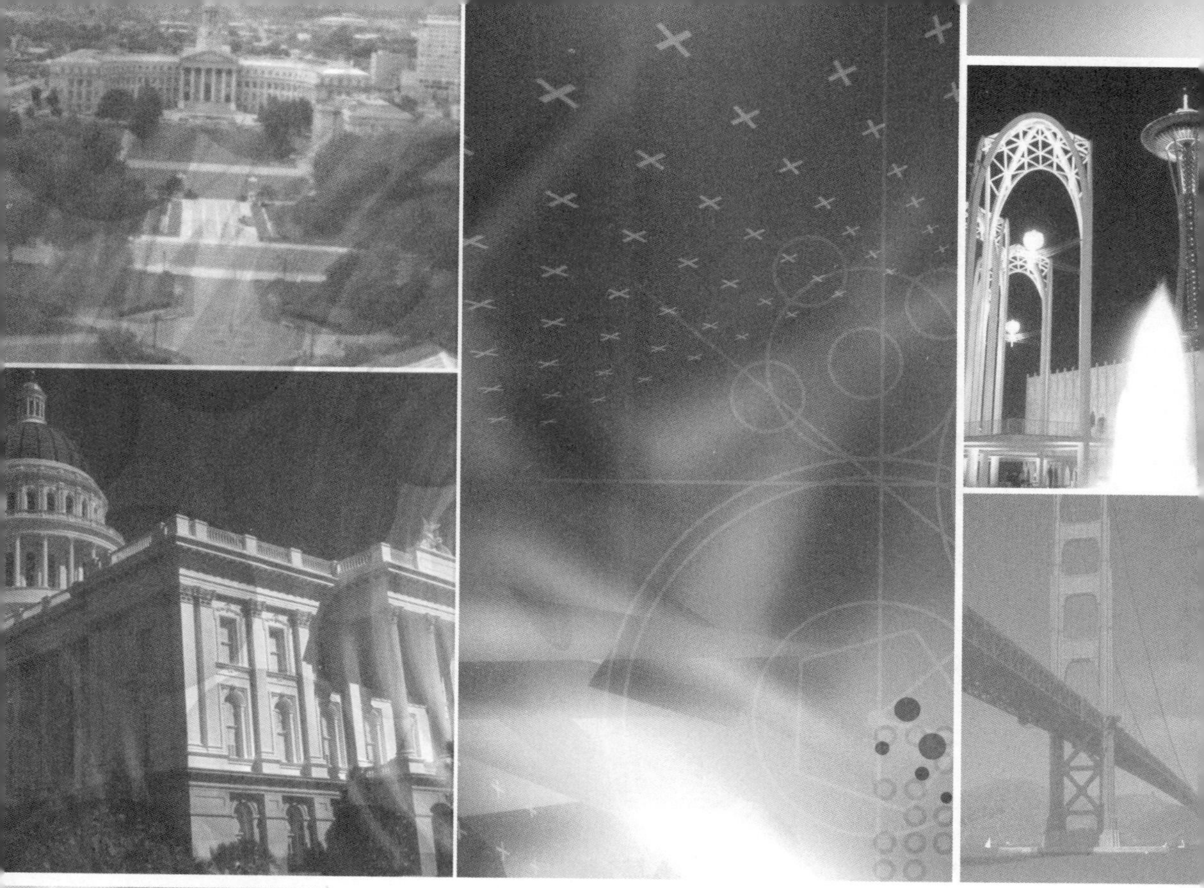

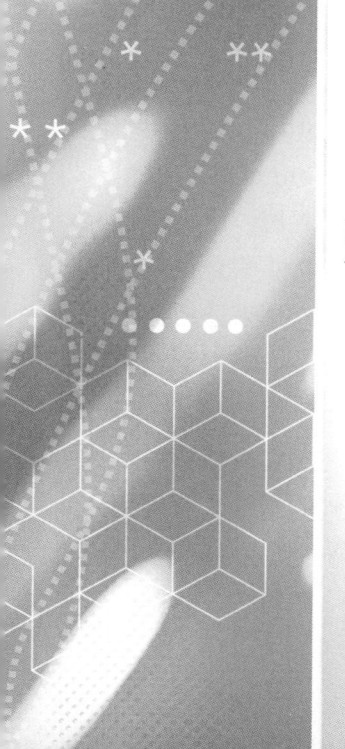

第九章

觀光行銷促銷策略

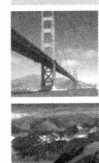
行銷組合包含產品、通路、價格和促銷四個組合，每項組合都是觀光企業組織與消費者溝通之重要管道，缺一不可且互為影響。以產品包裝而言，它既是產品組合的一部分，同時也是一個有效的推銷利器，但它同時更是促銷組合的一部分。整個的行銷組合互為影響，因此必須經過仔細規劃才能產生最大之效果。促銷是行銷組合4P當中與消費者直接或間接溝通（Communication）的主要工具，它所扮演之角色猶如汽車中之加速器，促使企業組織加速前進（產品則如方向盤）。

具體言之，促銷策略包含了廣告、公共關係等，具與遠離銷售地之潛在消費者接觸之特性；銷售促進及人員銷售，具與消費者直接溝通之特性；以及直效行銷，具與消費者之另一類接觸之特性。完整之促銷組合須經詳細規劃方能達促銷之最大效果。

促銷組合要素及影響因素

促銷組合（Promotion Mix）是為達成觀光企業組織之促銷目標而設計之廣告（Advertisement）、公共關係（Public Relations）、銷售促進（Sales Promotion）、人員銷售（Personnel Selling）及直效行銷（Direct Marketing）等活動之組合（見圖9-1）。整體而言，促銷是為了要告知、提醒和說服目標消費者有關觀光企業組織其產品之訊息及行動。觀光企業組織使用不同的方法來達成上述「告知、提醒和說服目標消費者有關觀光企業組織產品之訊息」並達成實際購買的目的。但是為了要告知、提醒或說服目標消費者，觀光企業組織必須先引起潛在消費者的注意力，再將潛在消費者轉變成實際消費者，亦即引起消費者的興趣，引發他們的需求，並使其採取購買或再購買行動，也就是化心動為行動，將行動變感動。

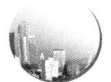

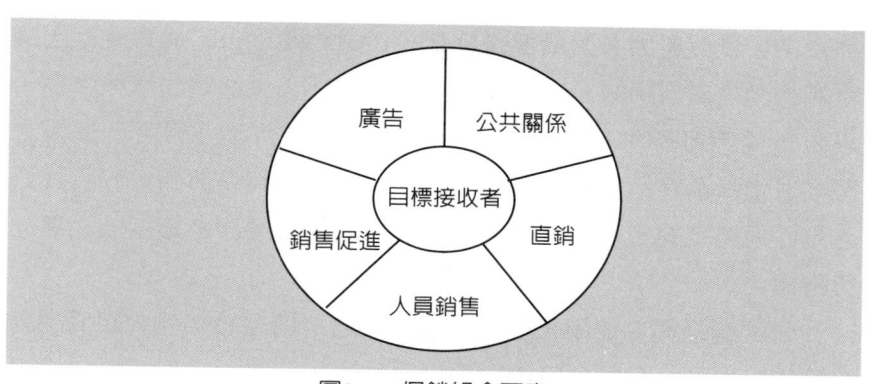

圖9-1　促銷組合要素

資料來源：謝耀龍（1993）。

以下將各促銷組合要素說明如下：

一、廣告

當觀光企業組織欲與潛在消費者溝通而又不能以公司員工親自而有效地聯絡溝通時，或潛在消費者分佈太廣而無法確切掌握，此時可使用廣告來傳達欲溝通之訊息。廣告是由特定贊助商（通常為企業單位）付款，透過大眾媒體來介紹觀光企業之特定產品及服務的一種溝通方式。一般常使用的廣告媒體包括電視、廣播、網路、報紙雜誌、傳單及看板等。刊登廣告之企業可為非營利組織或營利組織等。此外，須注意廣告與新聞及以下所提之新聞報導或公共報導不同，因為它是以付費方式宣傳欲傳播之訊息。

二、公共關係

除了廣告直接與潛在消費者溝通產品訊息外，現代化之觀光企業組織也關心對目標市場以外的人士所造成的影響。這些人士可能

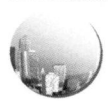

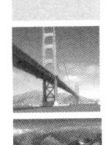
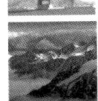

與企業組織並無太多接觸但是其卻相信其相關福祉可能會受到企業組織活動之影響。故企業組織希望能與這些人溝通其理念與目標，以防止他們可能會誤解或曲解企業組織的行動並公開表示反對之意，並造成潛在消費者之反彈。公共關係即是藉由傳播媒體方式以建立並保持企業組織的良好形象與信譽，並且闡釋企業組織之理念與目標。

公共關係與其他銷售組合要素最大之不同在於，公共關係主要接觸的對象是企業組織目標市場以外的人士（雖然它可能也包括目標市場以內之消費者），而其最常運用的方式就是新聞報導或公共報導。所謂的新聞報導或公共報導（Publicity）是企業組織在不必付費之條件下，透過大眾傳播媒體報導企業組織之產品或相關行動；它可以是大眾媒體主動報導或是公司行銷部門的刻意作為。公共報導可以是正面也可以是負面的，對企業組織有負面作用的公共報導大多是媒體所發動的「新聞」。雖然公共報導不需要付費給媒體，但是它也不是免費的溝通。譬如，行銷工作者必須支付準備新聞稿之成本。

三、銷售促進

銷售促進是在一定期限內提供特定激勵活動（incentive）以促使消費者、企業組織銷售員或中間商能有預期之購買或銷售結果。企業組織所提供之激勵活動平常並不存在，所以銷售促進活動增加了產品之附加價值。例如，送贈品增加了消費者可獲得之價值；銷售競賽則增加了銷售員可以得到之利益。店頭促銷則是在銷售點（Point of Sale）所進行的促銷活動，此也是銷售促進之一環，由於適當銷售情境之營造可促使消費者產生購買行為，如現場柔和的燈光、動人的音樂或折扣標語等。

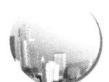

四、人員銷售

觀光企業組織亦可利用人員銷售的方式與大眾溝通。人員銷售是一種面對面的銷售方式；銷售員藉此與消費者直接面對面接觸溝通，進而瞭解消費者之需求並期望能透過銷售來滿足他們的需求。該方式最大的好處在於能直接感受到消費者的態度與行為，同時也是瞭解消費者需求的最好方式。

五、直效行銷

直效行銷也是目前非常普偏的促銷手段，它是以直接與消費者另一類接觸的方式進行。對很多企業單位而言是愈來愈重要了，尤其是現今網路通訊無遠弗屆，幾乎所有的訊息都可與消費者直接傳達。美國的直銷協會對直效行銷的定義是：「它是行銷的一種互動系統；它使用一個或多個廣告媒體去影響消費者之反應或交易。」如果消費者曾接到由信用卡公司或行銷公司的電話或購物型錄，那麼該名消費者就是直效行銷工作者的目標顧客。

上述促銷組合要素構成了行銷組合上之銷售工作，每個促銷要素都具相互影響其他要素之功能，且相輔相成。影響促銷組合要素之選擇的因素主要有：(1)產品因素；(2)消費者因素；(3)組織因素；(4)環境因素（詳如見圖9-2）。

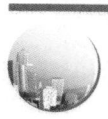

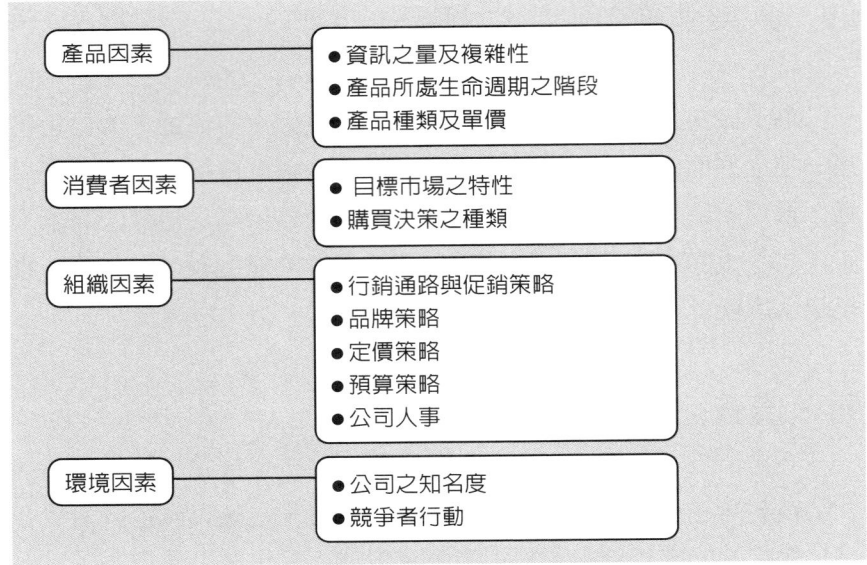

產品因素
- 資訊之量及複雜性
- 產品所處生命週期之階段
- 產品種類及單價

消費者因素
- 目標市場之特性
- 購買決策之種類

組織因素
- 行銷通路與促銷策略
- 品牌策略
- 定價策略
- 預算策略
- 公司人事

環境因素
- 公司之知名度
- 競爭者行動

圖9-2 影響促銷組合之因素

資料來源：Scheoell（1993）。

促銷活動之目標、工具、方案研擬及效果衡量

　　促銷為行銷活動中非常重要之一環，故應明確訂定促銷目標及執行的時間表。例如，一家新旅行社的促銷目標可能是：「使消費者和下游旅行社認識本公司及其產品。」這是非常普遍的目標。一個更確定而且有用的目標描述可以是：「使消費者和下游旅行社認識本公司，並在二年內至少有20％的消費者和15％的下游旅行社能瞭解本公司經營的特質及產品特性。」其他的目標可能是短期的：「在未來六個月內達到每個月銷售4,000萬元加拿大長程產品之目標。」

　　一般而言，目標之陳述應明確具體，具可達成、有時程、有數量且可衡量之特性，表9-1就好與不好的促銷目標作一比較如下：

表9-1　好的與不好的促銷目標設定之比較

不良的促銷目標設定舉例
1.使消費者購買保健旅遊產品
2.努力銷售旅遊產品
3.增加長線旅遊市場占有率

優良的推廣目標設定舉例
1.讓20％年齡在40歲以上的消費者購買保健旅遊產品
2.在未來三年內，要使公司歐洲線旅遊產品成為華人旅遊市場的領導者
3.下一年度增加5％的長線旅遊市場占有率

在瞭解促銷目標後，以下就促銷的工具、方案研擬及效果衡量等逐一討論如下：

一、促銷工具

促銷的工具很多，但大體上可歸納成下列三類：

1. 消費者促銷工具，如增量、減價、送贈品提高服務、品質及形象等均屬之。
2. 商業促銷工具，如合作廣告、獎金、價格折讓、競銷活動。
3. 人力促銷工具如觀光展示會、博覽會、發表會等。

促銷有時候能促進與消費者間之關係。如贈送某種觀光產品，而這種觀光產品又與其它種觀光產品有某種程度的關聯。譬如，遊樂區為促銷而贈送免費入場券，藉以吸引很多消費者，對遊樂區來說雖然減少了部分門票收入，但卻能引發消費者進入遊樂區的其它消費，這種消費收入可能比門票收入還要多，這就是能促進消費者關係的促銷。另一種促銷，則不能增進與消費者的關係。例如，贈送一些與本身無關的贈品或優待券之類的東西，此則無法刺激觀光客進一步的消費。因此，在選擇促銷工具時，最好選能促進與觀光

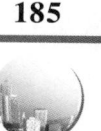

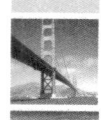

消費者關係的促銷工具。當然，促銷時能配合廣告運用，則效果自當更為廣大。

　　以下我們就觀光事業中常見的促銷工具加以介紹：

1. 折價券：即持有人可以憑折價券，享受購買觀光產品的優待，這種折價券可以運用在餐廳、旅館、藝品店、Spa店等觀光事業中。

2. 贈品：這種方式是於購買觀光產品時額外贈送。如在餐廳中免費贈送飯後水果、彩色氣球之類活動便是此類。另外一種屬於自償性贈品，即在購買某項觀光產品時，如再購買另外一項觀光產品時即可享有低於一般價格的優惠。例如，旅館為促銷該公司的餐飲業務，便可利用此種方式，凡進住旅館客房的觀光客，如在旅館餐廳用餐者可享八折優待等活動，此便是屬於自償性贈品之類。

3. 表演展示活動：在某一定點邀請演藝人員、名流之類人員舉辦如義賣、表演活動、服裝展示、觀光發表會等，或是利用媒體介紹風光、不同國家國情的電影等欣賞。

4. 商業促銷：指只針對觀光批發商、零售商及經銷商等合作對象所舉辦的活動。譬如，航空公司給旅行社機票回扣、減價，或銷售多少機票免費贈送一張機票（FOC）等方式；另一種則是折讓，如觀光經銷商的代銷補貼、聯合廣告、展示活動等的補貼。又如對內部的員工，凡能達成某種定額業績者可獲得獎金，或免費出國旅行等，均屬於一種商業性促銷工具。

二、促銷方案研擬

　　在擬定促銷方案時，我們必須擬出或瞭解方案中的激勵程度、參加條件、訊息傳送期間、活動的時機和方案的預算等有關問題，

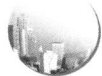

才能進一步構成整個方案。通常在促銷方案擬訂時常忽略下列幾點：(1)促銷的成本效益觀念；(2)僅用簡單決策方法決定方案，如固定預算或量力而為等方式；(3)廣告和促銷預算分別編製，兩種活動相互間缺乏關聯。因此在擬定促銷方案時，這些都需要列入考慮。當方案完成時，應作一次事前試驗，以瞭解方案的可行性、激勵的程度是否有效、表達方式是否恰當等。事前試驗的方法有很多，譬如，可邀約部分觀光客和業者，對該方案的促銷活動進行簡單的測試，如此一來不難瞭解方案推展時，可能出現的結果。

當促銷方案實施時，應加以有效控制，以免發生由促銷所帶來的反效果。因此在實施促銷方案時應注意所謂的前置時間，即指擬定方案開始到實際執行時，所需要的時間和所謂的售完時間，即促銷活動開始及完成預定目標所經歷的時間。因為，超過的促銷是一種浪費，可能產生過度超載引起負面影響。例如，國曆新年假期間觀光遊樂區，為招攬觀光客，進行促銷活動，如前置時間無法控制好，結果促銷活動拖到新年假期以後舉行，或是正好在假期之間舉行，導致訊息傳達落後，無法吸引觀光客適時參加。同樣的如果過早促銷，一方面造成促銷浪費或距離真正要舉辦時間太長，致使活動訊息散佈時觀光客已經減少，達不到預期的刺激效果。另外一方面售完時間的掌握也很重要，提早結束促銷時間，可能無法達成預定目標，太晚結束可能發生遊樂區超載現象，引起觀光客抱怨等情形發生。所以一個有效的促銷方案，除對方案中的有關細節應詳細研擬外，更應在方案執行前與執行時做適當的控制和管理，使促銷活動能做到恰到好處的地步。

三、促銷效果衡量

評估促銷效果將有助於改進促銷方案，使其更能有效的發揮促銷效果。一般衡量促銷的方法有下列幾種，可作為瞭解促銷方案的

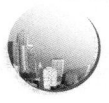

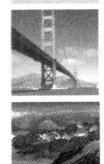

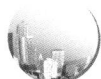

效能：

（一）銷售業務差異分析

　　銷售業務差異分析（Variation Analysis）是一般評估促銷時最常用的一種方法。其評估方式是針對促銷前、中、後作相互比較分析，研究經過促銷後產生哪些反應，假設某旅館進行一次促銷活動，在促銷前客房進住率爲50％，經促銷後，客進住率增爲70％，結束後降爲40％，過一陣子後客房進住率又上升爲60％。這表示，此次促銷活動已經引入新的觀光客群，雖然促銷後降爲40％，這表示可能是某些原有觀光客提前進住的結果，後來升至60％較促銷前的50％增加10％，這就是所謂促銷引入新客人的成果。假如，促銷結束前觀光客進住率還是維持未促銷前的50％，則表示本次促銷並未發生多大的功效。

（二）觀光客行爲分析

　　從促銷活動中，可以瞭解哪些觀光客受促銷的影響最大，哪些觀光客不受影響，受影響的觀光客產生哪些反應，這些反應是否有利於觀光促銷者的產品銷售；又當促銷活動結束後，這類觀光客是否又開始減少等，所以觀光客行爲分析也可以評估出促銷的效果。

（三）觀光客調查

　　當對觀光客行爲分析後，發現有進一步瞭解時，可舉辦觀光客調查，有多少觀光客利用此機會，他們對該促銷活動有何觀感，有無影響他們平常選擇的傾向，事後觀光消費者能夠對促銷留下多少印象等。

（四）實驗設計

　　實驗設計也是衡量促銷效能的方法之一。例如，我們可針對促銷方案中的預算多寡，能產生多少激勵作用。如促銷工具的不同又

發生什麼變動、活動時間的長短、促銷的時機等。均把它當作可控變數，給與不同指數，以測度促銷活動的效果大小和改進方案的參考。

廣告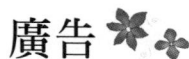

一、廣告的本質

廣告係透過大眾媒體（如電視、廣播、網路、看板、報紙和雜誌）將訊息傳送給潛在消費者之過程，並期待接收者在收到訊息之後能有所回應，即化心動為行動。

廣告在我們的日常生活中具有不可忽視的影響力，其主要目的是為了要通知、提醒和說服潛在消費者有關公司之產品等訊息，消費者對廣告之回應方式往往取決於廣告之目的。一般而言，廣告有三個基本目標：(1)通知潛在消費者；(2)說服潛在消費者；(3)提醒潛在消費者。基於這三個目標，企業組織就須設計具體及數量化之廣告目標，故亦須符合上述目標設定之原則，如實際並且含有衡量成效之標準，如完成之時間等。

配合上述廣告之目標，廣告可以分為二種基本型態：產品廣告與機構型廣告。

產品廣告是為特定產品或服務所做之促銷。機構型廣告則是以整體產品線、企業組織、非營利組織或產業公會之形象（而非個別品牌）為重點之促銷。但是，不論是哪種廣告，其主要目標都是在告知、提醒與說服。

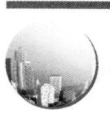

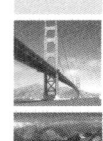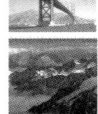

二、選擇廣告媒體

　　現今最常見的媒體是電視、廣播和網路等3D媒體，以及報紙、雜誌等平面媒體。其他媒體還包括特殊型態之廣告（如免費禮物，印有飯店名字之日曆、筆、和T恤等）、型錄廣告（地區觀光指南、旅報等）和觀光企業組織讚助之雜誌。

　　廣告媒體是廣告商欲傳達資訊給目標市場的溝通管道；常用的四種基本的廣告媒體包含3D媒體、平面媒體、戶外媒體和宣傳報導。廣告者不但要選擇媒體而且要決定使用媒體內的何種工具。譬如，如果選定的媒體是平面媒體，那麼是該使用哪家公司？在作成這些決策之前應考慮廣告目標、媒體和工具特性、目標觀眾特性、所要溝通之訊息及相關成本。

（一）3D媒體

　　3D媒體是將空中媒體之部分使用時間賣給行銷工作者的一種溝通管道。包含電視、廣播及網路，分別說明如下：

■ 電視

　　電視是一種多構面的媒體，它的優點就如同將其歸屬於3D媒體中一樣，即在廣告中可以同時使用聲音與動作來傳遞訊息，它能同時接觸數百萬人進而帶來廣告效益。雖然電視是一種大眾媒體，它也提供某種程度的觀眾選擇性。例如，廣告商可以在卡通頻道中與小孩子接觸；在運動節目中與年輕人接觸，在有線電視頻道提供觀眾更多的選擇性。電視也有其缺點，即成本非常高。國內觀光企業組織大都為小型公司（旅行社），故大都負擔不起電視廣告，因為要擁有台灣新聞時段或八點檔之廣告其代價是每分鐘接近百萬元。

　　除此之外，產品置入的觀念亦於近年發展後，不僅在電影、電視節目或音樂錄影帶中出現品牌及產品訊息，還包括廣播節目、流行歌曲、電視遊戲、舞台劇、小說等，皆是產品置入應用的範圍。

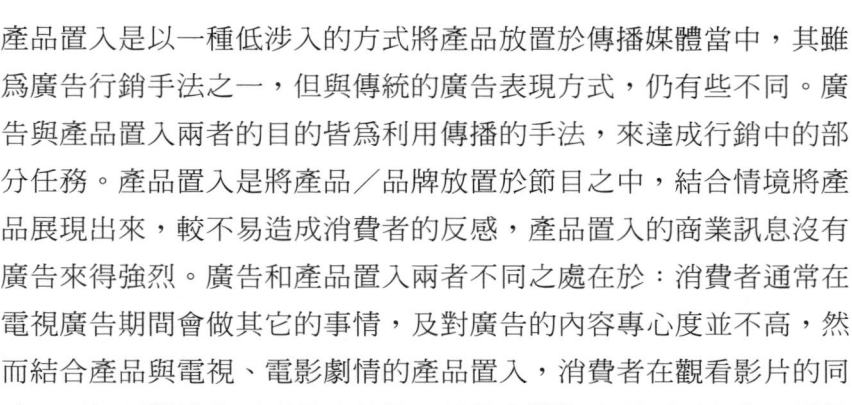

產品置入是以一種低涉入的方式將產品放置於傳播媒體當中，其雖為廣告行銷手法之一，但與傳統的廣告表現方式，仍有些不同。廣告與產品置入兩者的目的皆為利用傳播的手法，來達成行銷中的部分任務。產品置入是將產品／品牌放置於節目之中，結合情境將產品展現出來，較不易造成消費者的反感，產品置入的商業訊息沒有廣告來得強烈。廣告和產品置入兩者不同之處在於：消費者通常在電視廣告期間會做其它的事情，及對廣告的內容專心度並不高，然而結合產品與電視、電影劇情的產品置入，消費者在觀看影片的同時，不知不覺接收了產品及品牌，並且在腦海中留下了印象。這是因為我們在觀看影片的過程中防衛心降低，因此一般的觀眾變得較易接受眼前的訊息。

■ 廣播

廣播可依音樂（古典、搖滾、爵士）或族群訴求（如國語或台語發音）加以區分。廣播提供「觀眾選擇性」及「區域選擇性」，且非常具有彈性，只要較少預算即可進行，所以近年來亦有一些旅行社利用特定廣播電台（如愛樂）作為特定旅遊行程之廣告媒體。

廣播也有其缺點。廣播的受眾遠較電視和報紙來得少，為了觸及某城市內的大多數成人，企業組織可能需要向多個電台購買廣告時段，故廣告成本相對亦增加。因為廣播之廣告，基本上只是一種背景媒體，它的效果也受到折扣。大多數收聽者的注意力可能在別的地方，如駕車、閱讀、工作或與他人交談。

■ 網路

網路是近年來極為流行之廣告媒體，除網路硬體架構之建制及網路使用之普及，愈來愈多的消費者使用網路來獲取資訊並傳播資訊。網路之使用幾可取代電視及廣播，因為在網路的世界中幾乎是無所不包的。

但是網路之為媒體亦有其缺點，即有消費者斷層及高度的選擇

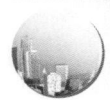

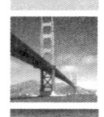

性之顧慮,消費者斷層係指網路使用者有其年齡及教育程度分佈特性,大都集中於年輕族群且教育程度較高。在高度選擇性上則指由於網路內容包含眾多,故一個廣告往往無法接觸到所有的網路使用者,除非是大家極為熟知之入口網站,但使用該網站之成本極高,一年之權利金可能需要數千萬甚至上億元之成本。

(二) 平面媒體

平面媒體只刺激單一感官,所以缺乏刺激多感官媒體所具有之影響力。平面媒體是銷售廣告空間給行銷工作者的溝通管道,主要包括報紙與雜誌。比起其他媒體(除了少數直接反應媒體,如DM)平面媒體更能正確地將更多的資訊傳達給目標市場。平面媒體主要包含報紙及雜誌,分別說明如下:

■ 報紙

報紙是最傳統的平面廣告媒體,也是區域性企業普遍使用的媒體工具。報紙可以涵蓋大量的區域且以新聞包裝的方式出現,所以可信度相對較高,故報紙具有其他媒體少有的迅速性及彈性。

報紙廣告也有一些限制。因為讀者很少將報紙保留超過一天,所以報紙廣告之壽命較短。報紙的編排也可能過於擁擠,使得廣告效果不易突出。因為年輕人大量轉向網路,所以報紙讀者人數也在減少之中。

■ 雜誌

雜誌可因不同消費者而區分成不同特色之雜誌,如一般消費者政治、商業、時尚或特殊刊物等。一般消費者雜誌可以是大量發行的一般化雜誌(如時報週刊)或發行量較少的專業性雜誌(如博覽家雜誌、酒鄉雜誌)。雜誌將其讀者區分成不同區隔的一般化雜誌可以吸引想要觸及某特定讀者群的廣告者,也提供精良的彩色圖像。強調特色的企業組織常選用雜誌以吸引特定而固定之消費族群。

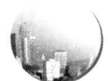

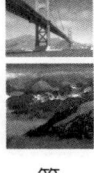

　　雜誌廣告的限制是需要一段等待時間，企業組織必須在雜誌發行前一段時間即將廣告內容準備好。如果市場情況迅速改變，此時不容易或不能改變廣告，因而其他媒體比起雜誌可能較具彈性。

（三）戶外媒體

　　消費者在購買產品前最後看到的媒體大都為戶外媒體。戶外媒體是將銷售訊息在臨近商家販賣處展示，並與潛在消費者進行最後提醒的溝通管道。戶外廣告與T霸廣告都使用戶外媒體。因為人們每天都行經相同的路線（如上班、上學或購物），戶外廣告（包括看板、霓虹燈或海報）形成一種高曝光媒體。因為每天有很多人經過看板，廣告者可以集中在目標顧客所生活之城市，或於鄰近區域設置戶外媒體。戶外廣告與電視一樣具相關效益。另外一種出現在大眾運輸工具（如公共汽車和捷運）內外的廣告也是一種戶外媒體，這種廣告也可在公車站、火車站和飛機場看到。這類型廣告具有區域選擇性而且是最便宜的廣告媒體之一。有些企業組織會利用這類型廣告與消費者溝通。

　　戶外廣告的缺點之一是它可能破壞周遭景觀，有些人也認為它的形象不佳，可能是因為它本身製作粗糙及有些交通工具和設備不乾淨之故。

（四）宣傳報導

　　宣傳的主要目的在誘導和創造觀光需求，並且提供潛在觀光客有關觀光產品、品質和種類等有關資訊。觀光宣傳可以分為形式宣傳和實質宣傳兩種，形式宣傳目標在擴大觀光的供應，而實質宣傳在針對現有的觀光客，強調服務品質及符合消費者需求。由於各國觀光產品如風景區、旅館、交通工具等，相互間的差異不大。所以在國際觀光行銷宣傳上，競爭非常激烈，常形成國家和國家間的競爭、觀光企業和企業間的競爭，因此造成很多無效的宣傳，或宣傳的浪費，進而增加國家與觀光企業的財務負擔，甚至有的觀光企業

193

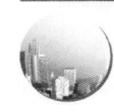

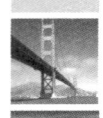

組織將增加的費用全數轉嫁給觀光消費者，造成過高的觀光產品價格，導致需求的減少，進而形成惡性循環。所以在從事國際觀光宣傳時，應強調本身觀光產品特色，擴大與他國際觀光產品的差異，提升宣傳品質，使其能成為觀光上的吸引力。

觀光宣傳的主要工具有下列幾項：宣傳小冊子、傳單、摺頁、招貼、宣傳信函、放映媒體及實物宣傳等多種：

1. 宣傳小冊子：通常將宣傳、服務、建議及有關資料等均印在一起，給使用小冊子的人，提供某些知識。很多觀光客都願意閱讀這種小冊子和保留它，不過印製宣傳小冊子成本較高，無法大量分送各界使用。

2. 傳單：這種宣傳文件，主要功用在提供一些簡單的資訊，通常作為宣傳資料的附件。由於內容簡單無法成為宣傳主力，但是傳單構造簡單，成本較低，能大量印發，引起消費者注意的機會較大。

3. 摺頁：摺頁可分為摺疊式或整張圖和活頁裝訂式圖表兩種。一般摺頁格式和內容表達往往因消費者對象不同而有所不同，不過在許多宣傳品中，摺頁可以說是最為通用和受歡迎的宣傳媒體。

4. 招貼：招貼一般說來要比傳單摺頁要來得大，印刷的內容也較強調某一個產品或某一地區最有特色的地方，通常航空公司旅行社等使用的比較多。其缺點是無法大量印製招貼，在宣傳被接觸的機會相對減少很多。

5. 宣傳信函：這是將要宣傳的主要內容經由書信的形狀表達。優點是能與最可能之消費者直接溝通；缺點是需要知道消費者之聯絡管道，但是對於高消費能力者，往往因接收之信函過多，以致失去原先的吸引力。

6. 放映媒體宣傳：這種宣傳方式，可以算是最有效的宣傳工具，相對其他宣傳而言，放映媒體宣傳比較能抓住觀眾的注

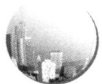

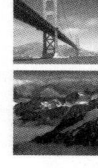

意力並使其留下深刻印象。缺點是製作費用過高,如表達不當,則比較難達到預期效果。

7. 實物宣傳:藉由實質產品,塑造代表性。例如,利用海外辦事處外觀或宣傳活動,如參加博覽會、展示會、邀請外國企業來本國熟悉旅遊產品(Fam. Tour)等。這種方式的宣傳比較昂貴,如果運用得宜,也能吸引當地傳播媒體注意,免費報導達到額外宣傳效果。

除以上宣傳工具外,實際的觀光宣傳與國家整體形象宣傳也非常重要。因為,實際觀光宣傳在強調服務品質與設備優良;有優良的服務品質和設備,觀光客就會義務宣傳,此這種宣傳的說服力很強。

三、廣告效果

行銷人員利用廣告將產品或所主張的訊息傳遞給消費者,期能發揮廣告效果,以完成廣告之目標。一般廣告效果的測定,通常分成:溝通效果與銷售效果二種。溝通效果(Communication Effect),亦即研究特定廣告活動對購買者知曉、認識及偏好上之潛在影響;銷售效果(Sales Effect),即以銷售量是否增加為衡量尺度。

以廣告之銷售作為衡量廣告效果的指標,在實際上有其難以解決的困擾,這是因影響銷售效果的因素除廣告外,尚有其他重要之影響因素,諸如廣告播出後,究竟須經多久才會使銷售額增加,這中間的時差實難以決定;第二為根據行銷理論,一件銷售的達成,須整個行銷組合密切配合才行,而廣告只是促銷策略的一部分,若欲以銷售來衡量廣告效果並不適當。所以溝通效果雖不等於銷售效果,但因其於短期內即可加以衡量,且溝通效果對品牌、產品態度及認知衡量亦可用來預測實際銷售效果,故欲瞭解廣告之初步成效

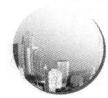

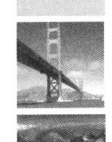
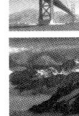

則可採用溝通效果以評估廣告效果，但實際上，廣告效果之確切成效則仍應以銷售效果為最終判定標準。

溝通效果即為廣告透過一連串廣告活動而在人們心中所創造之反應，就在接觸的那一刹那，會在廣告接觸者心中引發起種種反應，這些反應累積之後會創造持續性效果，此種狀態即稱為溝通效果。廣告的效果有兩個學派：一為行為學派，二為認知學派。行為學派認為，藉由廣告的增強可以塑造消費者的行為，但是消費者只是被動的接受訊息而產生簡單的學習行為；認知學派認為，消費者不只被動的接受訊息，尚且會將訊息與其他線索聯結，成為一種主動學習過程，認知學派的重點在於影響消費者對廣告刺激反應的一連串心理變化，亦即廣告溝通效果呈現出層級效果（Hierarchy of Effects）的不同階段反應程度。分別說明如下：

層級效果模式

消費者在接受廣告刺激後，會產生一連串的心理反應，心理反應大致可分成三個層級效果：「認知／學習」階段；「情感／態度」階段；「意向／行動」階段。這三個階段分別在消費者制定購買決策的過程中產生。消費者在接觸到訊息之後，由注意、瞭解、記憶、接受而學習和認知該訊息的內容，進而發生興趣、偏好及評估，以發展好惡態度，而透過對產品態度的確信和堅持，決定購買意願和行動。圖9-3為廣告層級效果，此模式假設購買者之購買決策是由很多階段所組成，購買者之決策由低層次的認知到高層次的購買；而廣告之目的即在激勵購買者由低層次往高層次邁進，而達成

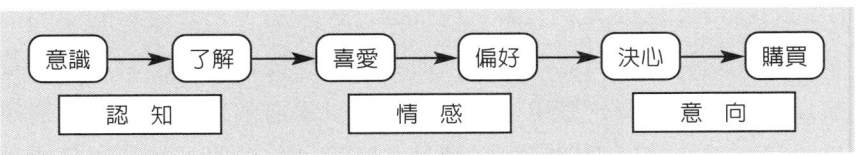

圖9-3　廣告層級效果與態度之對照圖
資料來源：引述自陳敏郎（1999）。

購買之終極目的。由此模式可知，廣告主期望能在廣告播出後能達成此圖的最後購買決策效果。層級效果模式與態度之對應關係如下：

■ 認知因素（Cognition）

指因直接經驗，或者由各種管道所獲得的資訊，經整合後，對態度標的物形成的知識與知覺。此知識與隨之產生的知覺形成所謂的信念（Beliefs），代表消費者相信此標的物擁有某些屬性特徵，以及不同行為可能產生的特別後果，即為個人的知識與信念部分，代表一種知識性、心理的、理性的狀態。在此階段，廣告對潛在消費者提供資料與消息。

■ 情感因素（Affection）

消費者對於一項產品或品牌的情緒或情感反應構成態度中所謂的情感成分。情感成分代表著消費者對態度標的物直接或總體性的評鑑，即消費者喜歡或不喜歡此標的物，或者評估此標的物為好或不好。代表個人的知覺及感受部分。在此階段，廣告能改變潛在消費者對產品的態度與情感。

■ 行為因素（Behavior）

行為因素代表個體對態度標的物採行某種特別行動或行為的可能性與傾向。在行銷與消費者研究中，行為意圖成分常意指消費者的購買意圖（Intention to Buy），購買意圖量表即被用來衡量消費者購買某項產品或者表現某種行為的可能性。在此階段，廣告能刺激潛在消費者的慾望，並決定其購買的方向。

197

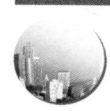

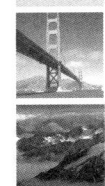

公共關係

　　一般社會大眾往往把廣告與公共關係混為一談，認為廣告宣傳是公共關係工作的一部分，或是認為公共關係就是廣告宣傳。實際上，按照行銷學的概念，廣告宣傳和公共關係係屬於兩個平行但又獨立的內涵。所謂平行乃指兩者之間存在著某些相似的成分，特別是在營造企業形象方面。所謂獨立則指公共關係不能與廣告劃上等號，因為二者乃在不同的軌道上運行。公共關係的主要目的在於構成、保持（維護）和改變（改善）「形象」（包括企業形象和產品形象）。簡而言之，就是在社會大眾中建立（或營造）企業和產品的印象，而社會大眾所認知的這個印象就是企業的形象。因此公共關係即是使企業和產品的形象更符合社會大眾對企業的印象。當然，形象反映了社會大眾對企業的看法，然而並沒有一定的標準，也並不一定符合實際情況，更不一定與企業本身對自己的評價一致。

　　企業形象具有多層次的構面，它對消費者心中印象的影響很大且效果很強，如欲改變它則須耗費相當精力與時間，特別是觀光企業更是如此。它的另一特點是很難加以衡量，並沒有適當的準則以衡量一個企業形象的好與壞，然而企業形象卻是影響市場消費者購買決策的重要因素之一。如能展現良好的公共關係，它將能把企業和產品的形象勾畫得更美，這樣可以促進行銷工作，否則，則具相反作用，進而妨礙行銷工作的進行。當然，企業形象的創造不單取決於企業組織的公共關係，通常都需要透過企業組織的整體活動才能產生功效。實際上，企業的經營和存在，客觀上就產生了很多形象特點，如信譽、經驗、進步和可靠性。這些特點透過產品的交換和企業組織的工作，不僅留在廣大的消費者中間，而且也留在同行和其他的企業單位中。

一、公共關係的內容

如上所述，公共關係會影響企業組織在社會大眾中的形象。但究竟企業形象影響的範圍到底有多大，則取決於企業的目標範圍有多廣。觀光企業進行公共關係的重要條件是把一些企業內部情況和數字公布於社會大眾前，包含：

1.企業組織內部組織機構、部門。

2.與其他企業組織進行合作的活動。

3.企業規模的發展和願景。

4.新的發展目標和計畫。

5.市場對企業產品的反應。

6.企業經營管理人員情況及其變動。

7.企業的福利工作。

讓社會大眾瞭解以上的情況就是公共關係存在的基礎。一個觀光企業的公共關係主要可以從兩方面進行，分別說明如下：

1.針對新聞界的公共關係的內容主要包含：

  (1)新聞記者的採訪。

  (2)提供新聞稿。

  (3)專題報導。

  (4)產品介紹的報導。

  (5)提供科技性的文章。

  (6)提供新聞圖片。

  (7)與新聞界座談。

  (8)舉行記者會。

  (9)接收並回覆大眾來信。

2.針對社會公眾的公共關係主要包括如下主要工作：

  (1)出版一般刊物。

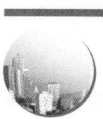

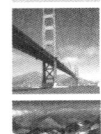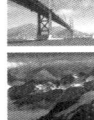

(2)出版專業雜誌。

(3)舉辦活動。

(4)開放參觀企業環境。

(5)企業的公益活動。

對社會大眾的公共關係工作是多面向的工作。特別是對待一般的觀光客和旅客，更要防止對企業形象的損害。有些惡果往往是企業自己造成，如大企業的自豪感往往產生對小企業甚至一般旅客的歧視，這樣的結果往往使企業形象受到損害，致使企業信譽下降。因此，部分接待人員就較不敢怠慢新聞界和合作事業單位，然而卻疏忽一般旅客。其實，如果把消費者也看成是企業組織公關工作的助手，那麼其作用並不一定比新聞界或是其他單位小。

公共關係還需要注意掌握舉行大型活動的次數。大型活動的舉行，如記者招待會、開幕典禮、宴會等無疑需要花費大量資金。但是它又是宣傳企業本身及進行公關工作的機會。故絕不能把公關工作局限在特定的機會中。除此之外，如為了怕花錢，致使任何工作都不做，此舉將會使公關工作處於被動的局面。成功的公關其秘密即在於要行公關於經常之中。

二、新聞報導

新聞報導是公共關係的重要元素，其係指以非自行付費的方式，藉由出版物來報導商業新聞的機會，或藉由3D媒體以非個人的方式來激發對某產品、服務或企業單位的需求。

在報紙、雜誌、電台或電視上進行廣告宣傳需要付費，而以新聞事件的宣傳方式則無需付費。報導宣傳是公共關係的一個重要組成部分，它不僅比廣告來得經濟，同時信譽價值更高。因此，各企業組織都很重視報導宣傳工作，設有專人或專門部門與新聞界溝通，即一般通稱之的「公共關係」部，或簡稱為「公關」部。當

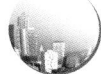

然，花錢的廣告宣傳較容易控制其播出型態，其係按照企業組織的意志而設計和安排，而新聞內容則由記者來掌控，不一定完全按照企業組織的意願，即便是非新聞界人士寫的文章，也要透過編輯的剪裁和刪改，有時甚至被完全否定。

以報紙報導宣傳為例，如果當選後的美國總統站在一輛「凱迪拉克」敞蓬汽車上向遊行的群眾揮手，當然第二天所有報紙上都會有這位總統和這輛汽車的照片及報導，這就是對「凱迪拉克」品牌汽車最理想的宣傳。如此，通用汽車公司不用付廣告宣傳費即達到了宣傳公司產品的目的。從這個例子中可以清楚地看到新聞宣傳的作用。再如，人們在看電視的時候，電影裡的男主角拿著一瓶可口可樂在唱歌，所有的觀眾都可看到可口可樂的罐子和商標，這無疑是對可口可樂很好的宣傳，其實這就是台灣相當流行的所謂置入式行銷（正式名稱應稱為產品置入，Product Placement），其較常應用於電視及電影上。其他如有些時裝公司則將最新設計的服裝免費給電視節目主持人穿著，以便達到宣傳的目的。

新聞報導的素材很多，如某個體育明星去玉山度蜜月、一對老夫婦到倫敦慶祝金婚紀念、八二三退伍軍人團重遊金門戰場等都是。國際觀光客很關心國際時事新聞，如在兩伊戰爭時，能否前去旅遊，在那裡旅行是否安全；本國貨幣與外匯的比價及兌率情況；汽油的價格和供應情況；重大的體育比賽、電影節；假日的天氣和擁擠情況；航空公司的員工們是否舉行罷工；新航線的開拓；旅行社是否增加某些服務項目等等，都是觀光客比較關心的問題，同時也是觀光企業進行新聞宣傳時可以大為利用的素材。當然，新聞宣傳工作要做得好就必須注意新聞宣傳之準確度並能符合專業的要求。因此，在發布新聞前，一定要認真核對事實，不可輕忽，儘量避免使用可能引起誤會的措詞和含糊不清的內容。

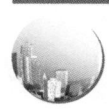

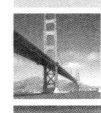
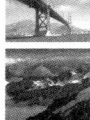

銷售促進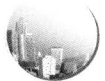

　　銷售促進是在一定期間內提供激勵活動以刺激消費者、企業組織銷售員或其他下游業者作預期之回應。因為這些激勵活動並不是經常性的活動,所以會使上述人員增加其利益,同時也可以增加產品的銷售。銷售促進的特色是它通常是短期的活動,為了要上述對象馬上採取行動,這些激勵活動是用以吸引最終消費者和其他下游業者購買並說服企業組織銷售員、其他下游業者及其銷售力量進而努力銷售產品。

　　觀光企業組織在銷售促進上之支出可能比廣告還要多,因為觀光企業組織過去幾年都是以差異性不大的旅遊產品相互競爭,所以銷售促進就變成消費者選擇購買與否之重要決定因素。有些觀光企業組織(尤其是現今之網路旅行社)為了要在非常競爭而且已面臨成熟期之市場達到行銷目標,已經將銷售促進變成一種持續的行銷技巧。

　　銷售促進究竟是行銷利器或是行銷之障礙應從長期觀點視之,長期來說,持續的銷售促進將使高品質產品之品質形象下降,故銷售促進應僅作為便宜之計。但近年來觀光企業組織卻將之營造為年度行銷手段,亦即讓部分消費者在特定非尖峰時段可以非常低廉價格(有時甚至低於成本)購買到旅遊產品,究其原因乃源自於觀光產品之不可貯存性。

　　以下我們將討論銷售促進之管理(見圖9-4),並分別說明如下:

1.界定銷售促進對象:首先須明確定銷售促進的對象,其可能是消費者、企業組織的銷售員、其他下游業者或其銷售力(Sales Force)。

2.定義銷售促進目標:銷售促進目標來自於觀光企業組織的促

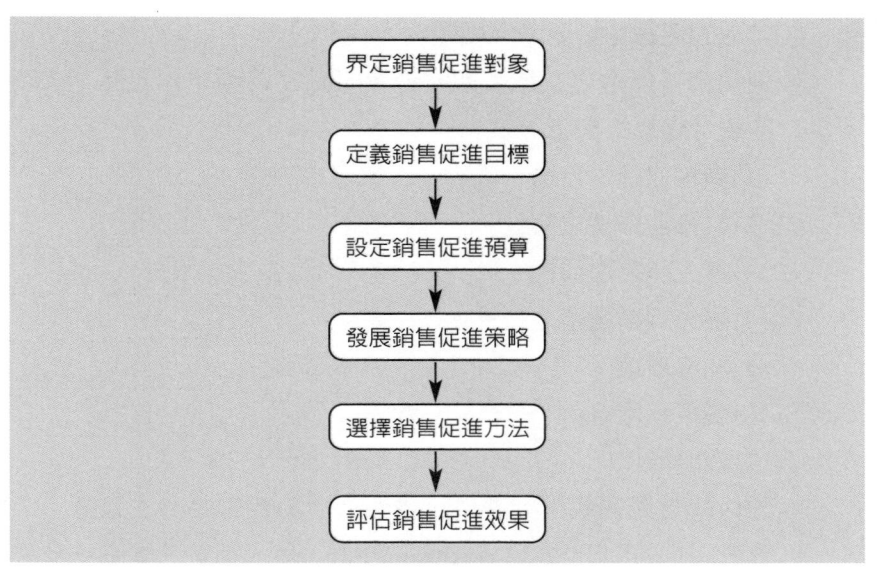

界定銷售促進對象

定義銷售促進目標

設定銷售促進預算

發展銷售促進策略

選擇銷售促進方法

評估銷售促進效果

圖9-4　銷售促進管理之任務

銷目標，目標之設定須符合前述目標設立原則之規範。

3.設定銷售促進預算：觀光企業組織在設定整體促銷預算時的重要任務之一，是決定銷售促進對廣告的分配比例，及各種促銷要素在整體促銷策略中所扮演之角色決定其所應分配之預算比例。

4.發展銷售促進策略：在發展銷售促進策略時需考慮以下因素，包含：促銷活動規模之大小，如觀光企業組織可能必須決定折價優惠面值之大小；促銷活動分配之方法，如折價券可附在網頁或雜誌內、可郵寄給（潛在）消費者等；決定參與銷售促進活動之資格，如觀光企業本身舉辦之抽獎活動絕不允許企業組織之員工或負責抽獎活動之人員參加，並有一定的管制程序以防止消費者的種種可能投機行為；銷售促進活動的期限亦須加以規定。例如，購買國內機票之銷售促進活動應比國際機票短。當然，所有的銷售促進活動都必須與

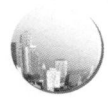

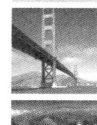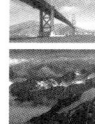

其他的促銷組合要素互相配合。

5.選擇銷售促進之方法：觀光企業組織在選擇銷售促進方法時必須考慮以下因素：

(1)銷售促進之目標。

(2)目標消費者之特性。

(3)觀光產品之特性。

(4)觀光行銷通路之特性。

(5)法律環境。

(6)競爭環境。

(7)經濟環境。

6.評估銷售促進效果：評估銷售促進活動效果之方法包括：消費者固定訪問群法（Consumer Panels）、消費者調查法及實驗法。透過消費者固定訪問群之訪談，可以瞭解其對銷售促進活動之滿意度及偏好。實地調查可針對大樣本抽樣以推論母群體之狀況。實驗法則可同時推出二種銷售促進活動（不同之介入方式）並比較其結果。例如，比較網路及報紙廣告之功效。

人員銷售

人員銷售是銷售人員採取主動方式以促使消費者購買其所販賣的產品的一種促銷方式，其與行銷最大的差異在於：行銷係在考慮消費者的需要下販售其適合之產品，銷售則只強調售而未考慮消費者之需求。如能考慮消費者之需求則人員行銷亦為一合適之行銷技巧。專業的銷售人員應該瞭解消費者之需求，在職業道德規範下有效地提供能滿足消費者需求之產品。藉由適當的售後服務，專業銷

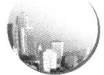

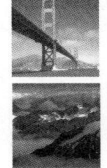

售人員也能與消費者建立長期關係，並可作為後續行銷之種子。

　　人員銷售是企業組織與消費者最直接的接觸，對絕大多數的消費者而言，銷售人員就是企業組織的代表。在這種情況下，個人銷售之品質就形成消費者對企業組織之印象。因為銷售人員與市場直接接觸，他們提供消費者有關企業組織之產品、競爭者及其產品和消費者需求等資訊給消費者。他們也是執行行銷策略不可或缺的角色。至於在觀光產業中，人員銷售以在旅行社及飯店較為普遍，餐飲業較少存在。

　　人員銷售的基本內容包含：

1. 尋找潛在消費者：所有的企業組織都必須為其產品尋找潛在消費者，故須先預設其目標市場，尋找潛在消費者之管道很多，例如：透過廣告可吸引新消費者，透過直銷也可以幫助尋找潛在消費者，銷售人員必須利用所有管道以確認並尋獲潛在消費者。也可透過雜誌廣告請潛在消費者打電話或寫信詢問更多資訊，而這些對廣告有所回應的人就是企業組織的潛在消費者。

2. 將潛在消費者變成實質消費者：光只是潛在消費者並無實際購買行動對企業組織而言尚不足以形成利潤來源，故銷售人員須利用其專業訓練以將潛在消費者變成實質消費者。例如，企業組織的銷售人員可說服觀光旅館經理訂購額外產品存貨（如當地土產），並且在大廳展示這些產品以配合產品的促銷活動。

3. 維持消費者滿意度：行銷工作實務與理論一再驗證：重複銷售給滿意的消費者比第一次銷售還重要。這些事實有助於說明為何企業組織較注重與消費者建立並維持長期關係並視他們為夥伴。因此，提供適當的售後服務使消費者滿意是人員銷售之另一目標。

205

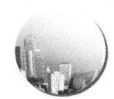

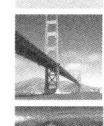
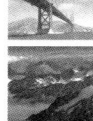
人員銷售過程

人員銷售過程之步驟主要包含：(1)尋找潛在消費者；(2)完成事先準備工作；(3)接近潛在消費者；(4)進行銷售簡報；(5)處理反對情況；(6)完成銷售；(7)追蹤。分別說明如下：

（一）尋找消費者（Prospecting）

銷售名單是可能購買銷售員產品的名字，其可能是個人，也可能是組織。尋找消費者是尋找、確認及過濾潛在消費者之過程。這過程始於取得銷售名單，如果這些人或組織對產品有高度的需求、或有購買力、或有購買權，則他們就變成合格潛在消費者（Qualified Prospects）。

（二）完成事先準備工作（Preparing the Pre-approach）

事先準備工作是在與潛在消費者接洽前便須完成，其可視為銷售員的前期作業，包含：蒐集有關潛在消費者之背景、產品需求、個人特性等資訊，以便在銷售開始進行時便能很快指出潛在消費者之需求。例如，觀光產品銷售員想知道潛在消費者在購買過程中所扮演之角色（影響者、決定者、使用者或購買者）和所偏好的接洽方式（電話交談、個人拜訪或信函溝通等）。

（三）接近潛在消費者（Approaching the Prospect）

接近潛在消費者的方法是銷售員為了接近潛在消費者、建立關係並引發其注意與興趣所使用之方法。接近潛在消費者的方法應謹慎且一開始就能吸引注意力及引發興趣。接近方法之選擇主要取決於對方是公司之既有消費者或新消費者。對既有消費者，有時只需一通電話約個時間就可以達成目的；對於新客戶就有許多的障礙必須加以突破。

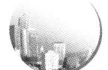

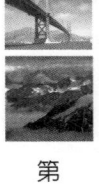

（四）進行銷售簡報（Sales Presentation）

在接近潛在消費者並取得其注意與興趣後，銷售人員便來到了人員銷售過程的核心：進行銷售簡報並建立潛在消費者對產品之需求。在這個步驟中有許多的輔助工具可供利用，例如迷你產品模型、幻燈片、圖片、DVD及手冊簡介等都有助於將產品資訊傳達給潛在消費者。銷售人員可使用下列各種不同的簡報方式：

1. 刺激反應銷售法（Stimulus-Response Selling）：這是一種固定的銷售方式，即銷售員以事先熟記的觀光景點名詞向消費者進行訴求，使其產生良好之回應。刺激反應銷售的簡報方式始於列出潛在消費者的所有可能購買動機，然後將產品特徵轉換成賣點。

2. 公式銷售法（Formula Selling）：係假定潛在消費者的購買過程有一定的軌跡可尋，一旦銷售人員能決定他們所處之購買階段時，便可以既定的方式引導他們完成後續階段，以達到使其購買之最終目的。這些階段包含注意、興趣、需求和行動。雖然公式銷售法不是完全固定的銷售法，它也類似刺激反應銷售法，其優點是公式銷售法可讓銷售員有系統地規劃和評估。

3. 滿足需求銷售法（Need Satisfaction Selling）：此為銷售人員首先發掘消費者之需求，然後再證實產品可以滿足其需求之銷售法。這種方法最常見於購物頻道之銷售技巧。

4. 解決問題銷售法（Problem Solution Selling）：也稱做顧問式銷售法（Consultative Selling）是由銷售員先找出消費者之需求，然後再以顧問方式協助潛在消費者滿足其需求。這與滿足需求銷售法極類似，其差別在於銷售人員所扮演之角色，即銷售人員先列出所有可能的解決方案，然後再建議最佳的解決辦法。本方法的好處是可贏得潛在消費者之信任並

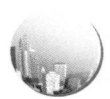

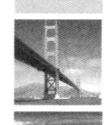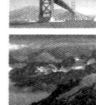

與之建立長久關係，這種方法在銷售技術性之產品與服務時常被使用。

（五）處理反對情況（Handling Objections）

潛在消費者在購買產品時通常也會有一些疑問或反對意見，銷售員通常會預期這些反對意見並加以討論，銷售員應該鼓勵消費者提出可能之疑問或反對意見，然後加以回答。處理之關鍵在於：銷售員必須仔細聆聽，然後以真誠、真心的態度回答，以協助潛在消費者並在適當時機婉轉回答，以促使消費者作成購買決策。

（六）完成銷售（Closing the Sale）

完成銷售是在銷售過程中銷售員取得訂單的工作。專業銷售人員瞭解潛在消費者準備要購買的種種信號，這些包括對銷售人員所強調的產品性能點頭示意、詢問有關條件及運送日期等問題及作正面的建議。人員銷售中有一項很重要的要素便是協商（Negotiation），協商的內容包括價格、額外服務、上架空間、存貨水準、運送條件、特殊包裝、走道末端之展示和上架費等。銷售人員通常在整個過程中的某個或某些時點會試著去完成銷售。例如，在展示完產品後，銷售員可能會詢問潛在消費者希望的運送日期，如果潛在消費者說出希望的日期，銷售員就知道已經成交了。如果潛在消費者提出反對，那麼完成銷售之時點就有可能必須後延，直到他所關心的問題解決。成功的銷售人員在完成銷售時不能使用欺騙手段或施予壓力，因為與消費者建立信任及長期關係才是行銷最重要的工作。

（七）追蹤（Following Up the Sale）

在完成銷售之後，專業銷售員還應加以追蹤以確保產品能準時而且完整地送達消費者；如果需要，還要確認是否需要售後服務。

檢視後來的產品性能也有助於確保消費者滿足並建立良好信譽，而且可促使消費者重複購買。追蹤是執行行銷概念的部分工作之一。

　　銷售追蹤也有助於減少購後失調之情況。尤有甚之，它有助於銷售員瞭解消費者將來的產品需求及建立與消費者間的長期關係。尤其是近年來亦頗為風行的關係行銷（Relationship Marketing）就特別強調維持銷售員與消費者間長期良好關係之重要性，以增加顧客忠誠度，維持穩定的購買量。

直效行銷 🌸❀

一、什麼是直效行銷

　　談到「直效行銷」（Direct Marketing），很多人可能有所誤解，認為直效行銷便是「直銷」或「多層次傳銷」，更有人以為指的就只是「郵購」。這些都是對直效行銷的本質有所誤解。事實上直效行銷包含的範圍很廣，上述所提的都只是直效行銷中的一項。直效行銷的觀念在二十世紀初即已萌芽，這個名詞最初始自於美國的直接信函及廣告協會，時間大約是一九七〇年代中期。而對於直效行銷，不同學者有不同的偏好用語，如 「資料庫行銷」（Database Marketing）、 「關係行銷」（Relationship Marketing）、「個人化行銷」（Personalized Marketing）、「目標行銷」（Target Marketing）等，但都不如「直效行銷」這個名詞被廣泛接受。

　　美國直效行銷協會對直效行銷定義如下：「直效行銷是一種互動的行銷系統，使用一種或一種以上的廣告媒體，在任何地點所產生的一種可衡量的反應或交易。」直接信函行銷協會則指出：「直

209

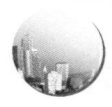

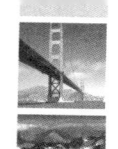

效行銷是以提供情報爲目的，或是透過郵件、電話或其他方式，以從消費者處得到直接反應爲目的，將商品或服務經由以上的媒體介紹到市場的活動。」在此將直效行銷的內涵整理並加以定義如下：不倚賴傳統中間商作爲媒介角色。透過各媒體和客戶做直接溝通，這些媒體包括了大眾媒體、資料庫媒體及人員直銷。它強調與客戶建立互動關係，要求客戶對廣告訊息做出立即回應並強調與客戶建立長遠關係。

直效行銷活動希望能引發目標消費者之行動或反應。這些行動包括電話訂購、詢問更多資訊和安排產品展示。這種行動是可以加以衡量的反應，譬如在電話行銷中，電話操作員打給消費者的每通電話都可追蹤，並確認每位消費者是否有所反應。觀光行銷工作者不但可以辨認引起消費者採取行動之溝通方式，而且也可得知行動之購買結果或消費者對額外資訊之要求。

利用直效行銷時，觀光行銷工作者與消費者間之溝通可以在任何地方。這種互動不一定要發生在店內或採購代理商的辦公室。只要具備溝通媒體（如網路、電話、信箱），它可發生在任何時間、任何地點。當輔以行銷資料庫（Marketing Database）時，直效行銷可以強化與消費者間之長期關係。企業組織可以利用直效行銷所蒐集到相關個別（或潛在）消費者之資訊，以正確地衡量結果，使觀光行銷工作者以更頻繁、更快速的手法去測試及調整行銷策略。

二、直效行銷之特性

直效行銷之特性可以以下數點說明：

1. 個人化的銷售方式：直效行銷以精確的名單與資料庫分析消費者，可以更瞭解消費者的消費行爲，進而針對其個人需求提出特殊的產品訴求。
2. 效果具體且可衡量：直效行銷要求客戶對廣告訊息做出立即

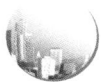

回應的行動，因此，它的廣告效果是可以立即衡量。

3.可以測試：由於可產生明確的結果，因此任何一項企劃案都可藉由一些樣本，以極少的成本來對產品、價格、優惠內容、廣告設計等進行測試，以降低行銷的風險。

4.具備彈性：直效行銷在媒體選擇上非常具有彈性，可以根據廣告者的需要加以彈性處理。

另外，適合採用直效行銷的商品具有以下特性：

1.產品具有廣泛的訴求。

2.獨特的產品特性。

3.沒有其它管道可以買到同樣的產品或產品缺乏零售通路。

4.適當的價格和足夠的利潤。

三、直效行銷使用之媒體

直效行銷所使用之媒體稱之為直接反應媒體，其包括電話與（網路）郵件。以下將直效行銷媒體說明如下：

（一）電話

廣泛來說，經由電話和客戶互動溝通的所有行為皆是屬於電話行銷工作，因藉由電話接觸而帶給客戶的觀感印象都會影響日後的銷售。電話行銷為將電信及資訊處理技術與管理系統作整合及有系統地應用，以使銷售溝通達最佳化，除可保留顧客個人化的溝通外，更能瞭解顧客需求，提高成本效益。而廣義的電話行銷還可包括各大公司行號的電腦總機系統、醫院的預約掛號系統、大學聯考的語音查榜系統、銀行的電話轉帳系統等。

一般電話行銷可分成兩種類型：

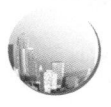

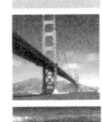
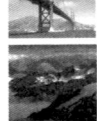
1. 收聽（Inbound）服務：透過電話專線接受顧客的訂貨、諮
   詢或抱怨處理。以美、日做法，電話專線費用是由公司負
   擔，透過此種專線可產生銷售商品的效果。
2. 撥線（Outbound）服務：以不強迫的推銷方式，禮貌的電話
   促銷商品或服務。

電話行銷的一項重大演變是使用付費電話（0800開頭）人數之
增加。早期使用付費電話的有推銷性、娛樂和運動用品等公司。現
在很多飯店和旅行社等都已開始使用這種付費電話。

（二）直接郵寄、（電子）郵購和目錄行銷

直接郵寄、（電子）郵購和型錄行銷雖為早期的直銷方式，不
過在今日的直銷業務中仍扮演重要的角色。直接郵寄是使用（電子）
郵件傳達訊息給目標市場的一種廣告方式。（電子）郵寄之文件可
能只是一張宣布減價的（電子）信件，也可能是複雜的產品介紹。
當其他配銷通路不存在或目標市場分散甚廣時，直接郵寄就特別有
用。支持者認為直接郵寄在建立和尋求社會大眾對公共問題之支持
時最有效。

（電子）郵購（Mail Order）是利用（電子）郵遞直接將產品
由行銷工作者處送到消費者手中的一種行銷方式。消費者可以利用
信件、電話、網路或傳真機下訂單。

型錄行銷（Catalog Marketing）也是一種行銷方式，其係行
銷工作者將其產品（包括訂購說明書）印刷在各種刊物上，消費者
可以透過電話、郵寄或在型錄訂購。近年來則有部分的業者採電視
購物方式銷售產品。

（三）宣傳傳單廣告

雜誌和報紙的宣傳傳單廣告也是直效行銷常用之媒體，這些內
容可能以回函卡片、附上郵購地址或附上訂購電話專線之方式出

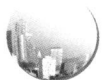

現。

　　直效行銷的特性為低成本、個人性、具彈性，適合使用於性質簡單的產品，此和餐飲業的產品特性符合。經濟壓力也會影響直效行銷，人員銷售成本高、信用卡的普遍使用及專業媒體之興盛對直效行銷之發展都有正面幫助，雖然目前直效行銷於國內餐飲業的運用效益尚不顯著，但依直效行銷所能提供的優勢，相信在發展成熟後將會有其相當的揮灑空間。

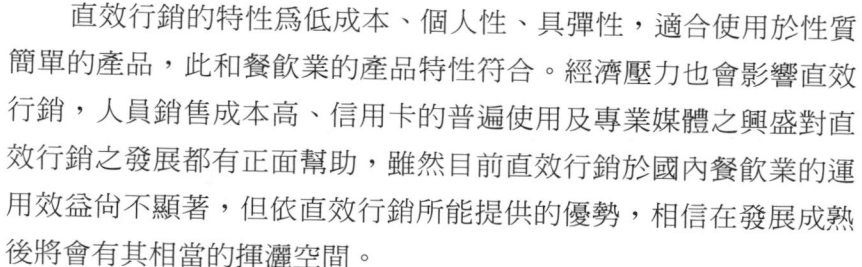

小小促銷工作

永遠給業者和消費者一個新鮮的新加坡

　　早在1984年，當時政府開放國人出國觀光不過五年，在出國旅行對大多數民眾而言仍是相當奢侈的消費時，「新加坡旅遊促進局」即看好台灣的市場，毅然在台北設立正式的辦事處，成為第一家在我國的外國旅遊局駐華單位。多年的努力經營，這家老字號旅遊局不斷推出新創意，備受各方好評。

　　以市場促銷為例，新加坡旅遊促進局就對各階層的消費者提出了不同的強力訴求。例如對於年輕女性上班族，該局推出了「粉領貴族」的行程，吸引她們利用連續假期或休假，到新加坡享受購物及休閒的樂趣；而「無限驚喜自由行」則採用目前相當流行的半自助旅行方式促銷，以「機票＋酒店」的特惠價錢，配合該局公布的18種自選行程，讓消費者可以自由地依照興趣和預算排定自己的行程，玩得充實又寫意；而每年暑假流行的親子遊，更是新加坡旅遊最暢旺的季節。上述這些精心促銷的活動，都在日後有了豐碩的成果，以1992年的市場為例，我國赴新加坡的旅客總數高達386,000多人次，比1991年成長了34.5％，新加坡旅遊局歷年來的創新突破無疑是最大的功臣。

　　正因為新加坡旅遊促進局一直樂於和旅遊業界密切合作，共同推動高品質的新加坡旅遊，再配合廣告媒體及公關的大力運作，每次該局與業者共同推出的行程，往往都能在市場上獲得消費大眾的肯定。這也確定了新加坡旅遊促進局進行促銷工作之方向：

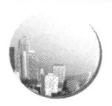

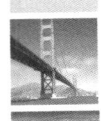

小小促銷工作

■ 觀光加度假　未來新走向

　　對於今後推動的方向，新加坡旅遊局提出：「未來新加坡旅遊，將以"City + Resort"的模式大力推展，亦即把新加坡和其它的海濱渡假勝地串連起來，例如新加坡＋峇淡、新加坡＋蘭卡威、新加坡＋檳城，甚至新加坡＋馬兩地夫等。」

　　在現今的旅遊趨勢中，到海濱渡假勝地（Resort）度假已是一股不可擋的潮流。在歐美國家，民眾在放假時到Resort放鬆緊張工作的心情，已經是相當普遍的風氣。但是在台灣，雖然到Resort旅遊的人越來越多，卻往往仍無法習慣這種「什麼事都不必做，完全放鬆自己」的純粹度假方式。台灣民眾仍然希望在假期中能有一些市區的活動，例如購物、觀光等。因此新加坡這個城市（City），若能和一些著名的海濱渡假勝地（Resort）串連起來，勢必大有可為。

　　針對這一趨勢，新加坡旅遊局目前正大力推銷該國的聖淘沙行程，由於聖淘沙島新近完成的Rosa Sentosa度假飯店，提供完整齊全的休閒設施，正可彌補新加坡以往所欠缺的海濱渡假型態。除此之外，由於新加坡對我國實施14天免簽證的優惠，加上新加坡適中的地理位置，使得從新加坡轉赴東南亞任何遊點皆相當方便，正是發展這種新興旅遊方式的最大本錢。

　　而新加坡旅遊局除了這項新的嘗試外，也不會鬆懈現有的目標市場。該局鎖定五大目標市場作為努力的方向，分別是：

1. 家庭旅遊（親子遊）市場。
2. 粉領貴族（年輕女性上班族）旅遊市場。
3. 套裝自由行（半自助旅行）市場。
4. 獎勵旅遊市場。
5. 中南部旅遊市場。

■ 最多樣風情　最多種享受

　　在目前競爭相當激烈的旅遊市場中，常有許多人把香港和新加坡這兩地相提並論。新加坡旅遊促進局強調：拿新加坡和香港相比，是一般人長久以來的觀

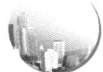

小小促銷工作

念。許多人以為新加坡和香港都是華人為主的都市，都是免稅商港，地方大小又差不多，所以好像都是一樣。這種觀念實在大錯特錯，而且一定是沒有都去過這兩個地方的人才會有的錯誤印象。

新加坡旅遊促進局提出：新加坡和香港是截然不同的兩個都市，香港是中國人的都市，但新加坡則是一個全然獨立的東南亞國家。在新加坡可以看到真正的東南亞風情，多元的種族、多元的宗教、多元的文化慶典。新加坡先進的都市計畫，強調空地比、綠地比的住宅空間規劃，也是地窄人稠的香港所無法比擬。而對台灣旅客而言，新加坡許多人都會說國語、閩南語，這一點會令消費者更感親切。不會像其它許多海外地方的華人，都只會講廣東話，以至於還要用英語溝通。再加上新加坡對台灣實施免簽證的優惠，只要有兩天到三天的連續假期，可以說走就走，這是香港以及其它許多地區比不上的優點。

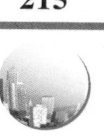

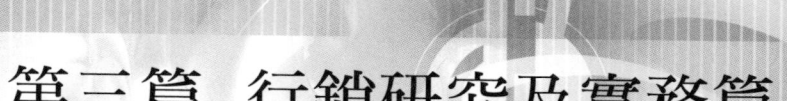

第三篇 行銷研究及實務篇

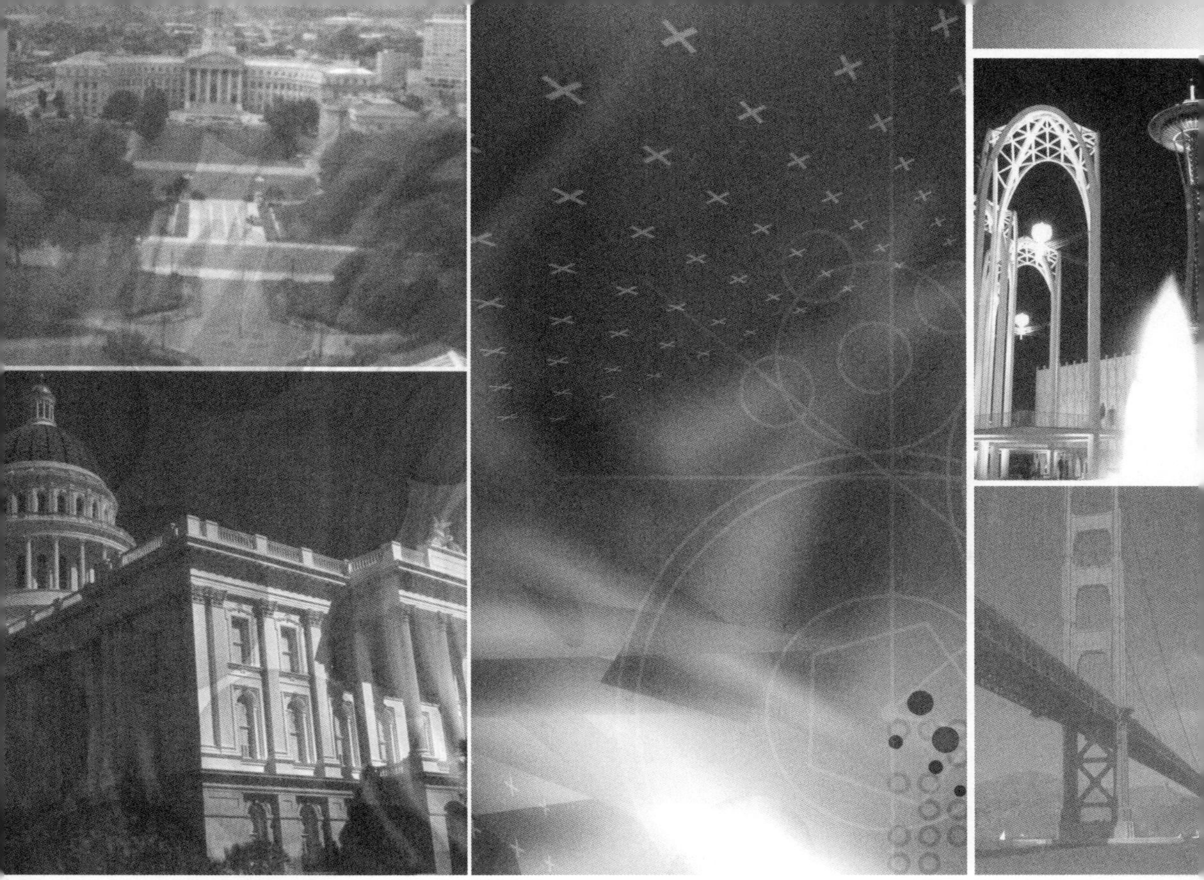

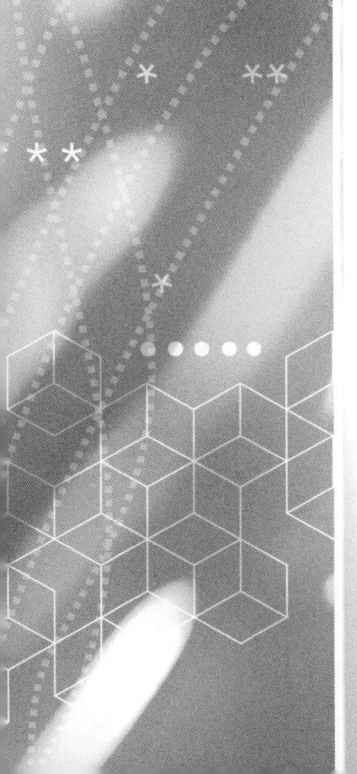

第十章

觀光行銷計畫
與研究

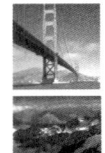

觀光行銷計畫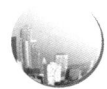

　　一個企業組織爲了在千變萬化的競爭市場中實行有效率、有秩序的企業行爲及控制費用支出，發展茁壯不致被競爭者擊敗，必須要有行銷計畫。尤其是企業組織規模愈大，其所須處理及應對的產品及市場種類也就愈多，因此也就愈需要嚴密的行銷計畫。在觀光產業中所特別具有的季節變動性及需求的波動性等特性，更是促使觀光行銷計畫存在之必要條件。

　　本質上，行銷計畫應包含一個對標的（Goal）以及目標（Objective）之具體陳述，以及一連串爲達成上述標的及目標的行動方案（Action Program）。標的及目標的陳述通常與市場研究及分析之結果相關。至於行動方案則須配合預算及活動監控等內容以及該如何去衡量目標達成率。

　　本節茲按計畫之時程及實務討論不同的行銷計畫。

一、依時程區分之行銷計畫

　　從行銷計畫之時程長短而言，可分爲所謂「策略性行銷計畫」及「戰術性行銷計畫」二大類，分別介紹如下：

（一）策略性行銷計畫

　　策略性行銷計畫（Strategic Marketing Planning）主要是用以回答有關企業組織發展方向的三個問題，即：(1)我們現在身在何處？(2)五年之後，我們想要處於什麼位置？(3)如何達到此理想位置？上述這三個問題亦即觀光行銷學上所謂的定位。其所相對應之角色如下：

　　1.標的及目標：相當於是選擇目的地（Destination）。

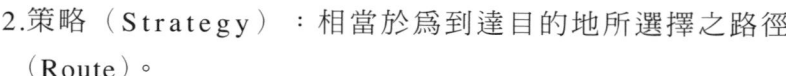
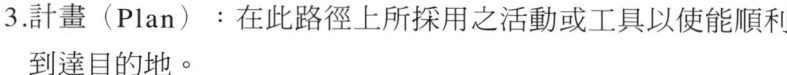

2.策略（Strategy）：相當於為到達目的地所選擇之路徑（Route）。

3.計畫（Plan）：在此路徑上所採用之活動或工具以使能順利到達目的地。

具體言之，策略性之決策大都著重於長期性之考慮因素，其時間大都長於三年，其所包含之步驟有：

1.設定企業組織的標的及目標。

2.決定企業組織所欲傳達給消費者之形象，並完成定位之工作。

3.研擬相關策略與初步行動方案。

4.決定為達成上述行動所需之資源及預算。

5.有系統的評估目標達成率。

（二）戰術性行銷計畫

此類計畫通常是短期性之考慮，著重在設計、規劃特殊行銷活動以回應市場上短期之波動行為。其時間可長達數月不可能短至數週。一般而言，其具體步驟包含：

1.設定可以以數字衡量並有時程限制的具體目標。

2.研擬所需之行銷組合活動及相關預算。

3.設計具體之行銷活動如折扣、贈品、產品發表會等。

4.監測並控制活動之進行。

二、實務之行銷計畫

一般在實務上，行銷計畫系統發展計有五個階段，其分別是：
無計畫階段→預算制度階段→年度計畫階段→長期計畫階段→策略

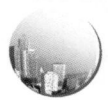

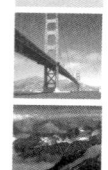
計畫階段,分別說明行銷計畫的發展過程如下:

1. 無計畫階段（Unplanned Stage）:當企業初創之時,管理單位每天忙於張羅資金、顧客、設備、原料等工作,根本無暇從事於計畫,也無計畫的幕僚人員。管理者著重在一天接著一天的日常工作,以求生存。

2. 預算制度的階段（Budgeting System Stage）:管理者發現需要建立一套預算制度,有條不紊地促使企業組織在成長中的財務需要得以滿足。惟這些預算重點只在財務方面,並不需要像企業計畫具有太複雜的思考。

3. 年度計畫階段（Annual-Planning Stage）:管理者接著擬訂年度計畫的利益。一般所採之形式有三:
    (1) 由上而下的計畫（Top-Down Planning）:通用於軍事組織。
    (2) 由下而上的計畫（Bottom-Up Planning）:可使企業組織內的各單位變得更富創造力及更可託付。
    (3) 目標下達－計畫上呈的計畫（Goals-Down-Plans-Up Planning）:即前述二者之綜合。

4. 長期計畫階段（Long-Range-Planning Stage）:長期計畫應先擬訂完成,而年度計畫只是達到長期計畫中第一年的細節計畫。

5. 策略計畫階段（Strategic-Planning Stage）:在此階段中,企業組織對其規劃系統已經歷多次之改進,期能盡力改善整體之效能。策略計畫即在幫助企業組織於面對不斷變化的環境時,調整企業組織的力量以得到最佳的機會。

除了如上所述可依計畫在時間面之長短來加以區分外,行銷計畫的特質尚可依其在企業組織之主管單位不同而加以區隔。在典型的公司中至少有八種需要投入的計畫,分別如下:

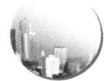

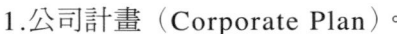
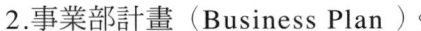

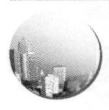

1.公司計畫（Corporate Plan）。

2.事業部計畫（Business Plan ）。

3.產品線計畫（Product-Line Plan）。

4.產品計畫（Product Plan）。

5.品牌計畫（Brand Plan）。

6.市場計畫（Market Plan）。

7.產品與市場計畫（Product-Market Plan）。

8.功能性計畫（Function Plan）。

觀光行銷計畫的具體內容除包含觀光企業組織的歷史資料之回顧及未來發展之展望外，尚應有定位、目標、策略、方案、財務計畫及評估方法之陳述，主要內容有以下九項，茲說明如下：

1.執行摘要：代表計畫的鳥瞰，方便管理人員閱讀，執行摘要之後宜再附列一份全文目錄，俾便參考。

2.近年經營回饋：提出包含：市場情況、產品情況、競爭者情況、配銷通路情況，及總體環境EPST情況等資料。

3.未來情境展望：即機會及危機分析、優勢與弱勢分析（二者合爲SWOT分析）、計畫所必須處理的問題。

4.確認目標市場與產品定位。

5.設定銷售目標：此計畫所定義的目標需要達到銷售量、市場占有率及利潤目標的範圍。

6.研擬行銷策略：此代表用以達成計畫目標之廣泛行銷途徑。

7.研擬執行方案：計畫將要設計什麼 "What"，誰來從事計畫 "Who"，何時從事計畫 "When"，它的成本是多少 "How Much"、如何做 "How"。

8.預估損益表：彙總總計畫中預期獲取的報酬。

9.評估與控制：此說明如何偵察計畫被執行的情形。即所謂一個計畫之執行應時時加以考核。

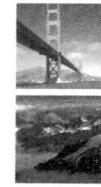

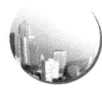

一個觀光企業組織朝著行動及控制費用支出，不致被競爭者擊敗，方能發展茁壯，故事前的計畫是很重要的決定因素。但是並非所有觀光企業組織都有正式的計畫，並且也非所有觀光企業組織都能好好利用此計畫。但是正式的計畫能夠提供一些利益，包括更有系統的思考，更好的觀光企業組織內部之努力合作，更正確的目標以及能提供改進的績效測量，都是針對改進銷售量及觀光企業組織利潤而言，絕不可不加重視。

觀光行銷研究

一般企業若非受過專業訓練，其對於市場的認識，大多是靠直覺、猜測，或根據經營者自己實際經驗加以揣測、推論而作成決策，很少有依真憑實據而成為客觀衡量標準；事實上，有效用的行銷人員須知道行銷研究的功能，並加以利用，待有足夠之經驗後，且知道行銷研究的限度，再加入其直覺、經驗與判斷。

行銷研究的工作，因時間、經費限制、資料的缺乏等原因，常未能徹底執行。但由於直覺（Intuition）和判斷（Judgement）常根植於過去的經驗，而未來的情況和環境通常和過去不同，加上若憑直覺和經驗常很難顧慮周詳，因此，行銷研究實為擬訂行銷計畫的一個必要條件。

行銷研究的範圍包含所有有關消費者、競爭者、企業組織本身及行銷環境等的資訊，舉凡目標消費者的特性、數量、需要，其對企業組織的認知、對競爭者的認知等，及競爭品牌所處的地位、市場占有率、訂價政策、產品線、產品類別、促銷策略、行銷通路，及影響企業組織發展的個體環境，例如，企業組織內部的各個部門、供應商、中間商、配銷商、金融中介機構、媒體大眾、政府大眾、公民行動大眾等和整體環境，例如，人口統計特性、經濟環

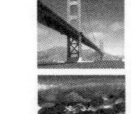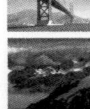

境、自然環境、科技環境、政治、法律環境、社會、文化環境等之變動情形，均須有計畫地探討之。有了正確的市場資訊，方能有助於行銷計畫的擬訂與執行；清楚地瞭解潛在的消費者，須提供何種服務與活動，及如何與其溝通，以增強公司成功的機會。

在選擇目標市場時，企業組織便須具備發掘並評估市場機會的能力，而欲分析及評估目前和未來的市場需要，則有賴於獲得有關消費者、競爭者、經銷商，及其他市場有關人士之足夠且正確有用的資訊；行銷研究便是有系統地設計、蒐集、分析，並報告各項與企業組織所面臨之特定行銷狀況有關資料和發現的工作，使得決策者在進行行銷分析、規劃、執行和控制時，能有充分的資訊，以供運用。

一、行銷研究之定義與種類

非正式的行銷研究在企業組織開始推銷其產品時即已進行，但是正式的行銷研究卻只在過去六、七十年才逐漸發展成熟。其間之差別在於：正式的研究方式是「有系統的」（Systematic）。正式的行銷研究是按照既定的步驟以提供可靠之資訊作爲決策之參考。美國行銷協會定義行銷研究（Marketing Research）如下：

> 行銷研究是透過資訊（利用資訊以辨認並界定行銷機會與問題；創造、修正和評估行銷活動；監控行銷績效；增進瞭解行銷過程）以連結行銷工作者和消費者、顧客及社會大眾之活動與功能。
> 行銷研究確認討論上述活動所需之資訊，設計蒐集資訊之方法，管理與執行資料蒐集過程，分析組織並且溝通研究發現及其涵義。

Schoell（1993）定義如下：

225

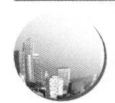

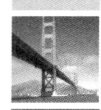

行銷研究是辨認和定義行銷問題、蒐集有關資訊、分析其結果並提供報告給決策者之過程。行銷研究有助於組織辨認及解決問題。它也有助於組織辨認及評估市場機會和發展必要的行銷組合。

觀光行銷學者Middleton（1994）則定義行銷研究爲：

一個有組織的資訊處理過程，用以蒐集、處理、分析、儲存及散布此項資訊予相關部門及人員。

二、觀光行銷研究活動之種類

在大多數組織中，行銷資訊系統活動與研究活動都集中在行銷研究部門。雖然組織之大小及研究需要會影響行銷研究部門組織之方式，研究部門主管通常向行銷經理報告，行銷經理則協調研究與技術性的研究發展。良好溝通及協調是得以明確地敘述研究目標、有效地執行計畫，和將研究結果應用在決策上之必要條件。表10-1提供觀光行銷研究活動之實例。

表10-1　觀光行銷研究活動之實例

預測銷售	設計產品及包裝
估計市場占有率	選擇倉庫及商店
確認市場趨勢	處理訂單
評估組織形象	管理存貨
評估品牌印象	分析受衆特性
發展目標市場素描	安排廣告

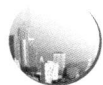

　　觀光行銷研究者必須採用科學方法——理性、客觀的方法，注重完整與精確原則及如實詮釋研究發現，才能得出正確的研究結果。

　　具體言之，觀光行銷研究尚可包括下列各種研究：

1.產品發展研究。
2.市場研究：包括市場確認與選擇、市場分割與趨勢、需要分析等之研究及消費者態度研究。
3.定價研究。
4.配銷通路研究。
5.促銷研究。
6.行銷組織研究。
7.競爭研究。
8.觀光客動機研究。
9.形象研究（Image Research）。

三、觀光行銷研究之步驟

　　觀光企業組織的行銷經理必須與行銷研究負責人溝通所需要的資訊。行銷經理不必是研究技巧的專家，但是必須能說出所需要的資訊及評估研究結果。反之，研究者必須是研究技巧之專家並能瞭解與滿足行銷經理的資訊需求。

　　圖10-1顯示觀光行銷研究過程的五個步驟。它也包括研究者與行銷經理在每個步驟參與之程度。管理者的主要角色是描述並解決所研究的問題。研究者的主要角色是設計和執行研究計畫以協助管理者解決問題。

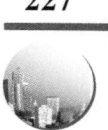

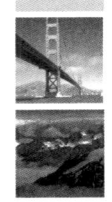
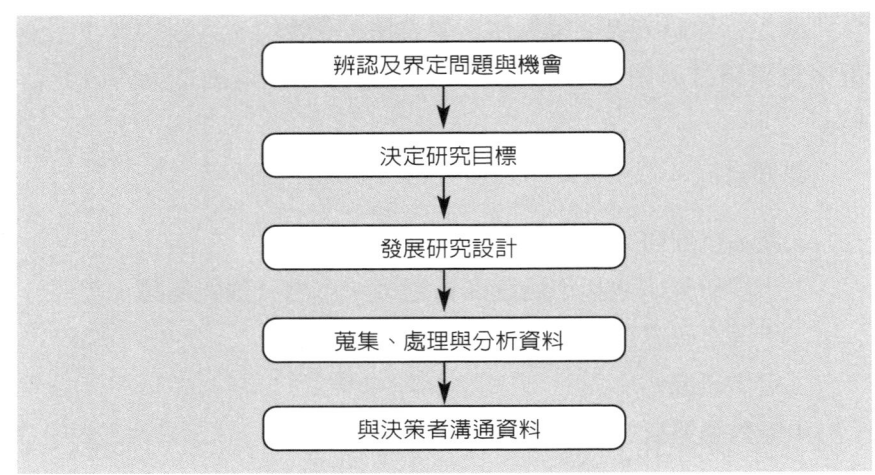

圖10-1　觀光行銷研究之步驟

四、觀光行銷研究常用之方法

在觀光產業行銷研究中常用之技巧共有以下五項：

（一）連續性調查與隨意性調查

所謂「連續性（Continuous）調查」係指連續一段時間持續進行資料之蒐集工作。蒐集的資料可為銷售量、市場占有率、消費者滿意度及飯店旅館之住房率等。「隨意性（Ad Hoc）調查」係指不定時點之調查，基本上這二種調查應為互補，亦即先實施連續為隨意性調查之加權。

（二）定量分析與定性分析

所謂「定量（Quantitative）分析」係指其用以研究之資料大部分均可以數字表達；而定性（Qualitative）研究則指其資料不能以數字表達者。定量研究如問卷調查等係在多數人中獲取少量之資訊，而定性研究，如深度訪談等係從少數人身上獲得大量而細部之

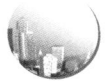

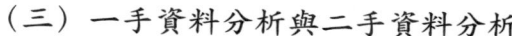

資訊。

（三）一手資料分析與二手資料分析

「一手（First hand）資料分析」係從資料之蒐集開始之完整步驟；「二手（Second hand）資料分析」則為引用別人處理過之資料之分析。一手資料之獲得主要係從問卷調查始，故對資料之處理有絕對之自主權；反之，二手資料因為係延用已經處理之資料，故資料之適用性有時會受到限制。

（四）代表性調查與整合性調查

所謂「代表性（Omnibus）調查」為市場上調查公司常採用的一種方法，其基本原理係培養一群如公車內之一般群眾，使其具某種代表性，以專供回答問卷之用。具體之代表性如男女性別比、年齡結構比等。而「整合性（Syndicated）調查」係由數家公司聯合進行問卷調查，以達到節省成本、資源共享及各取所需之積極目的。

（五）零售店稽察與消費者稽察

所謂零售店稽察（Retail Audit）係在零售店內進行定期性存貨量、銷售價格之調查，以瞭解其出貨情形。而消費者稽察（Consumer Audit）係調查消費者完整之購買清單，以作為瞭解消費者行為及市場區隔之基礎。

五、觀光行銷研究資料的建立

對於觀光規劃者、開發者和管理者而言，豐富且正確的資料與資訊是作出妥適的、穩健的、合理的決策之關鍵。無論一個觀光地區的觀光發展狀況如何，以下幾個問題都是必須隨時不斷尋求答案

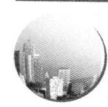

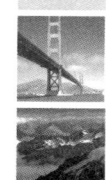
的：

1. 此觀光地區有哪些吸引觀光客前來的特色？
2. 前來觀光的觀光客其人口統計上的特徵為何？
3. 此觀光地區在發展觀光的過程中，目前或未來在所得上、就業上、稅收上、社會上、實質環境上、文化上等方面，會造成哪些正、負面的影響？
4. 哪些促銷策略是吸引新觀光客前來之最有效的方案？
5. 前來觀光的觀光客是否對其在此從事活動所獲得之體驗感到滿意？
6. 此觀光地區現有之基本公共設施及上層設施有哪些？未來需增加的又有哪些？
7. 此觀光地區之居民對於觀光發展之態度如何？意見有哪些？參與之活動和情況如何？

為了能對上述的問題有系統地獲得答案，相關資料與資訊的蒐集，便是我們應努力的方向。一般而言，我們可以將這些資料與資訊的蒐集來源分為三類：第一類是持續性的資料與資訊來源；第二類是正規性的和非正規性的資料與資訊來源；第三類是週期性的資料與資訊來源。

（一）持續性的來源

此類資料與資訊的來源主要是在對於一般性的觀光活動作有系統地、不斷地蒐集，希望能對觀光活動規劃方案在執行後，所產生的變化加以察出；例如，前來台灣觀光之觀光客的人數或類型有所變化、觀光客對觀光地區所提供的服務之反應有所變化等，我們便可根據這些資料與資訊的顯示，作進一步的分析及評估，俾利解決問題。

此類資料與資訊的來源大致可以下列四種方式獲得：

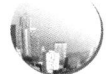

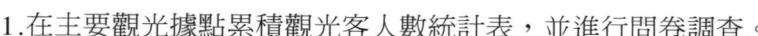
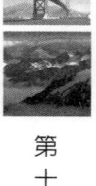

1.在主要觀光據點累積觀光客人數統計表，並進行問卷調查。

2.利用入境海關作人數統計或調查。

3.利用旅館住房率的統計報告資料。

4.利用課稅資料。

（二）正規性和非正規性的來源

此類資料與資訊的來源主要是相關機構、單位組織或其它部門、其它地區所作之調查統計資料，例如，各縣（市）政府所作的調查報告；觀光局、觀光協會、產業公會等所作之研究或調查報告；各部會所作之研究或調查報告；各基金會所作之研究或調查報告；各學術單位所作之研究或調查報告等等。這些資料均極具價值，惟取得之管道和如何加以利用，則是需要努力之處。

（三）週期性的來源

有些資料與資訊的建立可能由於費用過高或困難度較高，無法持續性地進行，以及因為短期內的變化不明顯，不需持續性地蒐集，而變成週期性的資料與資訊來源。這些包括：

1.遊客調查（Visitor Surveys）。

2.現有觀光地區特色的調查。

3.交通流量調查（Traffic Counts）。

4.觀光客花費日誌（Expenditure Diaries）。

5.觀光旅遊趨勢調查。

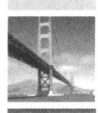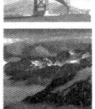

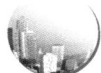

小小資訊

觀光客特性的調查，主要調查的項目包括：

1.觀光客人數。

2.居住地。

3.人口統計或社經資料，包括：年齡、性別、所得、教育程度、職業等。

4.心理統計資料，包括：生活型態、態度、價值觀等。

5.動機或目的。

6.花費情形。

7.交通運輸工具的使用。

8.季節性。

9.停留期間。

10.住宿選擇。

11.對觀光地區之印象。

觀光活動方案的評估，主要調查的項目包括：

1.廣告效果評估。

2.觀光客參與情形。

3.觀光客喜好程度。

住宿設施的調查，主要調查的項目包括：

1.住宿設施名稱及地址。

2.住宿設施的類別，如：國際觀光旅館、青年招待所、露營地等。

3.房間數，如：單人房、雙人房、套房等。

4.收費標準。

5.收受之信用卡種類。

6.是否接受預訂。

7.有無殘障設施與服務。

8.適用之外國語言。

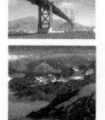

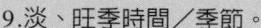

9.淡、旺季時間／季節。

10.住房率，包括淡季、旺季、平均住房率。

11.住宿夜數。

12.住客來源。

13.附屬設施之提供，如：游泳池、遊戲場、網球場、三溫暖、餐廳、咖啡廳、會議設施等。

14.員工數。

15.其它相關服務，如：旅遊諮詢、商業服務等。

市場分析調查，主要調查的項目包括：

1.周圍社區狀況，如：人口趨勢與成長的預測、人口統計資料之描述、當地社團、產業公會等各類團體組織的調查。

2.當地產業發展狀況，如：經濟發展趨勢；就業趨勢；新設立、即將設立或已結束之機關行號；主要公司行號的名稱、地址、員工數、經營體系、主管姓名、擴展計畫及觀光需求等。

3.交通狀況的評估，如：和機場、車站、高速公路等的距離；交通流量及航空公司；旅遊機構的名稱、土地和主管姓名。

4.遊憩活動狀況的調查，如：遊樂設施、運動設施、遊憩設施等的座落、使用狀況及擴展計畫等。

5.其它相關之地區性活動的調查，如：節慶活動、表演活動等的舉辦時間、參與狀況等。

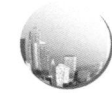

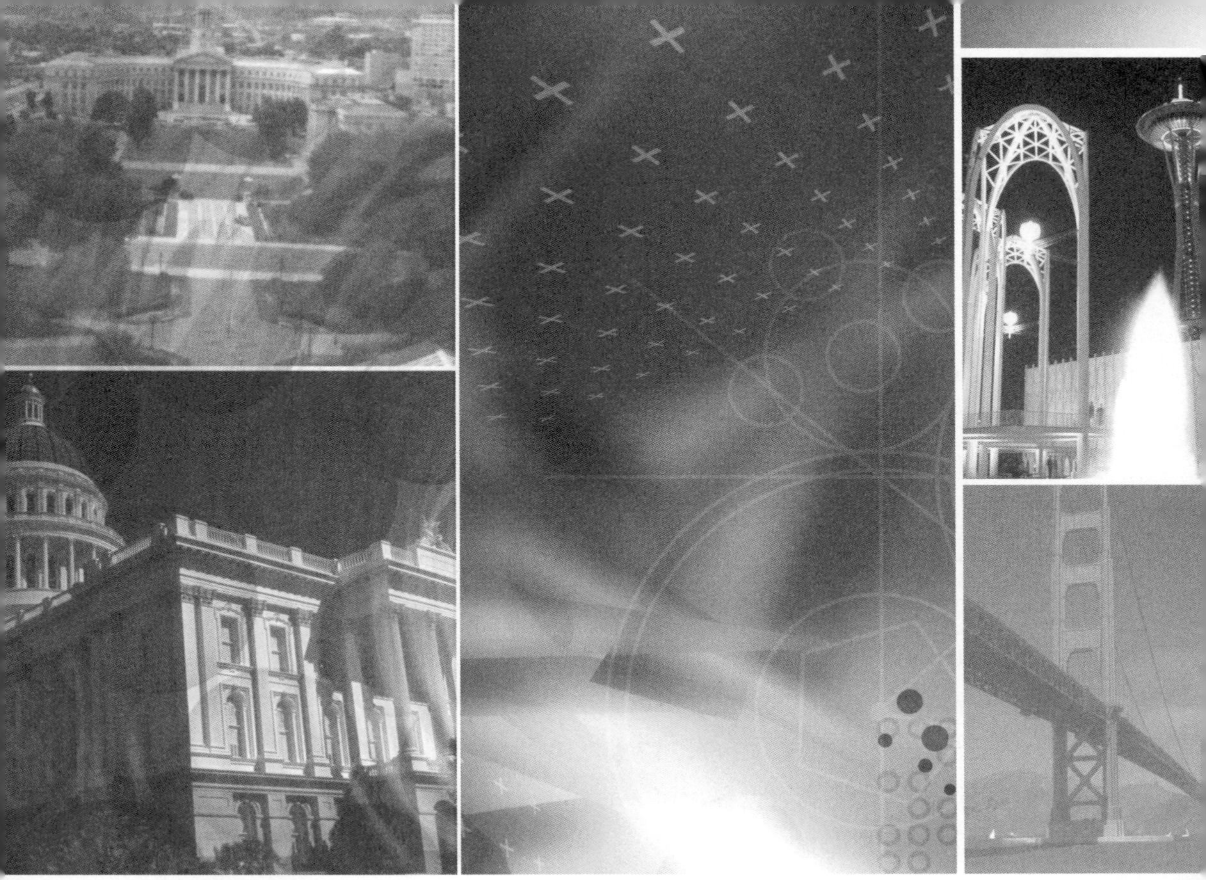

第十一章

台灣Inbound及
Outbound
觀光市場分析範例

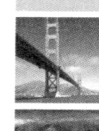

背景概述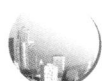

　　我國政府自遷移來台，直到一九八○年代才積極發展推動觀光事業，尤其是1979年開放國人出國觀光後，我國才正式成為觀光出口國。隨著經濟快速成長，國民所得提高，出國人數歷年來均呈現相當高的成長。

　　台灣地區自1956年起有來台觀光旅客人次統計，當年數字是14,974人次，此後，每年均大幅成長。1979年開放國人出國觀光旅遊，當年出國的旅客為484,910人次，至1989年突破200萬人次，1989-1993年則呈短暫的衰退，到1994年又開始成長，至2000年來台觀光旅客人次已達250萬人次，較1999年241萬人次成長約4%，至2002年已達7,507,247人次。如果以出國旅遊人次與人口數相比，其比率高居世界之冠。

　　就來華觀光客而言，一直以日本為主要客源國，除地緣因素外，商務和歷史背景淵源亦有相當大的關係；美國旅客居次，而華僑旅客自1983年以來，因為大陸在當時逐步開放觀光市場，因此除了1986、1993、1994三年呈現正成長外，其餘均為負成長。

　　國內因為經濟景氣問題，這幾年專家預估出國旅遊人次將不至於大量增加，部分旅客會逐漸留在台灣本地消費，對國內旅遊設施與資源的需求將逐漸增大；所以現今國民旅遊在經濟帶動下，以及週休二日的實施，每年均有快速的成長。國民旅遊人次統計較不易掌握，其精確度亦較差，傳統上是以有收門票的重要風景區之數字為依據，但就整體國民旅遊而言，這只占極小的一部分，以陽明山國家公園管理處之預估，每年約為1,000萬人次。另北海岸地區僅野柳一處有收取門票之統計，但一至夏季，在沿海岸旅遊戲水賞景之遊客，往往遠超過進入野柳之旅客人次。

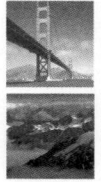
經濟分析

根據世界觀光組織（WTO）2000年版的分析報告指出，「觀光」已成為許多國家賺取外匯的首要來源。全球觀光人數自1960年的0.69億人次至1999年的6.44億人次，足足成長了9.6倍，全球觀光收益亦從1960年之68.67億美元至1999年之4,545.53億美元，成長了66.2倍。WTO更進一步預估，至2020年，全球觀光人數將成長至16.02億人次，全球觀光收益亦將達到2兆美元。

此外，世界觀光旅遊委員會（WTTC）於2000年就觀光產業對世界經濟貢獻度所進行的相關統計與預估顯示，2000年全球觀光產業規模（包含觀光相關產業、投資及稅收等）約占全世界GDP的10.8%，相當於3.58兆美元，並預估至2010年止，全球觀光產業的規模將達全世界GDP的11.6%，相當於6.59兆美元。WTTC亦統計2000年全球觀光產業從業人口約有1.92億人，約占總體就業人口之十二分之一，並預估至2010年止，觀光產業將再創造5,941萬人的工作機會，使全球觀光產業就業人口數達至2.53億人。由此可知，觀光產業之於全球，乃至於單一國家之經濟發展，在可見的未來均扮演重要之角色。

我們可以從觀光局的統計資料來分析台灣無煙囪工業發展的趨勢：在1980年，台灣的觀光外匯收入有9億8,800萬美元，當年民眾出國旅遊的支出才5億9,400萬美元，翌年台灣開放民眾出國觀光，民眾在海外的旅遊支出就成長了47.8%，而同年觀光外匯收入才成長9.3%，等到1982年，台灣民眾海外旅遊支出的總金額已經超過當年外國人來華觀光之消費，當時台灣就已經從觀光出超國變成入超國。

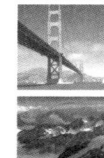
台灣觀光政策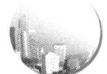

一、台灣目前觀光政策

台灣目前的觀光政策可歸納如下：

1. 發展台灣為永續觀光的「綠色矽島」及2008年達到來台旅客500萬人次之目標。
2. 強化行銷推廣，提高台灣之國際能見度，開創國際新形象。
3. 建構多面向旅遊環境，發展本土、生態之多樣化觀光活動，以提高國際競爭力。
4. 協助整合觀光相關資源，發揮整體力量，提供具特色之旅遊產品。
5. 系統化規劃建設觀光遊憩區，提升旅遊設施水準。
6. 營造良好觀光投資及經營環境，吸引民間投資。

二、政策目標與政策發展主軸

觀光的政策目標需順應世界潮流，因應內在環境變遷，在有限的資源限制下，兼顧環境融合，以「永續觀光」為導向適時調整修正，以滿足民眾的需求與國家發展的需要。二項觀光政策發展主軸及其與觀光政策目標之關係如圖11-1所示：

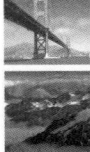

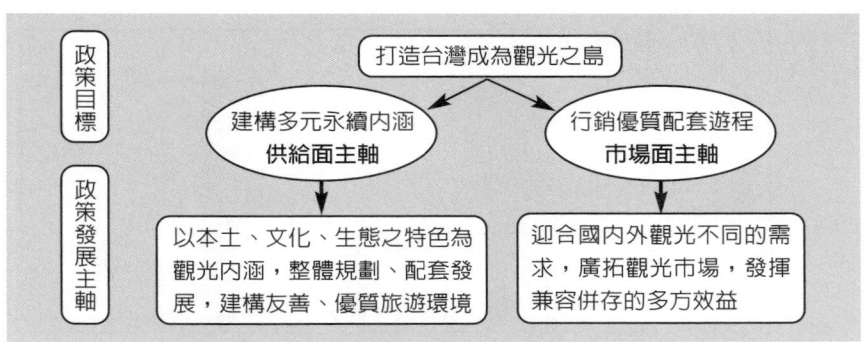

圖11-1　觀光政策目標與政策發展主軸關係圖

台灣觀光旅遊市場

一、Inbound市場

（一）觀光年報統計資料

以下就2000-2002年觀光年報統計資料數據，針對來華旅客人數、美加人士來華目的、觀光外匯收入三項進行說明：

1. 來華旅客人數：2002年來華旅客共計2,726,441人，與2001年來台旅客2,617,137人成長4.18％；2000年來台旅客共計2,624,307人，比2001年來台人數少0.26％（見圖11-2）。

2. 美加人士來華目的：在2002年統計資料顯示，加拿大旅客來台目的前三名，依序為觀光、業務、探親；美國來台目的前三名，為業務、探親、觀光（見圖11-3）。

3. 觀光外匯收入：根據2000、2001、2002年來華旅客消費及動向調查結果：

　　(1)2000年全年觀光外匯收入為37億3,800萬美元，來華旅客平均每人每日消費金額為19,252美元，其中以旅館內支

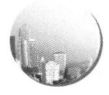

圖11-2　2000-2002年來華旅客人數和比例

加拿大旅客來華目的

2002年	
業　務	12,925人次
觀　光	14,112人次
探　親	9,110人次
會　議	690人次
求　學	1,493人次
其　他	1,801人次
未列明	8,988人次
合　計	49,119人次

2002年加拿大旅客來華目的比例

求學3%　其他4%
會議1%　未列明18%
探親19%
業務26%
觀光29%

美國旅客來華目的

2002年	
業　務	132,442人次
觀　光	62,464人次
探　親	111,646人次
會　議	5,382人次
求　學	9,980人次
其　他	10,059人次
未列明	4,597人次
合　計	377,470人次

2002年美國旅客來華目的比例

求學3%　其他3%
會議2%　未列明1%
探親33%
業務39%
觀光19%

圖11-3　2002年加拿大和美國來華目的人數和比例

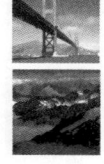

　　出所占比例最高（占46%）、購物支出　（占15%）、旅館外餐飲支出（占13%）次之。

(2)2001年全年觀光外匯總收入為43億3,500萬美元，較上一年成長15.97%；2001年來台旅客平均每人每日消費金額為207.77美元，其中以旅館內支出所占比例最高（占45%）、購物支出（占18%）、旅館外餐飲支出（占14%）次之。

(3)2002年全年觀光外匯總收入為45億8,400萬美元，較上年成長5.74%；2002年來台旅客平均每人每日消費金額為204.15美元，其中以旅館內支出所占比例最高（占3.8%），購物支出（占18%）、旅館外餐飲支出（占15%）次之。

（二）來華旅客及消費動向報告

　　為瞭解來華旅客之動機，在華期間旅遊動向、消費情形及觀感、意見，俾供訂定觀光推廣策略、估算觀光外匯收入、規劃管理觀光遊憩區、並協調有關機關及觀光遊樂業改善旅遊服務之參考，交通部觀光局每年均委託學術機構辦理「來華旅客消費及動向調查」，而調查的內容主要包括以下項目：

1. 旅客基本資料：包含旅客國籍、居住地、年齡、性別、職業狀況、教育程度及年所得等基本社經變項。
2. 旅遊決策資料：包含來華主要目的、旅遊決策考慮因素、來華停留期間、參考我國旅遊資訊來源、來華次數及同行親友關係等。
3. 旅客動向資料：包含在華旅遊觀光地點、住宿地點及參與活動狀況等。
4. 旅客消費方式：包含消費方式、消費金額及支付方式等。

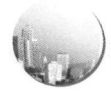

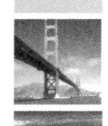
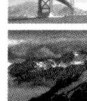

5.旅客觀感及意見：包含旅客訪華前後對我國觀感之變化、與
亞洲鄰近地區之比較等。

以下茲根據2000、2001、2002年來華旅客消費及動向調查詳
細加以說明：

■ 旅客基本資料方面

1.2000年：受訪來華旅客之對象以男性、年齡在20-39歲間、
大專以上程度者占半數以上；其中男性（占七成六）、年齡在
20-39歲之間（占五成八）、大專以上程度（占八成二）者占
多數，而年收入則以在30,000-99,999美元之間（占五成八）
者較多。

2.2001年：來華旅客以大專以上程度（占80.3%）、年收入
30,000-99,999美元間者（占50.4%）占多數；又業務目的的
旅客年收入在4萬美元以上者（占66.1%）顯著高於觀光目的
旅客（占29.1%）；另以職業別來看，業務目的旅客以「民
意代表、行政或企業主管或經理人員」（33.5%）、「專業人
員」（31.3%）較多；而觀光目的的旅客則以「事務工作人員」
（34.11%）、「專業人員」（13.3%）、「學生」（12.5%）較
多。觀光目的旅客女性比例達五成四；依據公務統計資料，
2001年來台旅客仍以男性（占65.1%）較多；唯依目的別進
一步分析，2001年觀光目的旅客之女性比例（占53.6%）超
過男性，並較上一年女性比例（占49%）增加了近五個百分
點，而業務目的旅客則仍以男性（占90.7%）居絕大多數。

3.2002年因調查項目改變，惜無基本資料可供比對。

■ 旅客決策方面

1.2000年：六成旅客來自日本、美國、香港，來台目的以觀
光、業務為主；受訪旅客以來自日本（占三成七）、美國（占

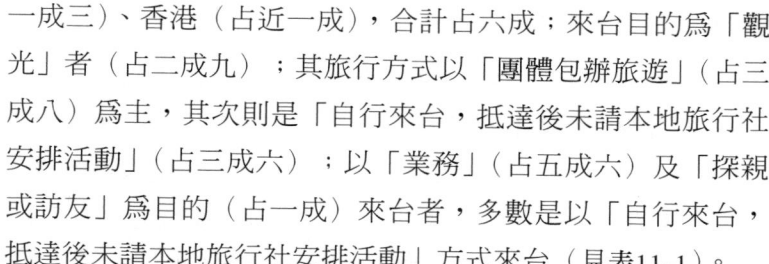

一成三）、香港（占近一成），合計占六成；來台目的爲「觀光」者（占二成九）；其旅行方式以「團體包辦旅遊」（占三成八）爲主，其次則是「自行來台，抵達後未請本地旅行社安排活動」（占三成六）；以「業務」（占五成六）及「探親或訪友」爲目的（占一成）來台者，多數是以「自行來台，抵達後未請本地旅行社安排活動」方式來台（見表11-1）。

2. 2001年：超過半數觀光目的旅客採「團體包辦」旅遊方式，較上年增加16個百分點；觀光目的旅客旅遊方式採「團體包辦」旅遊者最多（占53.52%），並較上年（團體包辦比例爲37.56%）增加15.96%；而業務旅客則以「自行來台、抵達後未請本地旅行社安排活動」占多數（占76.88%），較上年（比例爲82.15%）減少了5.27%（見表11-2）。

3. 2002年調查項目改變，故無資料可比對。

表11-1　2000年旅客來華旅行方式

項目	個體包辦	團體包辦	自行來台，抵達後未請本地旅行社安排活動	自行來台，抵達後曾請本地旅行社安排活動	請旅行社代訂機票及安排住宿
觀光	12.41	37.56	35.63	1.10	13.30
業務	4.45	0.64	82.15	0.50	12.27
全體	6.68	11.80	69.26	0.70	11.56

表11-2　2001年旅客來華旅遊方式

項目	個體包辦	團體包辦	自行來台，抵達後未請本地旅行社安排活動	自行來台，抵達後曾請本地旅行社安排活動	請旅行社代訂機票及安排住宿
觀光	13.23	53.52	13.08	0.70	19.47
業務	1.72	0.94	19.87	0.59	76.88
全體	6.49	20.80	15.94	0.70	56.07

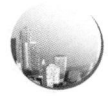

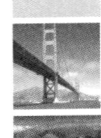
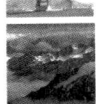
■ 旅客取得資訊來源方面

1. 2000年：旅客希望獲得旅遊資訊來源以「雜誌」、「書籍」、「電腦網際網路」者較多：來華旅客希望得到旅遊資訊來源已透過雜誌或書籍（每百人有四十三人）、電腦網際網路（每百人有四十一人）者較多；其中電腦網際網路為來華「業務」目的旅客之主要資訊媒介（見表11-3）。

2. 2001年：超過半數旅客希望透過「雜誌及書籍」取得台灣旅遊資訊，而「電腦網際網路」的重要性日益提高：來台旅客希望以透過「雜誌或書籍」（每百人有五十三人）、「電腦網際網路」（每百人有三十八人）取得旅遊資訊者較多；且觀光目的的旅客亦希望經由「旅行社」（每百人有四十五人）、「電視或電台」（每百人有十四人）等取得旅遊資訊；業務旅客則亦希望在「旅館」（每百人有二十人）、「機場」（每百人有十八人）等地取得相關資訊（見表11-4）。

表11-3　2000年來華旅客希望得到旅遊資訊來源

項目	雜誌或書籍	電腦網際網路	旅行社	旅館	機場	報紙	電視或電台	我國駐外機構	國際旅遊展覽	其他
觀光	56.24	29.77	42.94	7.79	6.96	12.89	13.44	3.45	4.20	0.14
業務	35.49	46.76	19.49	26.14	23.08	14.37	10.60	7.40	6.76	1.10
全體	42.74	40.96	26.98	18.54	17.06	14.72	11.76	6.14	5.78	0.84

表11-4　2001年來華旅客希望得到旅遊資訊來源

項目	雜誌或書籍	電腦網際網路	旅行社	旅館	機場	報紙	電視或電台	我國駐外機構	國際旅遊展覽	其他
觀光	64.26	37.36	44.63	5.21	4.07	8.24	13.5	3.31	3.63	0.33
業務	44.90	37.62	17.17	20.34	18.42	12.55	9.19	8.92	3.21	0.39
全體	52.72	38.23	26.87	13.20	12.37	11.31	11.25	6.85	3.54	0.46

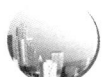

3. 近六成觀光目的旅客來華前曾看過台灣宣傳廣告：依此項調查結果顯示，旅客來台前曾看過台灣宣傳廣告或旅遊報導者占40.92％，並以觀光目的旅客曾看過台灣宣傳廣告之比例（占58.51％）最高；旅客來台前以在「雜誌書籍」（每百人有五十九人）看過台灣觀光宣傳廣告或旅遊報導者最多、「網際網路」（每百人有三十四人）、「報紙」（每百人有三十四人）居次（見表11-5）。

■ 旅客動向方面

1. 2000年：四成旅客為近三年來首次來台，平均來華次數為2.17次；並有高達九成八以上旅客願意再度來台：受訪旅客近三年來次數以「第一次」者（占四成二）最多，其次為「五次以上」（占二成）、「第二次」（占一成九）等；若以目的別來看，則以觀光目的者其第一次來台比例（占六成九）為最高（見表11-6）。

表11-5 2002年來台旅客希望得到旅遊資訊來源

項目	雜誌或書籍	電腦網際網路	旅行社	旅館	機場	報紙	電視或電台	我國駐外機構	國際旅遊展覽	其他
觀光	59.24	34.04	33.80	28.10	8.79	6.84	3.13	2.58	2.11	6.06
業務	64.62	27.79	32.68	29.54	9.63	5.03	3.65	3.28	2.92	4.23
全體	52.22	42.38	37.95	26.04	8.31	9.28	2.49	1.66	1.11	5.12

表11-6 2000年旅客來台近三年來台次數

項目	第一次	第二次	第三次	第四次	五次以上	未回答
觀光	68.92	18.06	6.27	1.10	5.51	0.14
業務	28.70	18.85	16.04	7.57	28.63	0.21
全體	42.16	19.20	13.02	5.30	20.04	0.28

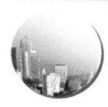

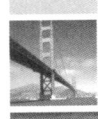

2. 2001年：首次來華旅客比例增加，並有高達九成七旅客願意再度來台：依據公務統計資料，2001年來台旅客以日本（占37%）、香港（占15%）、美國（占13%）、新加坡（占4%）、韓國（占3%）為前五大市場，其中以觀光目的（占38%）、業務目的（占32%）為主；又依據此項旅客調查結果顯示，2001年來台旅客中有47%旅客是近三年來首次來台，較上年增加了近五個百分點，尤以觀光目的首次來台者（占75%）最多，並較上年增加六個百分點（見表11-7、表11-8）。

3. 2002年：來華旅客比例增加，並有高達九成七以上旅客願意再度來台：依據公務統計資料顯示，2002年來台旅客以日本（占36%）、香港（占16%）、美國（占13%）為前三大市場；另依據該次旅客調查結果顯示，2002年來台旅客中有54%旅客是近三年來首次來台，較去年增加了八個百分點。其中，日本、香港及美國首次來台旅客比例亦皆較2001年增加，且另針對觀光目的旅客分析，觀光目的旅客近三年來為第一次至台灣觀光者達77.25%，而來台觀光二次及以上的旅客具上

表11-7　2001年旅客來華近三年首次來台統計表

項目	2001年首次來台	2000年首次來台	成長幅度
觀光	75.27	68.92	6.35
業務	26.83	28.70	-1.87
全體	47.00	42.16	4.84

表11-8　2001年旅客來台近三年首次來台統計表

項目	2001年首次來台	2000年首次來台	成長幅度
日本	78.52	73.59	4.93
香港	69.87	56.83	13.04
美國	71.15	63.46	7.69
全體	75.27	68.92	6.35

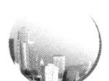

次來台觀光年數以一年者（占50.68％）最多，距離二年者（占16.18％）次之。

■ 旅客旅遊景點選擇方面

1. 2000年旅客遊覽景點以在台北縣市者最多：就受訪旅客曾遊覽景點所在的縣市分析，台北（每百人五十八人）最多，其次高雄（每百人十一人）、花蓮（每百人七人）、台中（每百人六人）、基隆（每百人五人）。經調查旅客前十個到訪遊覽景點依序為：故宮博物院、夜市、中正紀念堂、龍山寺、陽明山、淡水、忠烈祠、西門町、太魯閣或天祥、墾丁。

2. 2001年旅客遊覽景點以在台北縣市者最多：就受訪旅客曾遊覽景點所在的縣市分析，以台北（每百人六十五人）為最多，其次為高雄（每百人十一人）；而旅客前十個到訪遊覽景點依序為：故宮博物院、中正紀念堂、夜市、龍山寺、西門町、忠烈祠、九份、陽明山、淡水、野柳或金山。

■ 旅客消費支出方面

　　2001年來華旅客平均每人每日消費，如表11-9所示，以下針對2001年來華旅客在消費支出方面的變化加以說明：

1. 消費能力方面：2001年來華旅客在消費方面，其中以日本旅客、觀光目的旅客、短暫停留天數（三夜以下）旅客及女性旅客之消費能力較高：

表11-9　2001年來華旅客平均每人每日消費

項目	旅館內支出費	旅館外餐飲費	在台交通費	娛樂費	雜　費	購物費	合　計
金額（美元）	92.62	28.12	15.29	18.38	15.47	37.89	207.77
百分比（％）	44.58	13.53	7.35	8.85	7.45	18.24	100.00

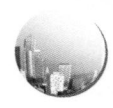

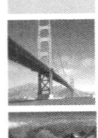
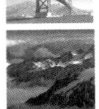

(1)以市場分析：日本旅客平均每人每日在台消費金額（256.27美元）高於其他各市場（200美元以下）。

(2)以目的分析：以觀光爲目的的旅客（275.56美元）高於業務旅客（181.68美元）。

(3)以停留時間分析：平均每日在台消費金額與停留時間成反比，停留時間愈長消費額愈低，停留三夜以下者（每日235美元以上）高於停留四夜及以上者（每日200美元以下）。

(4)以性別來看：女性旅客（每日230.44美元）高於男性旅客（每日193.38美元）。

2.消費品方面：旅客來華以購買「名產或特產」、「紀念品或手工藝品」與「服飾及相關配件」類物品者居多：旅客在台購物以購買「名產或特產」類物品（占63%）者最多，「紀念品或手工藝品」（占40%）、「服飾及相關配件」（占31%）類等次之；消費金額則以購買「名產或特產」、珠寶或玉器類占購物費比重（分占18%及17%）較高。

3.911事件後之影響：來華旅客受911事件之影響，第四季旅客數及每日平均消費金額皆下降：依據公務統計資料顯示，2001年來台旅客受美國911事件之影響，來台旅客大幅下滑，2001年9月12日至12月31日旅客較上年同期衰退17.03%，至2001年全年旅客負成長0.26%，惟觀光目的旅客較上年增加13.8%；又據該調查資料顯示，911事件之後（2001年9月12日至12月31日間）旅客在台平均每人每日消費金額亦較911事件之前（2001年1月1日至9月11日間）下降19.26美元（由214.62美元降至195美元），惟全年每人每日平均消費金額仍較2000年爲高。

■ 旅客觀感及意見方面

1.2000年旅客對我國之「人民友善」、「歷史文物」、「菜餚」
留下最佳印象：旅客至我國觀光因素以「菜餚」（每百人五十
五人）、「風光景色」（每百人四十四人）者較多，「歷史文
物」（每百人三十一人）、「距離居住地近」（每百人四十四人）
等次之；而前後印象比較改變由最好者排序為人民友善、歷
史文物、菜餚、社會治安、風光景色、遊憩設施、物品價
格、氣候宜人、環境衛生、交通狀況。

2.2001年「菜餚」、「風光景色」為吸引旅客來台觀光的主要
因素：依據調查顯示，旅客至我國觀光因素以「菜餚」（每百
人有五十八人）、「風光景色」（每百人有四十四人）者較
多，「距離居住地近」（每百人有二十四人）、「歷史文物」
（每百人有二十人）次之。

3.2002年「菜餚」、「風光景色」為吸引旅客來華觀光的主要
因素：依據調查顯示，旅客至我國觀光因素以「菜餚」（每百
人有五十一人）、「風光景色」（每百人有四十三人）者較
多，其他依序為人民友善（每百人有三十人）、距離居住地近
（每百人有二十七人）、歷史文物（每百人有二十七人）及
「台灣民情風俗和文化」（每百人有二十二人）等，與歷年調
查結果大致相同（見表11-10）。

表11-10　2000、2001、2002年旅客對我國最佳印象排名

排名 ＼ 年份	2000年	2001年	2002年
第一位	菜餚（每百人有五十八人）	菜餚（每百人有五十八人）	菜餚（每百人有五十一人）
第二位	風光景色（每百人四十四人）	風光景色（每百人有四十四人）	風光景色（每百人有四十三人）
第三位	歷史文物（每百人三十一人）	距離居住地近（每百人有二十四人）	人民友善（每百人有三十人）
第四位	距離居住地近（每百人四十四人）	歷史文物（每百人有二十人）	距離居住地近（每百人有二十七人）

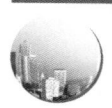

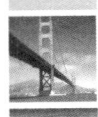

二、Outbound市場

（一）觀光年報統計資料

1. 國人出國人數：2002年國民出國人數共計7,507,247人，較2001年的7,189,334人成長3.84%，2001年較2000年國民出國人數的7,328,784人減少1.9%（見圖11-4）。其中，香港正成長11.32%、日本成長7.21%、美國負成長1.15%、歐洲負成長7.33%、大洋洲成長2.34%。

2. 根據交通部觀光局1997至2002年統計，「中華民國國民出國目的地人數」以長程線區，包括美洲地區、歐洲地區、大洋洲地區、非洲地區四大洲多國國家的出國人數顯示，前五名為：第一名美國3,460,491人次、第二名加拿大867,487人次、第三名荷蘭624,791人次、第四名澳大利亞272,210人次、第五名紐西蘭260,695人次。

3. 近六年來國人前往美加地區，在2000年有快速的成長比例，但至2001年因為911事件，導致美加地區觀光受到衝擊，之後逐年遞減（見表11-11、表11-12）。

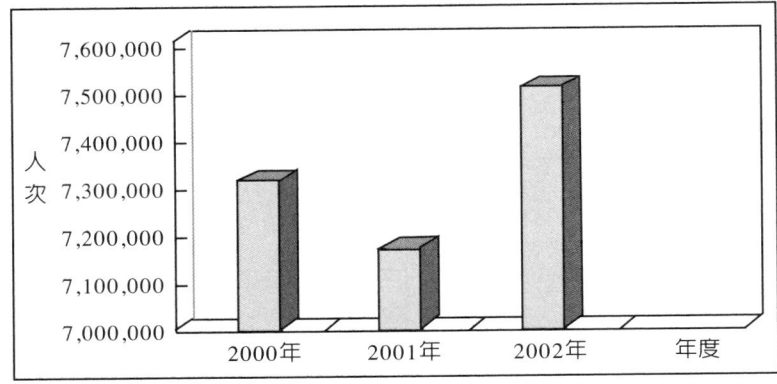

圖11-4　2000-2002年出國人次

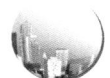

表11-11　1997-2002年國人前往加拿大人數統計

項目 時間	台灣旅客出國總人數	前往加拿大人數	占總人數比例	消長比例
1997	6,156,577	116,651	1.89%	-
1998	5,902,500	127,393	2.16%	+0.27
1999	6,548,727	169,897	2.59%	+0.43
2000	7,328,784	181,409	2.48%	-0.11
2001	7,189,334	139,143	1.94%	-0.54
2002	7,507,247	132,605	1.77%	-0.17

資料來源：台灣觀光局

表11-12　1997-2002年前往美國人數統計

項目 時間	台灣旅客出國總人數	前往美國人數	占總人數比例	消長比例
1997	6,156,577	588,916	10.46%	+0.66
1998	5,902,500	577,178	10.24%	-0.22
1999	6,548,727	563,991	11.62%	+1.38
2000	7,328,784	651,134	11.25%	-1.37
2001	7,189,334	542,764	13.24%	-1.99
2002	7,507,247	536,508	13.99%	+0.75

資料來源：台灣觀光局

（二）國人出國旅遊消費及動向調查

　　為瞭解國人出國旅遊動向、行為特性、消費支出及滿意程度，以為觀光主管部門輔導國人出國觀光、旅行社管理及估計觀光外匯支出之依據，並可提供國內外相關單位研擬推廣與行銷策略之參考，交通部觀光局自1994年起定期辦理「國人出國旅遊消費及動向調查」。其調查的內容包括：

1. 基本資料：基本資料包括旅客年齡、性別、教育程度、婚姻狀況、個人月所得、居住地及戶籍、職業等。
2. 旅遊特性：包括出國目的、出國期間、旅遊方式（個人或半

251

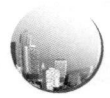

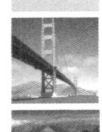
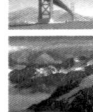

自助或團體)、出國頻率、旅遊同行者、出國搭機之航空公司、旅遊資訊來源、不在國內旅遊的原因。

3. 出國動向:包含出國目的地、赴大陸轉機地、住宿情形、選擇目的地之主要考慮因素、選擇旅行社的理由。

4. 消費狀況:包括出國消費總金額、消費支出項目及金額、購物內容及支付方式。

5. 滿意程度:在滿意程度方面,主要針對旅遊的過程和對旅行社服務加以調查:

(1) 有關旅遊過程之滿意度:包括出國飛機服務、餐飲服務、參觀活動安排、當地風光景色、購物服務、海關檢查方便性及當地旅遊安全。

(2) 有關旅行社滿意度:包括對隨團服務人員(領隊及導遊)之服務滿意度和對旅行社整體服務滿意度等。

以下茲根據2000、2001、2002年國人出國旅遊消費及動向調查詳細加以說明:

■ 基本資料方面

1. 2000年:出國旅客以居住在台北地區(占46%)者最多,居住於高雄地區(占8%)、台中地區(占8%)、桃園縣(占7%)者次之。旅客類型以「已婚男性」(占35%)最多;其次為「職業婦女」(占14%)、「單身女性」(占14%);接下來為「單身男性」(占12%)、「老年」(占11%);而以「青少年」(占8%)、「家庭主婦」(占7%)最少。

2. 2001年:出國旅客以男性(58.9%)居多,平均年齡為39歲,月收入在台幣4萬元以上(43.2%),職業為主管及經理人員(17%)、服務及售貨員(13.7%)、家庭管理(10.6%)。

3. 2002年:出國旅客以男性(58.1%)居多,平均年齡40歲,

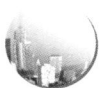

月收入為4萬元以上者居多（43.0%），職業以主管及經理人員（19.2%）、服務及售貨人員（11.7%）、學生（10.8%）、家庭管理（9.6%）居多。

■ 旅遊動向方面

1. 2000年：國人出國以到訪大陸港澳地區（占36%）者較多，東北亞地區（占24%）、東南亞（占21%）者次之，平均每次到訪1.4個目的地；而大陸（占28%）、日本（占20%）、泰國（占8%）、香港（占6%）為國人出國前四大主要停留區，加拿大占3.9%。

2. 2001年：國人全年國內旅次中有六成三屬居住地區境內旅遊，而出國厦次中則有八成以上為到訪亞洲鄰近地區，並以到訪大陸地區者最多（占28.6%，且較2000年到訪大陸者占29.3%增加了9.3%），加拿大占3.3%。

3. 2002年：國人全年國內旅次中有六成二屬居住地區境內旅遊，而出國旅次中有八成一為到訪亞洲鄰近地區，並以到訪大陸地區者最多（占41.1%，較上年增加2.5%），加拿大占4.8%。

■ 旅遊特性方面

1. 2000年：國人出國主要目的為觀光旅遊，業務目的旅客有增加趨勢。國人出國以「觀光旅遊」目的（占55%）者多，「業務或考察」目的（占28%）者次之；其中，觀光旅遊者以至日本（占27%）較多，至大陸（占17%）、泰國（占13%）者次之；而業務目的則以至大陸地區（占53%）者最多，且業務目的旅客較1999年增加了8%（20%增至28%），成長幅度最大。

2. 2001年：出國旅遊者其目的以觀光旅遊（占54.5%）最多，

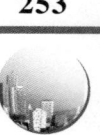

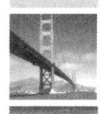
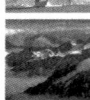
表11-13　2000、2001、2002年旅遊特性

旅遊目的	2000年旅次占比	2001年旅次占比	2002年旅次占比
觀光、遊憩、度假	55%（第一位）	54.5（第一位）	50.9（第一位）
探訪親友	--	13.6	16.5
商務旅行	28%（第二位）	27.4（第二位）	28.8（第二位）
短期遊學	--	0.9	2.8

　　商務（占27.4%）次之，接下來是探訪親友（占13.6%）及短期遊學（占0.9%）。

3.2002年：國人從事國內、外旅遊以觀光為主要目的者分別占六成及五成：民眾從事國內旅遊目的為「觀光」者最多，探訪親友次之；而出國旅遊亦以「觀光」（占50.9%）為目的者最多，其次為「商務」（占28.8%）、「探訪親友」（占16.5%）及短期遊學或求學（占2.8%）（見表11-13）。

■ 消費狀況方面

1.2000年：出國旅客消費總支出為104億9,400萬美元，觀光外匯支出為63億7,600萬美元。2000年國人平均每人每次出國消費支出為新台幣44.709元（約折合1,432美元，較上年成長1.6%），其中以交通支出所占比例最高（占45%），購物支出（占20%）次之。

2.2001年：出國旅遊總支出為台幣3,363億元（折合為99億5,100萬美元），與上一年比較成長了2.6%。觀光外匯支出為台幣2,156億元（折合為63億7,900萬美元），與上一年比較成長0.05%。

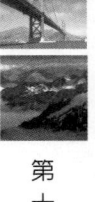

未來發展趨勢

一、吸引來華觀光

1. 發展本地特色，與鄰近國家地區有所區隔，以創造國際市場競爭能力。例如，自1990年已舉辦之觀光節之燈展、民俗技藝表演及美食展等，密切地與固有文化及傳統民俗相結合，創造動態的觀光吸引。
2. 開發適合年輕旅客、女性旅客及新婚旅客或有獨特性質如「健康之旅」、「森林神木之旅」、「歷史文化之旅」或「美食之旅」、「高爾夫之旅」等新興遊程，以吸引各階層之觀光客。
3. 規劃多樣化國際行銷策略，開拓不同目標市場客源。
4. 透過住宿、餐飲遊樂、表演的創新及精緻化，提高觀光服務之附加價值，並加強觀光從業人員之訓練，充實觀光事業之人力資源。
5. 促進多家航空公司飛行國際航線，降低航空票價，並加強旅客服務。

二、國人出國觀光

1. 導正國人觀光旅遊行為模式：國人觀光旅遊模式向來以最短時間暢遊最多的據點為最大滿足，且以大量購物為樂，使觀光旅遊及休閒之功能降低。另外，少數國人在國外、食、衣、住、行等生活各方面的行為亦較不注意，導正國人觀光旅遊觀念及行為，以達成舒暢身心及維護國家形象之目的亦為一項重要工作。

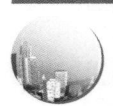

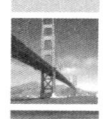

2.提高品質遊程及領隊服務：輔導旅行業者勿以低價位為號召，為旅客提供高品質遊程，藉以提升業者形象，同時加強領隊訓練，提升旅遊服務品質。

3.運用出國觀光客數量優勢，拓展觀光外交：我國出國觀光旅客近年大幅成長，已成各國積極爭取之對象。如韓、星、印尼對我實施免簽證，日本對我發給多次簽證，香港入境手續之簡化，皆為觀光外交成功之實例。

近數十年來，我國在政府與民間共同努力經營之下，已由開發中國家邁向已開發中國家之行列，國民生活富裕，所得水準提高，對休閒生活之追求亦相對提高。同時我國經貿發展迅速，已成為東南亞之中樞，今後應促進多家航空公司加入營運，配合觀光遊憩地區之整頓及增建觀光旅館，訪華觀光旅客必能逐年增加，進而促進觀光事業之蓬勃發展。

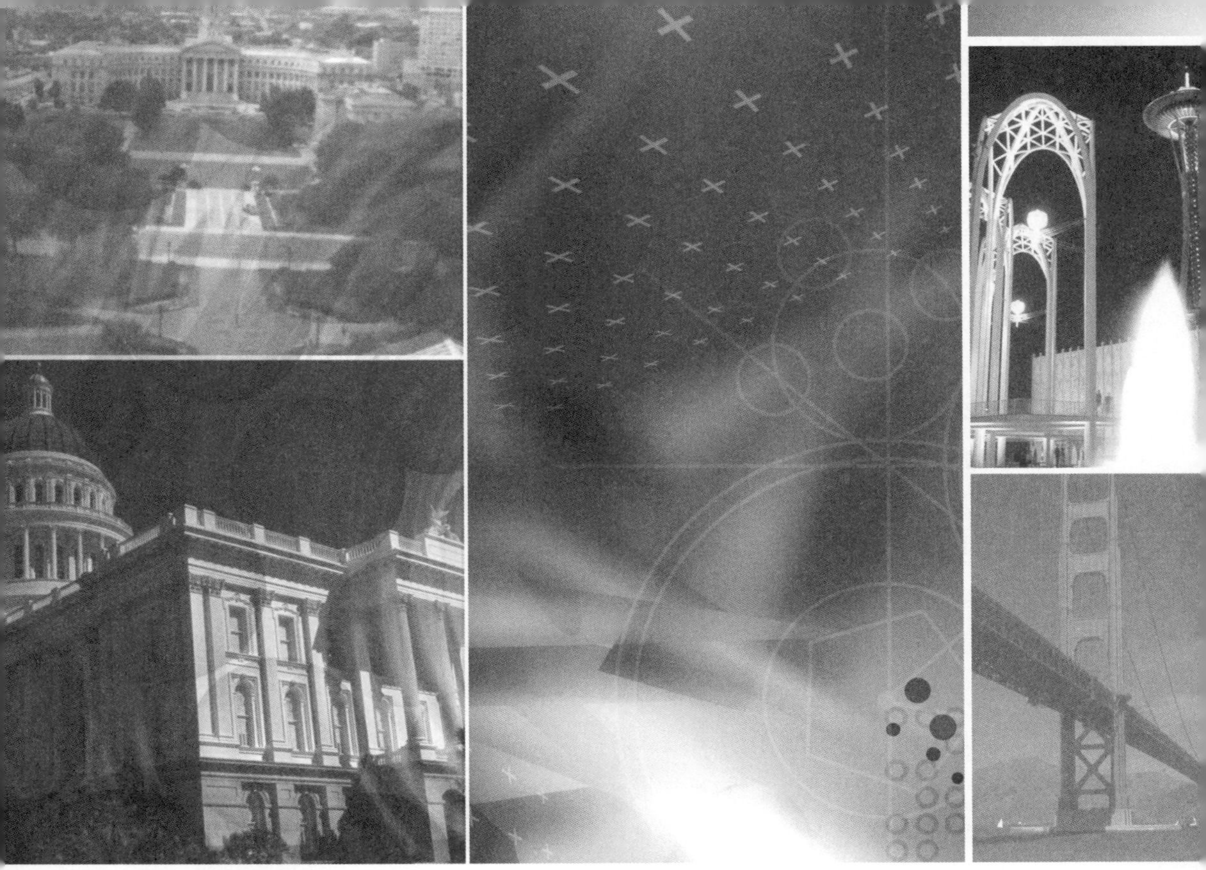

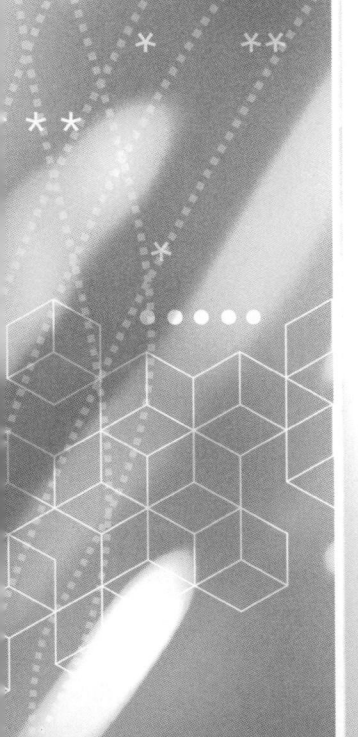

第十二章

台灣健康觀光市場
分析

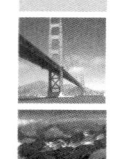

前言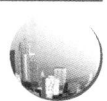

　　健康是人類永恆的主題。隨著人們經濟條件和生活品質的提高，大家更加注意到保健養生的重要。旅遊無疑是保健養生的一條捷徑，在觀光旅遊中如進一步突顯出「保健」功能，開拓「保健觀光」領域，將具有廣闊的發展前景。

　　其次介紹醫療觀光，醫療觀光是指人們因定居地的醫療服務太昂貴或不太完善，到國外尋求較適合的保健服務，並與觀光旅遊相結合發展而成的一種新產業。據世界觀光組織的定義，醫療觀光是以醫療護理、疾病與健康、康復與休養為主題的旅遊服務。從水療美容套裝、心血管手術、診斷服務到中醫復健治療，醫療觀光涵蓋形形色色的健康服務。

　　以亞太地區計，新加坡、泰國堪稱醫療觀光先驅。近年亞太地區醫療觀光大行其道，尤其在新加坡、泰國等熱門地，每年醫療觀光人次以10萬計。例如，香港人趕時間貪方便，平時工作忙碌擠不出時間看醫生做體檢，醫療觀光正好讓你趁旅遊，輕鬆做趟全身檢查。

　　綜合上述，我們可將保健及醫療觀光結合，統稱為「健康觀光」。目前健康觀光已成為一種新的旅遊趨勢，能在旅遊的同時兼顧身體方面的保健，使人們在傳統型態的旅遊外，有另一種不同的選擇。此外，健康觀光亦是吸引國外旅客來訪的另一途徑，因此，若能進一步認識此一領域將是件有趣的事。

　　本章將探討目前台灣健康觀光市場現狀發展，藉由健康觀光的發展沿革和目前世界健康觀光概況，而對健康觀光現況有進一步的認識，此外，以台灣Inbound和Outbound兩方面進行個案探討，以瞭解目前台灣健康觀光市場區隔及現狀發展。

健康觀光介紹 ✿ ❀

一、健康觀光的歷史沿革

（一）歐美

在醫學尚未發達的時代中，追求健康的旅行和宗教有密切的關係。自古以來，印度河、底格里斯河等成爲淨化身心的沐浴處，古希臘將流水或泉水視爲「生命泉源」，由僧侶配合宗教儀式再去從事治療行爲。古羅馬時代，溫泉文化對於羅馬人而言，溫泉是治療疾病的場所也是靜養處。

中世紀的歐洲社會，屬於基督教禁欲主義的時期，以享樂爲目的的旅行被嚴禁，但允許前往溫泉或礦泉爲主的聖地朝聖，從事與古代相同的治療行爲。十七世紀後半，以科學角度研究溫泉與海水的效能，「得到驗證的效能」逐漸被重視，原本已逐漸衰敗的溫泉地，受到來治療胃炎與胃潰瘍的上流人士青睞，因而發展成爲溫泉休閒度假景點。貝斯（英國）、巴登巴登（德國）等就是其中的代表。十八世紀後，開闢了運用海邊環境與海水效能的海水浴場Brighton（英國），此後帶動了德國、法國、義大利等西歐各地掀起一陣海水浴場大流行。

原屬貴族社交場所的溫泉度假村與海水浴場，因爲社會福利制度的成立，而開放給勞工階層。由成立社會保險法的德國爲首，澳洲、法國等國也先後出現了以一般溫泉治療客爲對象的溫泉度假勝地，內部則備有醫療設施、運動設施、文化、休閒設施、住宿設施等各項設施。歐洲頓時席捲起一股健康觀光的熱潮，也因爲保險制度的成立，增加不少以養生保健爲目的而長期滯留的老年人。直到近年來，短期滯留的一般觀光客與出席會議的人，也紛紛自費前來一探究竟。

歐美除了健康觀光之外，還成立了健康農場（Health Farm）。

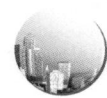

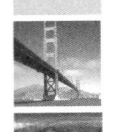
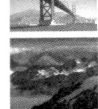

英國在二次大戰時成立了社會福利制度，1970年以後，便著眼於瘦身、美容、戒煙、消除壓力、增進健康需求等方面，因此設立了健康度假村，亦稱作「健康農場」。健康農場是配合拜訪者的目的而設置一週左右的療程，使用者則以高所得階層者居多。

　　十八世紀的美國，則模仿歐洲皇族的生活模式，相當盛行前往溫泉或海邊度假村之旅，當時知名的度假村有：位於費城近郊的Yellow Springs，這裡創下許多富裕階層與知名人士到訪的紀錄。其後美國溫泉觀光地面臨了衰退景象，現在則以當天來回溫泉地者居多。近年來，最醒目的就是英國的健康農場。另外，加州的Golden Door也是著名的案例，備有靜養、美容、瘦身、戒煙等各種健康需求的多種設施與服務，並有專門的服務人員。

（二）日本

　　日本的溫泉發展史約五百年左右。自古以來日本便認定溫泉具有療效，因此廣爲運用在治療用途。在佛教普及的鎌倉時代，也曾盛行過施浴及浸泡藥湯。室町時代還出現了以溫泉進行沐浴及治療的名詞──「湯治」。到了江戶中期，湯治成爲大眾化的活動，但湯治場大多位於遍遠地區，而且都是利用農閒期提供保養及治療用途，因此都爲三療程（一療程爲7天）或四療程的長期滯留模式。溫泉區除了有大眾浴場，還設有觀光、休閒設施。甚至觀光景點周邊也有住宿設施、專爲長期滯留旅客提供娛樂及便利設施。

　　明治時代以後，資本主義經濟發達，中產階級由此產生。但都市的發達卻導致環境惡化，因此也帶動了改善生活及提升健康的意識。溫泉地不僅發揮出傳統的治療功能，也爲都市居民提供了保養及心靈撫慰的功能，並在交通工具發達的相輔相成之下，逐漸縮短療程期。目前以2天1夜的靜養與觀光爲目的的短期滯留旅行爲主。另一方面也出現了重新評估溫泉泉質與效果、運用促進健康的「現代湯治」新動向。

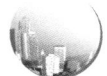

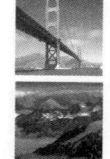

　　以前只用來從事療養與保養的溫泉區，在明治時代以後遍及到高原與海濱地區。因明治政府的「僱請外籍人士」政策，帶來了避暑、避寒思想。也造就出輕井澤、大磯、湘南等極具代表性的度假區。其中海濱度假區更博得日人青睞。

　　日本現代溫泉區是以享樂為目的的遊客為主要對象，因此大多會附設靜養及美容相關設施與服務。以增進健康的設施、服務為訴求的溫泉區也日漸增加，例如，在館內設置放入藥草等浴場、多樣化的入浴設施、美容設施或提供運用有機栽培食材的餐飲。這些增進健康的設施與服務，以2天1夜的短期滯留型的旅行產品居多，且以個人、家族、女性顧客為主要對象。

　　有些地區運用溫泉區原有的資源，嘗試設立健康度假村、以彌補與醫療無直接關係之缺憾。像是隸屬日本中部上信越國立公園的群馬縣草津溫泉，擁有豐富的自然環境，在1970年決定從「湯治場」變成增進健康的開朗觀光地。從1997年起舉辦徒步旅行伴隨自然觀察會，以支援遊客接觸大自然與增進健康的目的。目前，草津溫泉在「溫泉與運動、溫泉與文化」的概念之下，在自然與溫泉資源基礎上，附設運動、休閒娛樂、美容設施與服務，以創造出用以增進健康的綜合型度假區的環境。

　　另一方面，有些地區因與醫療有密切關係，而透過地區特性創造出健康觀光地。像是長野縣鹿教湯溫泉自從被指定為國民保養溫泉地（1956年）以來，於1978年發展出由鹿教湯醫院、溫泉觀光協會、旅館公會等許多溫泉相關組織參與的「鹿教湯溫泉健康保養協會」，努力創造出「健康之鄉」。鹿教湯醫院以「健康保養週」為號召，實施以營養、運動、靜養等增進健康為基本的集體保養活動。

　　這個活動是讓遊客在當地醫院接受健診後，在旅館滯留5天的同時，還一併實施溫泉浴。由「鹿教湯溫泉健康學校」負責指導溫泉浴，且由醫師及健康護理教練，實施入浴及溫泉運動浴相關指導，並開設保持健康及預防醫學的相關講座。

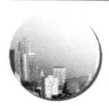

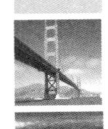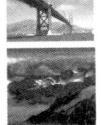

除了這種醫療與觀光攜手合作以創造出增進健康型的觀光溫泉區之外，新瀉縣大和町的「健康YAMATOPIA」則屬於3天2夜下榻當地旅館，由醫師指導，體驗醫（接受市立醫院的全身健診）、漢（申藥、藥單、健康料理）、憩（品嚐鄉村料理與當地名酒）、食（用有機栽培食材所作成的荣餚）的行程。

從各種事例來看日本的健康觀光現狀可得知，屬於再度研討與運用觀光地原有資源與服務的型態，且具有預防及增進健康目的的強烈傾向。

(三) 韓國

由韓國歷史可發現，以前只有具備崇高身分的王宮貴族及部分學生才可旅行，一般人民則是在二十世紀以後才可以享樂爲目的從事自由旅行。韓國的溫泉史同於日本，早在三國時代起便被視爲治療及療養場所。朝鮮末期因日本人著手開發溫泉，而讓湯治場的形態逐漸變化成保養、歡樂的型態。目前引進漢方醫學而讓健康需求出現嶄新的動向。

現代韓國的健康觀光特徵在於，將日常健康要素融入生活中。「板屋楓藥水之旅」，便是絕佳的例子。爲了飲用這種樹液所做的旅行，可視爲累積日常運動後養成前往居家附近山林汲取地面湧水的習慣。板屋楓藥水因有生產（湧出）時期的限制，因此無法專爲遊客常設觀光設施、一般都是由生產的農家取得藥水與餐飲費後，再對遊客提供房間的民宿型態。但目前也推出由觀光飯店提供藥水，與旅行社所推出的「地異山板屋楓藥水之旅」，包含藥水、餐飲、住宿的2天1夜套裝行程商品。

韓國屬於日常生活中對中醫仰賴度極高的國家，中藥不僅被用來治療疾病，還被用於補充體力、預防及增進健康等目的的日常用途上。許多溫泉旅館都有提供放入中藥的浴池、藥膳餐點、用黃土所做的火坑房（寢室）等中醫設施及服務。

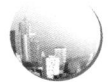

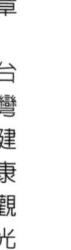

　　另外，也有以「健康之旅」為主題而組合高麗人參與傳統文化要素的體驗型祭典，透過中醫實施免費診療、製作高麗人參料理、試吃、採擷高麗人參、人參加工體驗等活動，以中醫來吸引遊客。政府機關也有推出國家所舉辦的活動，例如，隸屬韓國保健福利部的韓國保健振興產業院，便與韓國觀光公社合作，從1999年起再度研討將保健領域視為觀光資源，以做成觀光商品的「保健觀光事業」（Health Tour to Korea）。2001年則為保健觀光業者指定四所中醫院及1所旅行社。這些保健觀光業者備有運用從中醫學的短期滯留到長期滯留的多種健康觀光行程，例如，花町中醫院備有消除旅途疲勞與美容為目的的2小時行程，及納入正式治療行程的4天3夜中期滯留的多樣化行程，依據遊客的個人喜好與時間做選擇。旅遊的主要內容包含：血液生化分析體驗、運用氣功的按摩體驗、芳香療法體驗、接受醫師健診等結合健康與美容的相關要素。另外，也對住宿客提供韓國特有餐飲及在醫院裡提供黃土房間的住宿設施。

　　以上事例都是將與增進健康有直接關係的日常要素納入觀光區裡。姜淑瑛（2001）指出：「近年來，韓國觀光事業出現將健康要素作成商品化的傾向，而讓健康觀光處於萌芽期。」

　　從日本與韓國的人口結構變化來看。除了65歲以上老年人增加的同時，也逐步發展成長壽社會。以日本平均壽命來說，2000年超過84歲的女性人數為世界第一。另外，預測到了2050年的高齡率將達33%，呈現出超高齡社會的局面。

　　以韓國的平均壽命來說，1997年女性約為78歲，但2000年的高齡率則超過7%，呈現出逐漸邁向高齡社會發展的局面，預測到了2050年的整體人口中，將有27.4%為65歲以上的老年人。

　　觀察日韓兩國健康障礙的變遷後可得知，已從人民傷患較多的傳染性疾病轉移成慢性疾病。兩國人民患者數與死亡率最高的是，腦血管疾病、心臟病、癌症等生活習慣病（成人病）〔日本‧厚生省（1997）；韓國‧統計廳（1999）〕，預測這些疾病將會隨著高齡化

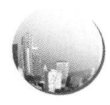

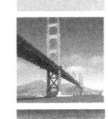
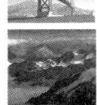

而續增。另外,「心靈不健康」的狀態也日益嚴重,原因之一在於機械化、高度複雜化的現代社會中所引發的壓力。要預防生活習慣所導致的疾病與消除壓力,就必須預防及增進健康,也就是放鬆心情。觀光可帶來暫時從日常生活中抽離,以增進健康、舒緩及治癒精神的心靈放鬆之效。

二、健康與旅遊的關係

由前述的健康相關旅行歷史的沿革可看出,不管在任何時代,健康都是人類旅行的主要目的之一。旅遊對健康所帶來的效果,在於健康度假區可為健康帶來正面意義(見表12-1)。

表12-1　健康觀光之說明記述內容

區分	具體說明
利用資源的相關記述	運用天然資源,例如,溫泉、海洋(航行)、山等
利用設施、服務的相關記述	提供與利用健康相關設施與服務,例如,健康護理設施、醫療設施
活動目的相關記述	健康生活型態、醫療行為,例如,替代醫學(另類醫學)、消除壓力、瘦身、增進健康

健康(Health)原具有恢復-維持-增進的廣義,而健康觀光的型態與範圍則因對象的等級而異。以力求恢復健康的醫療與治療,及以增進健康、運動型休閒娛樂為主軸的兩大標準,可分類成六種健康觀光型態(見圖12-1)。

越接近型態1的醫療或治療行為,與醫學之間的關係便越密切,對象則以健康與否的老年人居多。型態3則是著眼於以美容、瘦身、戒煙為首的管理壓力等增進健康需求的專業健康度假區,對象為高收入、有社會地位的中年及女性使用者。型態4屬於提供溫泉區、一般觀光地、飯店等健身房設施、美容院般的增進健康設施

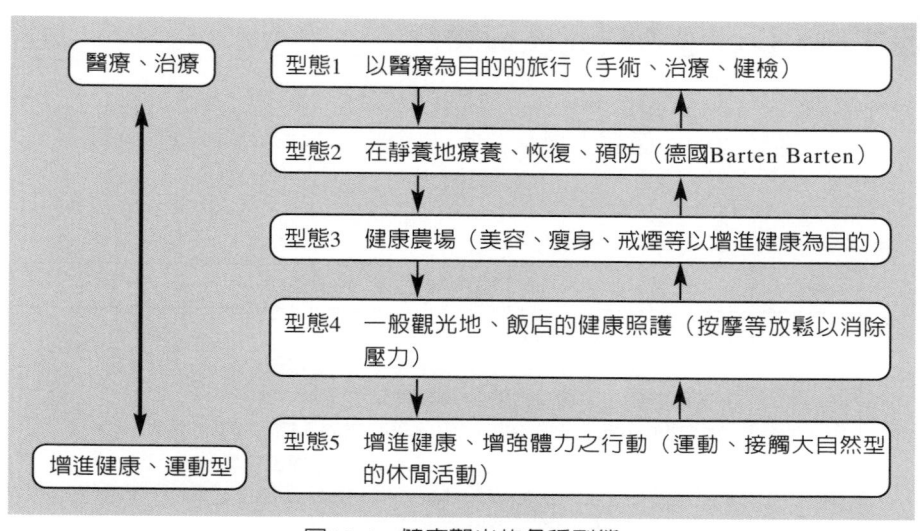

型態1 以醫療為目的的旅行（手術、治療、健檢）

型態2 在靜養地療養、恢復、預防（德國Barten Barten）

型態3 健康農場（美容、瘦身、戒煙等以增進健康為目的）

型態4 一般觀光地、飯店的健康照護（按摩等放鬆以消除壓力）

型態5 增進健康、增強體力之行動（運動、接觸大自然型的休閒活動）

醫療、治療

增進健康、運動型

圖12-1　健康觀光的各種型態

與服務的使用型態。使用者以追求愉悅為主要旅行動機，以健康為目的的行動則屬於旅行中的附加行為。型態5是健康者為了更加增進健康與增強體力，而透過運動等一般慢步運動以增進健康、增強體力的動態且積極性休閒活動。

從這些型態分類中可明確得知，健康休閒從治療到增進健康都具有狹義的保健、享樂目的的休閒娛樂型態。健康觀光在醫療與休閒中的型態與特徵則取決於上述那種型態較為強烈。

健康觀光的強烈特徵在於和一般大自然及運動領域息息相關。Hall（1992）說明健康觀光具備了運動旅遊（Sport Tourism）及冒險旅遊（Adventure Tourism）的關係。這六種型態是以參加動機與活動為標準所進行分類的。Hall將健康觀光解釋為，相較於運動旅遊及冒險旅遊的動態活動，健康觀光屬於靜態活動。

265

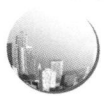

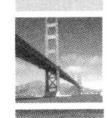
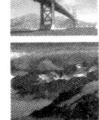

三、亞洲健康觀光現況簡介

關於亞洲保健觀光現況在此列表加以陳述（表12-2）：

表12-2　亞洲保健觀光現況表

國家	現況與推出之方案內容
新加坡	1.新加坡政府近來大力推行保健觀光計畫。 2.目前前往新加坡參加醫療保健者大約有20萬人。 3.在新加坡的消費達2億5,000萬美元。 4.展望2010年，來新加坡從事健康觀光的人口可達100萬人。 5.帶來每年17億美元的消費，並創造1,300種工作職位。 6.新加坡衛生部，將醫療保健觀光視為振興新加坡經濟的一具引擎。 7.服務包括身體檢查、器官移植或分體手術等。 8.印尼和馬來西亞依舊是這項計畫最重要的病人來源。 9.來自北美、歐洲和其他國家的病人也顯著的增加，並成為次要客群。 10.新加坡由經濟發展局、旅遊局和新加坡企業發展局聯合組成單一窗口。 11.新加坡國際醫療機構。 12.新加坡推動國際觀光客看病的一站式服務。 13.在海外（印度、中東）建立醫療據點，如需進一步醫療，即由此醫療機構引薦至新加坡國內進行醫療。 14.機構將為病人量身訂做一套在新加坡的治療方案，包括根據病人的病史資料，為病人選擇適合的權威醫生等。 15.提供為病人和家屬辦理簽證、預訂酒店、配備秘書，甚至安排一些遊覽計畫等一系列服務。 16.很多醫院都建立了國際病人服務中心。 17.新加坡房地產管理委員會協會（AMCIS），推出「醫藥旅遊寄宿計畫」（Medistay）。 18.接待家庭必須有一位成員是在職或者是前醫護人員。
香港	1.香港康泰旅行社和卓健亞洲集團針對「個人遊」來香港的內地旅客，聯合推出了三個保健觀光套餐。 2.醫療優勢再加上熱忱的款待、電訊和互聯網服務，以及精彩的配套旅遊專案（北方網，2004）。
中國	1.推行中國傳統醫療觀光行程。 2.體驗中醫的「望聞問切」技法和針灸、推拿、足浴及中藥美容療法。 3.浙江省許多中醫醫院投入大量人力物力，開闢名醫館、外籍人士診室、外語導醫等服務專案。

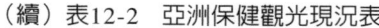

（續）表12-2　亞洲保健觀光現況表

國家	現況與推出之方案內容
印度	1.印度一些私立醫院所提供的專科醫療服務，並不遜色於美歐的一些大醫院。 2.2003年吸引了多達15萬外國人前來印度就醫。 3.孟加拉、尼泊爾、斯里蘭卡、印尼和泰國等國家的患者為主要客群。 4.歐美人是為次要客群。 5.來印度「醫療觀光」的外國人數量正在以每年15%的速度遞增。 6.印度醫療費用普遍僅為美歐的1/10，而且印度醫生一向在國際醫學界享有較好聲譽。 7.預估西元2012年，印度「醫療觀光」的年收入可達到22億美元。 8.為進一步促進「醫療觀光」，印度政府決定對醫院實行星級標準管理制度。 9.該標準將由印度旅遊部和衛生部聯合制定。 10.以其硬體設施和醫護人員的醫療及護理水準為基礎，分為三星、四星和五星三個級別。 11.高檔私立醫院也開始為海外病人推出諸如機場接送、配備能夠上網的單獨病房、提供印度美食、安排旅遊等各式套餐服務。 12.推出的療程配合有瑜珈和其他形式的印度傳統醫療（中國網，2004）。

資料來源：本文整理。

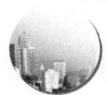

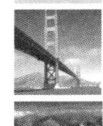
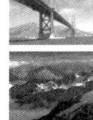

台灣健康觀光市場案例探討 ✿ ❀

　　以下分別依Outbound市場及Inbound市場介紹健康觀光市場之供給面及旅行社之運作。

一、供給面

（一）Outbound

■ 健康美容產品介紹

　★胎盤素之介紹

　　胎盤素（Placenta Extract）為健康動物體的胎盤萃取物，經由高溫高壓殺菌處理，製成膠狀的針劑，每支劑量約7c.c.，其組成複雜，含有蛋白質、荷爾蒙、凝血因子、紅血球生成素、多醣體、卵磷脂等成分，可直接注入皮下組織由人體吸收。不論中外，在民間的另類療法中，胎盤素被認為具有神奇之療效。隨著研究資料的累積，胎盤素之醫療及美容功效已獲得肯定，但市面上所銷售之產品良莠不齊，成分及品質（是否含有感染源）難以掌控，所以胎盤素之使用一直存有爭議。

　　目前市面上的胎盤素來源主要為羊、牛及人的胎盤，主要生產國家為法國、日本、澳洲及中國大陸。瑞士之技術為世界之最。使用方式有外用，如標榜抗老化及消脂之保養品；內服如治療疾病及當保健食品食用；針劑如治療疾病及抗老化；甚至細胞移植。其中，針劑及細胞移植風險較高，客戶為特定人士居多。

　　隨著使用者對使用安全認知的提升，牛、羊、及人胎盤素之使用都有病毒感染之風險，豬是目前很好之替代來源，若能提供科學之實驗數據，證實豬胎盤素之功效，及配合完善之生產及銷售規劃，應具有很高之市場潛力。

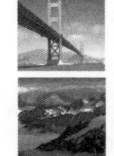

賴雅玲（2002）指出，在日本「胎盤素」可透過肌肉注射、口服、靜脈注射、塗布、點滴或是植入皮下，最新的突破則是結合穴道、痛點及硬膜外腔注射，適用症相當廣泛，諸如，更年期障礙、慢性肝炎、過敏體質、經痛、自律神經失調、異位性皮膚炎、白斑、五十肩、風濕性關節炎、退化性膝關節炎、氣喘等等，臨床上目前以退化性膝關節炎運用得最多。

★胎盤素應用到人體生活之範圍及途徑

古今中外文獻所載，秦始皇派御醫，找遍天下長生不老之處方，竟是胎盤（漢方藥典中稱為紫河車），西元1934年蘇聯（含之獨立國協）生理學家費拉多夫推出臍帶埋入療法，迄今胎盤素除了在醫學領域外，已被廣泛的應用到食品與化妝品用途上，來源除了來自人類體外尚有其運用方式，如表12-3：

■ 實行療效介紹

★醫學用途

胎盤所含有的抗凝血蛋白成分則是具有保護的功效。研究結果顯示，胎盤的抗凝血成分在胎盤組織中扮演抗凝血及防衛機能的角色，有助於新生胎兒的生存；而抗凝血成分的免疫調節作用，能夠促進白血球吞噬病原菌的作用，因此可以減少動物體感染疾病的機

表12-3　胎盤素運用方式彙整表

胎盤素來源	醫學角度	方式	名稱	便利	安全度	價格	被人體吸收程度
人	人體內10 Vivo	移植	臍帶埋入法	+	+	++++	100%
人、羊		注射	胎盤素針劑	++	+	+++	100%
人		口服用	食品	++++	+++	+	60-70%
動物、牛、羊	人體內10 Vivo	外用	化妝品	++++	++++	++++	1%

資料來源：朱逸寧。〈胎盤素——十女九白帶拖久了會不孕？〉，《大成報》。2004年12月30日，取自：http：//www.geocities.com/Tokyo/Teahouse/3311/food5.htm。

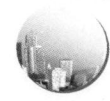

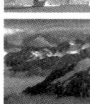

表12-4　胎盤素有以針劑、手術植入人體及口服劑等方式

使用方式	針劑	手術植入人體	口服
來源	施打胎盤素是取一種特別飼養的黑綿羊的胎盤活細胞注入人體後，胎盤細胞可立即與人體組織細胞結合，使這些已退化、失去分裂再生能力的細胞重新活躍起來。	1930年代（第二次世界大戰前），蘇聯醫學家首先發明以新鮮冷凍的產婦與嬰兒的臍帶植入於患者的手臂或腋下的手術。近年來在巴納德醫師的研究下，改取材來自羊隻的胎盤活細胞素，自創所謂「草原療法」。	
特色	受治療者的身體機能迅速好轉，並恢復如年輕人般的腦力及體力。	植入療法的主治範圍和胎盤素注射劑大體上是一致的，只是臨床效率的高低而已。有某些疾患，植入法的療效高於注射法（如氣喘病）。	以口服方式經由胃腸吸收，更加安全與方便。
缺點	花費高昂，非一般人所能負擔得起。其安全性常受到質疑。	較為疼痛。易受感染。安全性尚存有疑竇。收費高昂。	較須考慮的是胎盤素的含量與純度。根據美國FDA食品及藥物管理局報告指出，口服胎盤素劑量需在500mg以上，其功能方能為人體所有效運用。
附註	目前國內衛生署並未真正核准此種形式的胎盤素。	這種植入手術在世界各國的醫療管理，是視其鬆緊寬嚴程度而定，國內衛生署似仍未准許。	口服的胎盤素在台灣十分普遍。胎盤素不等於荷爾蒙，它是一種自然的東西，人體可自然吸收。

資料來源：http://www.ptn.com.tw/morris/main08-27.htm

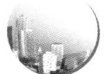

率、降低動物體創傷部位的發炎程度、有效提升動物體的抵抗力（鄭慧文，1997）。其應用包括：抗衰老的作用、抗感染作用、抗凝血作用、強壯作用、激素樣作用、對循環系統的調整作用、作用於中樞神經系統、減肥作用。

Dr. Bruce Patterson發現，胎盤中的白血病抑制因子（Leukemia inhibitory）具有阻斷HIV感染之功效（*British Medical Journal,* March 17, 2001）。

此外，胎盤也具有相當的臨床應用潛力，因此美國國家衛生研究院（National Institutes of Health）投下2,400萬美元的經費，以研究血液幹細胞（Stem Cells，包括胎盤臍帶血液部位）的應用。日本京都大學之研究人員也自特殊之胎盤細胞中成功培養神經及骨骼細胞，可用於治療骨癌及帕金森氏症（*Kyodo News*, April 15, 2002）。

以骨髓捐贈而言，由於取得骨髓的過程十分艱難，常常因此而延誤救人的時機。因此中華血液協會將保留胎盤臍帶的血液以取代骨髓，解決骨髓取得不易的難題，由此可知胎盤機能研究已經受到學術界重視（鄭慧文，1997）。

★美容用途

胎盤素所含的蛋白質和多醣體具有良好的保溼功效，可使角質層及皮膚組織的保水度提高，並延緩老化問題的產生。

胎盤素中的部分高活性物質（Nacety-nearamicacid），具有防止皮膚過度角化、抗潰瘍形成及消炎作用。因此臨床上常用來治療敏感區域的肌膚老化問題，目前常針對魚尾紋患者，在以肉毒桿菌外毒素注射除皺後，接著以胎盤素來改善膚質，如此不僅能延長下次再注射的時間，更對外毒素注射所無法改善的部分細紋，提供撫平的療效（洪勗峰，2004）。

胎盤素除了本身可吸收部分紫外線A及紫外線B外，具有抑制酪氨酸酶的功效，而酪氨酸酶（Tyrosinase）正是控制皮膚黑色素

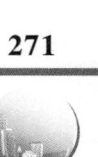

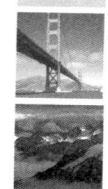

形成的重要關鍵,因此,在長期使用含有胎盤素的保養品之後,皮膚亦能達到美白的效果。

在美容醫學的臨床上,胎盤素中的荷爾蒙和紅血球生成素有促進肌膚細胞新生的功效。因此,常用於配合果酸換膚、雷射、磨皮,或是使用維他命A酸時,來加速皮膚的恢復,並降低此時肌膚的敏感性及發炎後色素沉著的可能。

★促進肌膚細胞新生的功效

胎盤素中的荷爾蒙和紅血球生成素有促進肌膚細胞新生的功效,因此胎盤素保養品廣受中老年消費客層的喜愛(鄭慧文,1997)。

★注意事項

據醫學界認為,人或羊的胎盤素,包含荷爾蒙及蛋白,而一些癌症,例如肝癌、乳癌和前列腺癌,會受到荷爾蒙的刺激而惡化。同時,荷爾蒙和胰島素會出現相反作用,所以家族中有糖尿病歷史的人,亦可能因注射胎盤素而引發糖尿病。由於人體有很多目前未發現的病原體,因此注射人胎盤素會帶來很大的潛在危險。另外,又由於狂羊症的潛伏期很長,注射羊胎盤素亦可能傳染到狂羊症。況且人體會對外來蛋白質有排斥,注射羊胎盤素或有可能會引發過敏,而導致突然休克。另外,胎盤是從人體取得的東西,製備胎盤素時,是否能有效去除可能的感染病源,如梅毒、B型肝炎,乃至愛滋病等,也是一個必須面對的嚴肅課題。

(二) Inbound

■ 健康檢查

健康檢查的目的,在於「早期發現疾病、早期治療」,並強調「預防勝於治療」的觀念。糖尿病、高血壓、心臟病,這些都是慢性的疾病,藉由健康檢查的篩檢,這些疾病都可以檢查出來,從而得到適當的治療。

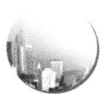

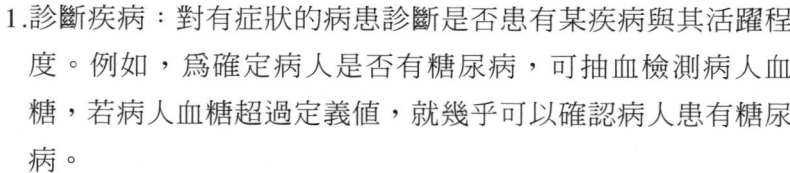

高智雄（2004）指出檢驗的目的如下 ：

1. 診斷疾病：對有症狀的病患診斷是否患有某疾病與其活躍程度。例如，為確定病人是否有糖尿病，可抽血檢測病人血糖，若病人血糖超過定義值，就幾乎可以確認病人患有糖尿病。
2. 治療效果的追蹤：協助處理評估病情、病程、預後、復發與療效。例如，定期對糖尿病患者檢查血糖，以確定治療成效。
3. 疾病的篩檢：預防醫學的觀點，對無症狀的民眾篩檢危險因子與潛在疾病。期對某些疾病作篩檢，以早期發現，早期治療。其中，選擇作為篩檢疾病的Screening Test檢驗，必須考慮效益及成本、最理想的是能以最低的檢驗成本達到最大的效益，以找出可以早期治療的疾病。例如，作大便潛血反應以篩檢大腸癌。
4. 醫學研究：學術研究分析；新檢驗方法及新醫學療法或新治療藥物之療效驗證。

健康醫療觀光可實行之健康檢查，一般包含下面二種：

1. 一般檢查：包括身高、體重、血壓、視力和口腔狀態。
2. 血液、尿液和糞便檢查。

二、旅行社

（一）執行旅行社

■ Outbound與Inbound

帶健康美容團出國施打胎盤素與招攬國外旅客至台灣做健康檢

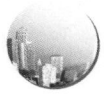

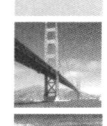
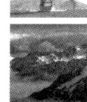

查的大部分爲甲種旅行社；甲種旅行社可以從事下列業務：

1. 接受委託代售國內外海、陸、空運輸事業之客票或代旅客購買國內外客票、託運行李。
2. 接受旅客委託代辦出、入國境及簽證手續。
3. 接待國內外觀光旅客並安排旅遊、食宿及導遊。
4. 自行組團安排旅客出國觀光旅遊、食宿及提供有關服務。
5. 代理綜合旅行業招攬旅客國內外觀光旅遊、食宿及提供有關服務。
6. 其他經中央主管機關核定與國內外旅遊有關之事項。

（二）健康觀光產品組合

以下根據Outbound與Inbound兩方面來探討台灣健康觀光產品（表12-5）：

1. Outbound：出國到日本的美容行程天數一般爲3-5天不等，整個行程的安排與一般的旅遊行程相較之下並無太大的差

表12-5　健康觀光產品比較表

	Outbound	Inbound
服務內容	除了施打胎盤素之外，其他皆與一般出國旅遊的行程相同。	主要為華僑回國的健康檢查為主，並分為有觀光旅遊的行程以及無包含光觀旅遊行程兩種。
服務方式	團體旅遊	團體旅遊
對象	中老年人、慢性疾病的人、年輕愛美的女性	美國旅居的華僑，以40歲以上中老年人為主
價格	15,000以上（依行程而定）	35,000-40,000（含2個旅遊行程） 28,000-30,000（不包含任何行程）
時間	施打一次胎盤素可維持約3個月	健康檢查不像一般的治療有時間的效期，不過建議40歲以上的中年人每三年就必須檢查一次，而60歲以上則每年一次。

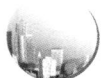

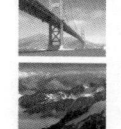

異，但整個行程會以溫泉健康的安排為主（詳細行程請參見附錄二），其中一天則整天都以施打胎盤素的行程為主。胎盤素的施打為自費，並不包含在行程的團費中，施打一次約需要日幣6,000元以上（依施打劑量而定），並可以維持約3個月，而此旅行社也固定的招攬承辦此種行程，主要參與的對象為中老年人、有慢性疾病的人或是年輕愛美的女性。

2.Inbound：以健康檢查為主的來台旅遊，一般為3-5天不等。行程中沒有安排其他額外的旅遊，而整個檢查所需的時間約3天，第一天到檢查中心為檢查做準備，包括禁食、灌腸等事前準備，第二天才是整個檢查的重心，包含一連串的身體檢查，待檢查過後的報告出來，第三天主要進行的就是檢查結果的解釋，由負責檢查的醫生依照檢查結果為其解說。

三、需求面

社會安定，經濟持續快速、健康發展，人民安居樂業，各國旅遊之趨勢以滿足安全、健康為主最能滿足旅遊需求，並且也是實現旅遊的最好方法。

最近在市場上旅行社以保健及美容為訴求的團體，似有逐漸增多的趨勢。

例如，到韓國不單是滑雪，還要吃人蔘燉雞，兼做草藥浸腳；到東莞，不僅是要買平貨，還要做七色浸浴，兼練氣功；去法國，原來可以做水療。不只是都市人講求健康，中產階級更講求健康，旅遊已經升格為一種治療。

（一）醫療美容觀光之案例探討

千方百計滿足旅客的旅遊需要，並且要提高服務品質，使各種旅客對旅遊都感到舒適和滿意，產生著旅遊對人們的巨大吸引力，

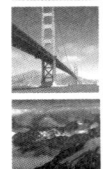

而以健康為訴求的旅行團便在這股風潮之下產生。因此想瞭解國內對於以健康、醫療、美容為訴求的旅行團之市場性概況如何，以下特列舉一實際案例訪談供讀者思考討論。本案例之列舉以實地訪查為基準，實地訪問真正以此為重點行銷之旅行業者，以便推估其市場性，及瞭解國人對此種型態旅遊的趨勢，以下為部分訪問的內容：

■ Outbound案例探討

◎以經營Outbound市場為主的AAA旅行社。
◎旅行社經營業務：以日本名古屋之健康美容為主要業務。
◎經營時間：十二年以上。
◎旅行社規模：員工數15人左右。

　　AAA旅行社，成立時間十二年，一開始就定位在強調健身及美容之旅遊，在台灣以此為訴求而較具規模的業者共3家，分別分布在台北、新竹及台中，其它小型業者的客源大都來自靠行的旅行社，其經營的主要業務就不限以此訴求為主。

　　據AAA業者表示，該公司在日本名古屋有特定簽約的醫院，及需要有會員俱樂部卡才能進入的休閒度假中心，每次行程以3天2夜為主，由業者安排醫院及度假中心來提供服務。醫院提供的服務主要以注射胎盤素為主，也提供一般的美容醫療項目，如割雙眼皮等整型項目。由於台灣注射胎盤素並不合法，所以讓業者有了這樣的市場及商機，因為日本注射胎盤素，是合法的醫療行為，3天2夜每人收費約15,000台幣左右，截至目前為止，業者手上累積的客戶名單超過10,000人以上，平均每月出團人數約12團左右，每團約25-40人不等。以此推估台灣每年以此目地出國的人數超過10,000人次以上，業者選擇的日本森大醫院成立約四十七年，在當地也以注射胎盤素聞名，其品質也占很重要的一環。業者指出，十幾年前，前

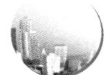

往的客層年齡大都以50至60歲左右的中老年人為主，男女比例各半，但近年來客源的年齡層逐漸下滑，30至40歲的客人比例不斷提高，而參加的目的地各有不同，有些是本身年紀輕輕就有慢性病，而部分人卻是為了愛美，純粹以美容為訴求。日本名古屋，松下醫院提供這項醫療業務每個月約有1,000名左右的台灣客前往，占該院客源的五分之一。

再由去年亞洲蒙受SARS的疫情危害時，幾乎所有的旅遊團體都無法成行，唯獨此另類的打針團照常前往不受疫情影響。這種另類的旅遊市場在台灣已存在了十年以上，初期民眾的接受度不高，大多以跑單幫的業者私自招團，並以靠行的方式依附在某個旅行社下出團，但隨著民眾接受度越來越高，業者開始明顯地直接打出「赴日打胎盤素」的旗幟！由目前在台北市政府舉辦的旅遊展中，就有業者向大眾介紹這種另類旅行團。到底什麼樣的消費者會對此種跨海注射胎盤素的旅遊有興趣呢？經過業者所提供的旅客資料顯示，早期開始是以老年人為主，尤其是有慢性病的老年人，希望靠胎盤素來改善這些慢性症狀。其中最高年齡的是98歲的老太太，由兒子陪同赴日，而且連續打了兩年，但近年來客源的年齡層逐漸下滑，30-40歲的旅客占了很大部分，男女比例相當。

依照市場行程，此類團體的天數是3天2夜，主要是節省時間，第一天搭下午的飛機出發，晚上抵達日本後直接入住飯店，第二天上午前往醫院打針，下午則是到名古屋半日遊，第三天一早即搭飛機返回台北，費用15,000元以下。一般參加團體的旅客會被安排至上午的門診，下午則是一般散客的門診；據業者表示，會做此安排主要是有部分政商名人礙於身分，無法跟團體一起行動，只好花高一點的價格，採取自由行的方式來消費。

基本上根據業者表示，除了日本提供此類服務外，其他在歐洲的瑞士及大陸地區也有旅客前往，但是瑞士方面，因為價格極高，不是人人皆消費得起，所以以金字塔頂端的人自行邀約前往較多，

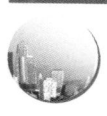

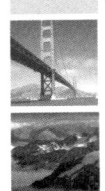

至於大陸則因為檢驗技術受到質疑，民眾接受度有限，所以目前市場上還是以日本為台灣旅客主要消費區。一般而言，整型科醫生為患者注射的胎盤劑，多半是成分百分之百的原液，注射的方式則分成除皺的皮膚注射以及幫助肝臟活性化的靜脈注射，至於注射的費用則完全依使用的劑量而定，由1萬日元到10萬日圓不等。

雖然胎盤素本身沒有副作用，但必須長期性接受治療，接受過的注射患者每隔3個月就必須再接受注射否則接受治療的部位會因此鬆垮下來，因此，只要曾經接受胎盤注射的人，每年至少要跟旅行社報名3-4次不等，趕在胎盤素有效期限之前再追加打一劑。

這也是經營此類的業者，長期都有固定基本客源出團的最大因素。

■ Inbound案例探討

> ◎以經營Inbound市場為主的BBB旅行社。
> ◎旅行社經營業務：以美國西岸之旅外華人回國健診為主要業務。
> ◎經營時間：五年以上。
> ◎旅行社規模： 員工數台灣15人左右，美國5人。

根據實際訪談專門以經營海外華人回國參加健康檢查的業者指出，其主要的業務是醫療旅行團，該業者在台灣是經營一般旅行業務，由於在美國西岸成立分公司，專門經營華人市場，業者於二年前深入美國當地以舊金山、洛杉磯、聖地牙哥三個較大城市的華人社區為主，業者在當地做過市場評估及調查，並以傳單及DM方式探試當地華人，對於回台灣以觀光搭配做健診的旅遊方式是否有意願，結果獲得50-60%以上的熱烈反應。

在台灣配合的醫院是為於北部郊區的醫院，設有100個房間的套房，專為前來健檢的客人準備，旅行業者表示，據估計每年約有

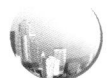

1,000人次左右由美國回台觀光並搭配業務的安排進行全身健康檢查,但由於醫院床位的限制,業者將此套裝行程(Package)分成兩種:一種是6天5夜隨團進出的健檢團,內容包含二個自由行(Free Tour)約台幣35,000-40,000不等;第二種方式是配合醫院病床的始用調度,以4天3夜的健檢服務為主,不含住宿的部分,收費較少約台幣28,000-30,000左右。

據業者分析,由於在美國當地華人,雖然有些人住過很長一段時間,但是對於外國醫生還是有一種談得不夠深入的感覺,所以當時進入台灣的客層年齡都以40歲以上的中老年人為最大宗,台灣對於這些人的吸引力,除了價錢差距甚大之外,對於同樣都是中國人的信任感及溝通是覺得比較親切,參加此種健檢套裝行程的以男性居多,且大部分以高科技之工程師占大多數。目前台灣只有一家旅行社以這種健康為訴求的業務來經營Inbound市場。根據業者提供的旅客名單進行電話訪問,在準備回美國的旅客中,有10位是參加4天3夜為主的純健檢團,訪談內容以參加此類團體的動機,及對旅行社的安排是否滿意為主要的提問,其中有5位旅客感到滿意,有3位旅客覺得還是搭配2天的旅遊行程比較有放鬆的感覺,另外2位不表示意見。

此案例中受訪旅客的反應大都呈正面的肯定,未來旅行業者還是可以結合國內具有競爭力優勢產品的包裝結合,提升帶動台灣的Inbound的旅遊市場。

(二) 醫療美容觀光之需求

一般旅行社經營的業務範圍,大都是以旅遊觀光為主,上述案例之探討主要是藉由二組案例之對照,來探討一般業者對有特定目的之觀光行程,是否有經營的意願,及其是否有操作上之困難度。根據業者表示,對於特定目的地觀光旅遊,在操作上雖然有一定的技術及困難度,但卻是一個可以發展的市場,因為台灣旅遊市場亦

279

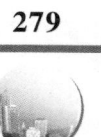

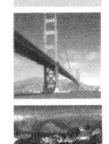
屬純熟，有不一樣訴求的產品是可以找到不同的顧客族群。而其操
作上之困難點則主要為：客源的來源是否穩定、航空公司的機位配
合度及與當地相關機構是否取得在市場上較具競爭力的優惠價格
等，上述這些都是必須配合得當之相關因素。

社會不斷的進步，經濟快速成長，現代人對健康的要求及觀念
也就隨著時代的進步越來越受重視，再加上現代生活的壓力及腳步
都快速發展，使得現代人對健康及減壓的需求也益增高。因此，以
健康觀光為目地之訴求，應該是有其一定的市場性，只是相關的經
營業者，是否可以包裝及設計出讓消費者滿意、適用的普遍性更
廣，應該是業者可以深思的議題。

結論

依前述與相關業者深度訪談的內容，可就台灣目前的Outbound
及Inbound市場作下列推估：

1. Outbound方面：依據訪談業者所得到的資訊，推估每年約有
   一萬人次的台灣遊客至日本施打胎盤素。
2. Inbound方面：經由訪談業者，依其提供之資訊，可推估目
   前來華實施健康檢查之遊客，每年約有1,000人次。

現今，健康觀光已成為一種新的旅遊趨勢，且為亞太地區一種
新興的發展。我國行政院衛生署有鑑於韓國有整形街，馬來西亞檳
榔嶼也有意打造「整形之城」，新加坡將全套體檢及抗老化列為其推
行醫療觀光的重點之一；其次，因為台灣的醫療水準高，植牙、整
形、人工助孕等技術都很先進，且價格較國外便宜。因此，衛生署
於2004年12月8日指出，隨著醫療觀光的興起，台灣應該利用技術
先進的優勢，推動醫療觀光的發展，未來將以大陸為重點市場。衛

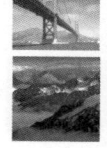

生署現階段以臨近遊樂區的署立醫院為首次實施對象，由署立醫院提出計畫，結合臨近遊樂區，規劃一健康觀光行程，再從中擇一作為示範。希望由國民旅遊型態開始推展，進而可發展為吸引外國人來台的Inbound市場。

　　基於台灣成熟的醫療技術水準、相較於歐美國家更平易近人的醫療費用，以及完善的硬體設施，可提供發展保健觀光所需軟硬體設施，因此，未來若能在遊程規劃與保健觀光設計兩方面配合發展，結合相關專家、學者、政府機構與民營企業共同協商研討，發展適宜的配套措施，以台灣現有的優勢（良好的醫療品質與合宜的費用），配合具有台灣特色的觀光活動設計，將可吸引不同需求的外來遊客，開拓台灣健康觀光市場。

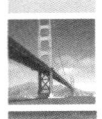

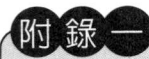

新加坡「醫療觀光」實施計畫整理

一、計畫名稱

「保健觀光計畫」。

二、計畫目標

新加坡政府計畫西元2010年來新加坡從事醫療觀光人數達到100萬人，帶動其他周邊經濟效益，使整體醫療觀光之經濟收益達17億美元，並創造1300種工作機會。

三、市場狀況

目前每年大約有20萬人次前往新加坡從事健康觀光活動，產生之經濟收益約2億5,000萬美金。而所從事的醫療服務大約以身體檢查、器官移植和分體手術為主。

四、客群來源

前往新加坡從事醫療觀光之主要客群以印尼及馬來西亞為主，而以歐美旅客為未來發展之次要市場。

五、實施方案

由新加坡經濟發展局、旅遊局和新加坡企業發展局聯合組成「新加坡國際醫療機構」，推動國際觀光客看病一站式服務，大大簡化看病之流程，以提供更多便利性給前往新加坡醫療觀光的國際旅客，增加吸引力。除此之外，在海外建立醫療據點，作為海外先驅點，當需要進一步進行醫療行為時，即透過此醫療機構的嚮導，推薦至新加坡國內進行醫療，並依照病人個人需求，量身訂做適合之治療方案，並尋求權威之主治大夫，此機構亦會提供病人和家屬辦理簽證、預訂酒店、配備秘書並安排一些遊覽計畫，使旅客除了從事醫療以外，還可從事觀光活動。為了迎合、服務國際旅客，許多醫院都建立國際病人服務中心，提供一些貼心的服務。而新加坡房地產管理委員會協會也推出「醫療觀光寄宿計畫」，提供此類客群一個舒適且獨特的住宿場所，而此接待家庭成員必須至少有一位是在職或前醫護人員。

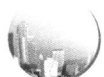

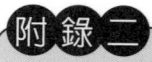

附錄二

×× 旅行社——日本青春不老團5日遊

一、遊程內容

行程天數：5天；打胎盤素費用自理，日幣6,000元。

二、詳細行程

第1天　台北／大阪（關西機場）

首日集合於中正國際機場，由專人辦理出境手續之後，搭乘豪華客機飛往世界上最大的航運大廈人工島——關西國際空港，抵達後在本公司的專業導遊陪同之下，專車前往飯店休息與享用晚餐。夜晚住宿關空HOLIDAY INN或同級旅館。

第2天　和歌山—紀三井寺—圓月島—千疊敷—三段壁—串本海中公園

早餐後，專車前往日本歷史發祥地和歌山縣之著名寺院——紀三井寺（正式寺名為護國院金剛寶寺）。紀三井寺名稱是因為寺內有三口水井：吉祥水、楊柳水、清淨水而得名。此寺為奈良時代所創建的名剎，其樓門及鐘樓被指定為重要文化財。

續往白濱町的象徵——圓月島。圓月島是白濱的象徵，本名高島，長130米，寬35米，高25米，因受海浪長年侵蝕，導致島中央呈一圓洞，故取名為圓月島。

接著前往沿太平洋海岸終年海浪拍打所形成斜狀的突岩，及沿岸懸崖峭壁的千疊敷、三段壁。千疊敷是位於瀨戶崎的前端突出的巨大岩石侵蝕台地，為第三紀層的砂岩所形成，形狀像榻榻米的岩石成群，就像是真的有上千塊墊子疊在一起。三段壁則是聳立於千疊敷的南海岸，綿延約2公里的海蝕懸崖，高度平均50公尺，外型宏偉壯觀。您可在此觀賞澎湃浪花飛濺、雄偉壯觀的景緻。

接著前往位於潮岬西面的串本海中公園，有一條長24米的海底觀覽隧道和多個展室供遊客親睹鯊魚、魔鬼魚等海洋生態，更在離岸140米的水底建有一座深6.3米的海中展望塔，讓遊客深入海底近觀遊魚和珊瑚美態，彷彿置身於海底世界一般。

夜宿串本溫泉區，串本ROYAL或同級（享用溫泉區懷石料理）旅館。

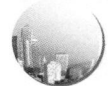

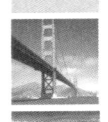
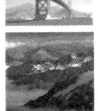

附 錄 二

第 3 天　串本溫泉—橋杭岩—那智瀑布—徐福公園—鬼岩—鳥羽溫泉

早餐後，專車行至傳說中弘法大師求菩薩相助造橋所在之地「橋杭岩」，約有40多個大小不等巨石佇立海中，宛如橋墩狀聳立在驚濤駭浪中。

後驅車前往參觀號稱日本第一的那智大瀑布，如錦帶般奔流的白涓，自山谷高壁間宣洩而下，其聲勢蔚為壯觀。

接著前往傳承著中國文化的徐福公園，古老傳說中為求不老仙丹而遠渡重洋至異鄉，在異鄉中落地生根的徐福，受到當地人民的愛戴，為其所建的建築色彩華麗深具中國風。

接著前往參觀因熊野海灘的波濤侵蝕，使岩洞猶如鬼穴般神秘的鬼岩。

夜宿日本珍珠的養殖地，亦為溫泉聖地之——鳥羽。夜宿伊勢志摩ROYAL或YAMAHA RESORT或同級（享用溫泉區懷石料理）旅館。

第 4 天　鳥羽溫泉—免稅店—名古屋

前往名古屋特約醫院注射胎盤素，之後前往免稅店後回到飯店休息。夜宿名古屋ROYAL PARK INN或同級旅館。

第 5 天　名古屋—名古屋機場/台北

早餐後，您可以稍做休息或整理行李，後專車前往名古屋空港，搭乘豪華客機返回台北，結束此豐富又多彩多姿的日本五日之旅。

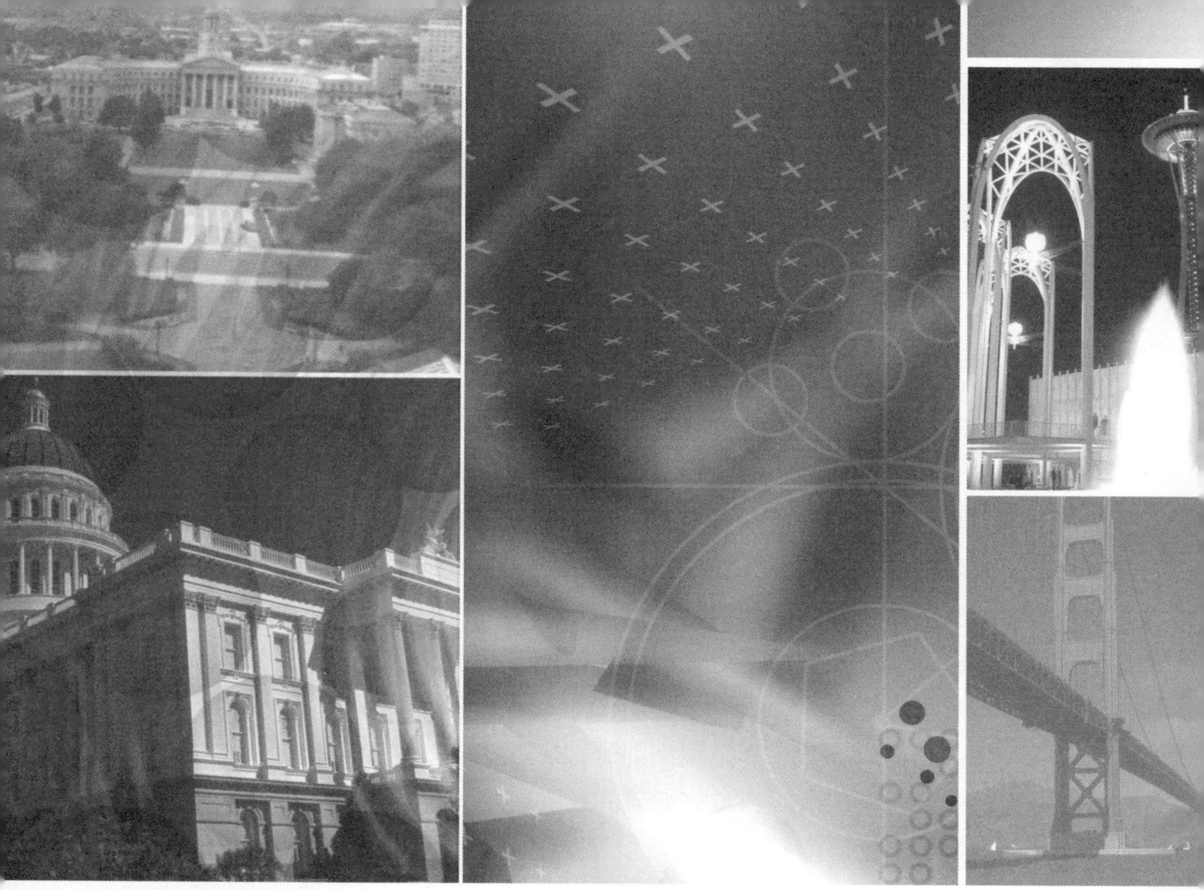

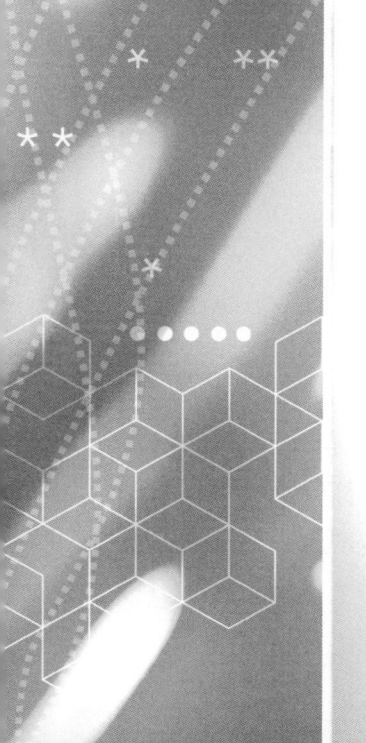

第十三章

低成本領導航空
公司發展之探討

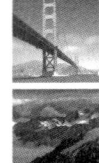

前言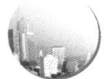

　　觀察目前國際航空業的發展趨勢發現，全球的航空業正吹起一股低成本航空（Low-Cost Airline, LCA）的潮流。低成本航空營運方式簡單，票價低廉，它改變了航空旅遊是高消費的傳統觀念，使其成為一種快速而經濟的旅遊方式。低成本航空的概念最早由美國西南航空於1970年首創，後來進而推廣到世界各地，目前這股潮流已席捲全球航空業。

　　在美國、歐洲等地，低成本航空公司已經成功營運十多年，美國西南航空更是運用此一模式連續營利達三十一年。在國際間大型航空公司屢傳營運不佳之際，實為一了不起的成就。

　　在亞洲，尤其是東南亞地區，低成本航空公司也如雨後春筍般成立，繼馬來西亞首先發難的亞洲航空（Air Asia, 2001）之後，向來標榜高服務水準的新加坡航空亦成立子公司飛虎航空（Tiger Airway, 2004），澳洲的Quantas集團亦於亞洲地區成立捷星亞洲航空（JetStar Asia）。因此，基於國際趨勢對低成本的看好，本研究將針對低成本航空之定義、緣起與發展做一回顧；再將世界各地搭乘低成本航空公司之發展概況與經驗做一整理；最後，給予未來台灣發展低成本航空營運策略之建議。

低成本航空之定義

　　低成本航空，又稱為No-Frills or Budget Airline，是指航空公司在營運各方面，如航線開闢、機場選擇、售票方式、機上服務等方面皆採用低成本的策略，如售票可完全採取網上售票，機上不提供報紙、餐飲，所省下的成本回饋給旅客受益，以達到雙贏的局

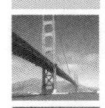
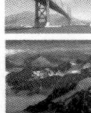

面。低成本航空改變了航空旅行是高消費的傳統觀念，使其成為一種快速而經濟的旅行方式。

低成本航空最關鍵的問題是如何採取種種措施降低成本，以保證在低價的情況之下，還有利可圖，進而持續維持低成本運作。對於航空公司而言，衡量低成本的最基本尺度是每座位1公里的單位成本。一般而言，低成本航空的座位1公里單位成本通常只有傳統航空業者的50％或甚至更少。然而，並非所有賣低票價的航空公司即可稱為低成本航空，另一與低成本航空容易混淆的是低費率航空公司（Low-Fare Airline）。低費率公司為一般的航空公司，如聯合（UA）、英航（BA），為了因應低成本航空業者的競爭，進而採取部分的低票價策略；然而其成本結構卻始終還維持在相當高的程度，造成公司本身必須挪用其它市場營運所得來維持其正常運作。在這樣的情形下，如果收益不能覆蓋其虧損，最後必然爆發財務危機進而走向倒閉一途；最明顯的例子是在一九九〇年代後期歐洲的Debonair航空，民眾認為Debonair是一家低成本航空公司，但事實上由於其採用的機型導致其成本結構相當高，最後入不敷出，終於在九〇年代末期倒閉。

低成本航空的起源與發展 🌸🍀

低成本航空公司源自於整個長期高度管制的航空產業，形成卡特爾式的獨占，包括固定的費率、航線；隨後美國於1978、歐洲及澳洲於九〇年代開始，皆實施解除管制（Deregulation），放寬各種申請條件後，新的競爭者如雨後春筍般成立。此時票價及航線不受以往管制，完全取決於市場力量及需求。為了迎合更廣大數量的民眾需求，一種全新的經營模式便開始萌生，此種模式就是低成本航空。

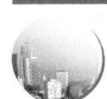

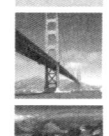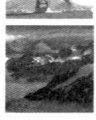

在一九九〇年代末期到二千年初期，全球航空業飽受經濟衰退、恐怖攻擊疑慮等因素，導致嚴重的供過於求，航空業的產出（Yields）呈現長期的衰退。然而低成本航空在這段期間卻逆勢成長，似乎不受以上因素影響。目前，低成本航空在歐、美、澳洲的營運相當成功，正逐漸贏得短途且點對點航線旅客的青睞，此番趨勢甚至蔓延到亞洲。面對低成本航空公司強力的競爭，歐美各國主要航空公司如英航、荷航都設立低成本子公司來因應，最近就連新航、聯合、泰航、澳航也都加入此番行列，依此現象看來，低成本營運似乎是未來航空業界主要發展的方向之一。然而不僅如此，有鑒於低成本航空逐漸取得市場占有率，各國機場也競相提高自身的競爭力與優惠，以期望能夠吸引低成本航空公司前往開航。

低成本航空業者營運的特性

低成本航空業者特性經整理自Pender and Baum （2000）及相關文獻後，歸納為以下十六點，呈現如表13-1：

表13-1　低成本航空業者營運特性

簡化票價結構	精簡人力，身兼數職	無票化系統	放寬限制
基本服務	單一機型	旅客回饋計畫	機隊濕租
自由入座	單一艙等與較窄的座位間距	外包非核心業務	二線機場與航線不重疊
快速的迴轉時間	直接的配銷通路	動態票價策略	低勞工成本

1.簡化票價結構：低成本航空傾向採用簡單的票價結構，主推單程或可彈性使用的回程票，並隨時配合需求調整票價；與主流航空（Mainstream Airline）提供彈性但高額票價的方

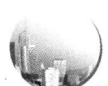

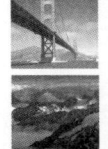

式截然不同。

2. 基本服務：爲了達到低成本與快速中轉的目的，低成本航空的服務通常較爲縮減，例如，不提供餐飲、娛樂、不劃座位、客艙空服員的數量減少到合法的最低限度、不提供轉運行李至其它航空公司的服務等，取而代之的是付費的飲料及餐點，以及在機上銷售免稅商品以增加收益來源等措施。

3. 自由入座：低成本航空不提供劃位的服務，減少對號入座的登機時間，也縮短地勤人員辦理登機手續的時間，所有旅客採自由入座，也就是先抵達先選位置入座，並且使用塑膠材質，可重複使用的登機卡節省成本。此舉目的是爲了簡化流程以快速中轉，所以與一般的航空公司比起來，低成本航空公司的櫃檯很少會看到大排長龍的情形。

4. 快速的迴轉時間：簡化登機程序及服務，這些做法使成本及轉頭起飛作業時間減少，如此一來便可增加飛機的使用率，使其效益達到最大，同時還可縮小機隊的規模，降低成本的支出。

5. 精簡人力，身兼數職：空服人員身兼數職，除了核對搭機旅客登機號碼，起飛後販賣餐飲及免稅商品，飛機降落後負責打掃。

6. 單一機型：低成本航空大都採單一機型，如此一來空勤人員、配備、備用零件等，都可以互相替換，使訓練、維修工作更一致化，進而降低成本的支出。

7. 單一艙等與較窄的座位間距：由於低成本航空採取低成本的策略，所以不設置商務艙，只設單一的經濟艙等，並且爲了讓載客量達到最大，通常座椅的間距縮短，以容納較多的座位數。

8. 直接的配銷通路：低成本航空爲了減少中間人的抽佣，也就是給予旅行社或通路商的佣金成本，大多自行設立直接通路

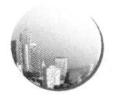

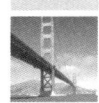

（Direct Channels），使民眾直接向航空公司本身購票。民眾通常經由電話或專屬的網站向航空公司訂票，並使用信用卡付帳，不過電話訂票的服務人員有限，網路訂票效率較佳。另外，像傳統航空公司經常使用的電腦訂位系統（CRS），由於其使用成本較高，所以也是低成本航空業者極力避免的通路方式。

9. 無票化系統：無票旅遊指的是旅客可以完全不必依靠電腦訂位確認系統，只要拿到航空公司的一個確認代碼之後，即可準時登機。這種作業方式讓航空公司本身及旅客受惠良多，紙上作業越少，意味成本越低（包括機票及地勤人員），處理更快，意味著旅客通關更快速，同時排除付予中間人佣金的過程。

10. 旅客回饋計畫：低成本航空通常沒有里程累計計畫（Frequent Flyer Programmes, FFPs），取而代之的是提早透過網路訂票，越早越便宜。只有部分低成本航空（如西南）採取間接的方式，如在一定的時間內，累計一定數量（西南16張）的機票，可免費換得一張來回票。

11. 外包非核心業務：低成本航空公司通常只做航線的維護，如航機、駕駛員、客艙組員、票務、行銷等業務，其它非核心的業務採取外包的方式，以增進效率及降低成本。如亞洲第一家低成本航空公司──亞航，將重大維修和機器檢查交給新航來做。一來新加坡航空公司具有非常好的信譽和能力，二來亞航可以省下巨額的維修設備和培訓等機務成本，可說是雙贏的方式。

12. 動態票價策略：低成本航空票務策略與傳統的收益管理不同，採用先到先服務，且可享用最低廉的票價；比起傳統的收益管理所採取儘可能地賣出高價座位的方式，剛好相反。但近年來新興的低成本航空業者有部分開始採用動態票價的

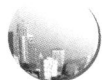

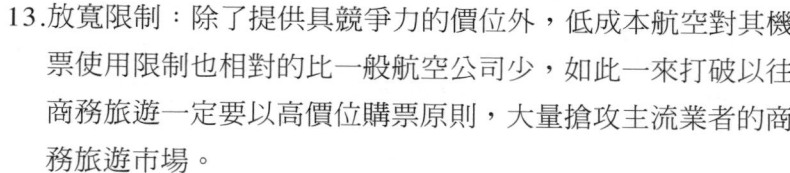

策略，以因應淡、旺季的需求變化。

13. 放寬限制：除了提供具競爭力的價位外，低成本航空對其機票使用限制也相對的比一般航空公司少，如此一來打破以往商務旅遊一定要以高價位購票原則，大量搶攻主流業者的商務旅遊市場。

14. 機隊濕租（指飛機與機組員一起租）：低成本航空公司傾向濕租飛機來營運，或是透過金融槓桿原理降低航機持有成本。就濕租來講，濕租的計費方式是以每小時計算，且幾乎囊括了所有的費用，包含組員、維修、保險費等。如此一來讓業者本身可以採用更靈活的方式經營，進而隨淡、旺季需求的變化來調整營運的方針。但隨著低成本航空公司漸漸取得市場占有率，部分經營較為成功的業者如西南、雷恩、Easy Jet等，都已經擁有自身的機隊。

15. 二線機場與航線不重疊：在歐美，低成本航空公司大都使用二線較不壅塞的機場營運，一方面開闢新的市場，另一方面以避免支付主要機場昂貴的使用費，還可以免受擁擠的流量所影響，達到快速中轉的營運。同時為了避免低成本航空公司彼此之間直接競爭，低成本業者大都開航起迄點不互相重疊的航線，也就是只要起點相同，迄點就不同；反之亦然。

16. 低勞工成本：低成本航空公司的勞工成本通常低於一般的航空業者，大約只達到一般業者的40%。

本研究參考相關文獻後，整理出低成本航空公司與傳統大型航空公司在營運策略項目之差異，並以表13-2示之。

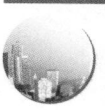

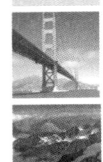

表13-2　傳統與低成本航空策略之差異

主要服務項目	傳統航空公司	低成本航空公司
航線網路	充分運用軸輻網路	以點對點之直飛航線為主
航空站選擇	以主要機場為主	以次要機場為主
訂位服務	以旅行社為主	以電話與網路為主
營收管理	大幅採用營收管理策略	有限度地採用營收管理
票務管理	以實體機票為主	以電子和網路機票為主
機型選擇	混合機型	中型、單一的機型
艙等配置	多艙級配置	單一艙級配置
機上餐飲	提供免費餐點	不提供免費餐點
空勤組配置	以實際需求數量配置	以法規規定數量配置
航空器使用率	較低	較高
空地勤作業外包	較少	較多

世界各地低成本航空的發展概況與經驗

目前全球各地代表性的低成本航空公司依照地區別可歸納如下：

1. 美國地區：Southwest Airline、JetBlue Airways、America West、Frontier Airline、American Tran Air、Air Tran。
2. 歐洲地區：East Jet、Ryan air、Go、Sterling、Virgin Express、Buzz、AIR2000。
3. 日本地區：Skymark Airline、Air DO。
4. 澳洲地區：Virgin Blue、Freedom Air、Jetstar。

茲依地區別將其發展概況與經驗分別詳述如下：

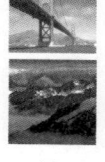

一、美國

（一）解除管制初期

　　全球航空業最先解除管制的國家是美國，而低成本航空公司便是源自於美國，美國航空工業近代的發展與低成本航空有極大的關聯。美國航空業於1978年解除管制，解除管制後，市場上頓時湧現為數不少的新業者，挾帶著較低的成本、較低的運價，以新購或租賃所得航機打入市場，與原有的業者（Incumbents）在重要的航線上，展開激烈的競爭。到了一九八〇年代中期，整個航空市場日益競爭，帶給民眾更多的選擇與較低的費率，被認為是解除管制的一大成功。但這段期間並沒有維持太久，原本占據市場的業者開始運用其自身的優勢來加以反擊，最後得以存活下來的新業者極為少數，僅剩西南、超值航空（Valuejet）、Tower Air等航空持續在市場上營運。

　　到了八〇年代末期，美國市場仍由主要的航空公司所把持。推其原因，當時新成立的低成本航空公司缺乏足夠的資本與大型航空公司展開長期的競爭，所持有的優勢只有較低的勞工成本，而劣勢例如，缺乏市場認同、受限的資源，以及較不成熟的受益管理系統等，另一個重要的因素為其安全性的疑慮。然而其實倒閉的不只有低成本航空，1978年美國聯邦政府解除對航空界的管制後，市場擴張的速度比業者預期的快，許多業者龐大而無效率的體制造成了重複與浪費，再加上缺乏對乘客服務作變通，無法因應急速的變化之下，最後走向倒閉一途。其中，西南航空得以生存下來，主要是奉行低成本策略及保持小企業心態和彈性的做法。

（二）摸索期與成熟期

　　到了1990年，低成本航空公司營運的版圖還是非常受限，在全美直飛航線（不轉乘）（Origin & Destination, O&D）中，只占了

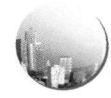

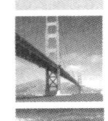
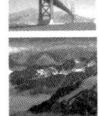
7%的比例,而且市場上一提及低成本業者,幾乎就等於西南航空,因為只有西南航空的營運有到達一定的規模。這樣的情況一直維持到1993年,新興的低成本航空陸續湧現,並快速地擴張其航線與規模。通常低成本航空選擇進入高旅客密度的城際路線,如此一來便可利用其成本優勢來提供快速週轉、點對點的服務。到了2002年,低成本航空幾乎占了美國直飛航線的四分之一運量(市場占有率25%),觸角延伸到全美各地。這期間比較著名的業者如Air Tran、JetBlue、ATA以及Frontier都迅速成長,然而西南航空還是最大的低成本業者,1995年後甚至超越了美國航空(AA)及聯合航空(UA)。

(三) 低成本航空對原有業者的衝擊

通常低成本航空加入某航線時,就會帶動該航線價格下降。以西南航空為例,西南航空加入後與加入前比較起來,每條航線費率大約下降54%,同時也帶動整個市場的成長,即使不是由西南直接經營的航線,也是如此,這就是所謂的西南效應。至於整體上低成本航空效應方面,根據Lee and Luengo Prado(2002)研究指出,低成本航空的加入平均讓整個航線費率下降15-23%,另外再加上低成本航空一再地取得市場占有率,對傳統以轉運中心(Hub-and-Spoke)為主的業者造成越來越大的威脅。在不堪快速流失客源的情況下,大型業者不得已紛紛順應此低成本潮流推出自身的低成本子公司與其競爭,如聯合航空的聯合通運(United Shuttle)、大陸航空的大陸便捷(Continental Lite)、全美航空的都市航空(MetroJet)、達美航空的達美快捷(Delta Express),而有些則是乾脆成立新的航空公司,例如,摩里斯航空(Morris Air)、雷斯航空(Reno)、中途航空(Midway)、超值航空等,此舉目的是為了擺脫自身高成本的枷鎖,以全新的經營型態來面對低成本的競爭,以保住市場地位同時也與母公司的航線互補。

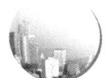

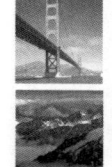

（四）未來發展

　　傳統的業者之所以要以運轉中心的型式來營運，部分原因是一個轉運中樞最高可以使該公司每架飛機的營收比點對點班次飛機多出20％，好處是可以集中交通流量，壞處是當機場飽和時，各種問題便接踵而來，此時缺點便大過於優點。

　　由於美國的LCA在主要航線上營運，且使用主要機場，所以未來美國低成本航空的發展將會視其與以運轉中心為營運型態的大型航空公司競爭的結果而定，不過可以預見的是，短期內，低成本航空還會持續搶攻市場，朝更高的市場占有率邁進。

（五）個案探討：低成本航空公司的楷模——西南航空

　　低成本航空公司的始主楷模，要屬保持三十一年持續營利的美國西南航空公司了，它以簡單、低價位、密集航班的商業營運模式維持了三十一年之久，未曾改變。從1990-1994年間，由於汽油價格受波斯灣戰爭影響而居高不下，美國航空業總共虧損了128億美元，西南航空是唯一一家在這段時期內年年都有盈餘的航空公司，其獲利率平均每年5％，是業界最高的。而在911事件之後，各大航空公司紛紛採取縮減航班、裁員、停飛等措施，西南航空卻仍然穩定成長、獲利。就全美航空產業來講，2001-2002年的虧損已抵銷了之前所得的淨利，但西南航空在911事件之後成為唯一有盈利的航空公司，營利達到5.11億美元，排名世界航空營利之首。

　　除了年營利之外，西南航空在美國航空業中始終保持飛行安全、航班準點率及旅客滿意度三項重要指標的領先地位。在2002年西南航空市場資本超過了整個美國航空產業的總合。在這高度不安，經常出現虧損的航空業界，可以說是一項無人能及、難以超越的紀錄，西南航空的成功經驗，引發了美國航空運輸行業的低成本革命。在相同時期，它的絕多數競爭者再如何勉力而為，也不過只能達到連續三或四年的獲利局面，到底西南航空有何獨特之處，能

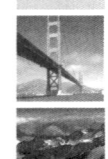

夠達到這番成就，以下分別討論之。

■ 創立過程

　　西南航空於1967年創立於美國德州（Texas），創辦人金恩（Rollin King）與凱勒（Herb Kelleher）基於當時的突發奇想——在「休士頓、達拉斯和聖安東尼奧之間飛來飛去所費不貲，不如自己開一家州內航空公司」。雙方取得共識之後，便開始著手籌辦名爲西南（Southwest）的新航空公司。在經歷與當時市場上的業者一連串的訴訟交鋒之後，西南航空終於得以在1971年6月18日正式起飛。草創之初，西南便以休士頓、達拉斯和聖安東尼奧作爲三角營運的航點，當時這三個城市的經濟和人口都成長迅速，帶給當地的民眾另一個選擇的空間。

　　不過，很快的，西南航空就遭受到同業的打壓與面臨激烈競爭；爲了要跟已經上軌道的同業競爭，西南航空不得不採用一些別於以往的策略，極力避免追求業界的慣例。當時，美國航空業集體在美國民航主管的同意下，一致採取高價策略，這些航空公司的經營方式，只將消費者分成兩種人：搭得起飛機和搭不起飛機的人。這種經營理念使大型業者的經濟策略變成：投資這麼大的成本下去，低價策略只會降低營收，所以當發生問題或是成本增加時，業者會很乾脆地以調高票價作爲因應。然而西南航空認爲，低價和優良的服務會激發很多新的市場，所以打從開始營運，便採用以下營運方針：

　　1.短程航線。
　　2.低運價。
　　3.點對點高頻次服務。
　　4.高準點率。
　　5.機上不供應餐點及劃位服務。
　　6.將競爭者鎖定爲地面客運業。

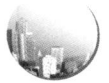

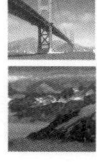

董事長凱勒闡述他的理念，「寧可每張票賣49元讓飛機客滿，也不願意賣200元而讓飛機半滿，我們締造了業界的民主，讓過去不可能坐飛機的人可以飛來飛去。」西南航空以此策略開航不久後，搭飛機的人數開始暴增，原因是西南航空低廉的票價使更多人坐得起飛機。

■ 低成本策略

為了維持票價，西南航空採取了與當時航空界全然不同的運作模式，分別為：

★單一機型

由於所載運的客源非常清楚，西南航空只買單一的B737機型。只飛一種機型對航空公司有很大的影響：第一，訓練要求簡化，駕駛員、空服員、維修員等都只要集中精力研究一種飛機；第二，基於第一項因素，所有西南航空的駕駛員和空服員都能飛所有的飛機，所有的維護員都能修所有的飛機，這使得西南航空要調動飛機、更換組員都非常的容易；第三，因為只有一種機型，公司可以減少零件庫存及提高週轉之便利，大幅降低維修成本；第四，購買新機時可與飛機製造商談得較好的價格。

★高度的作業效率與協調

西南航空以短程航線、密集航班的模式運作，代表著有更多的起降過程，為了讓飛機時常處於飛行營運狀態為公司帶來收益，西南航空透過簡化登機程序與機上服務來提高作業效率，再加上機師、空服員、地勤、票務、簽派人員之間的高度協調結果，充分達到縮短時間流程、降低成本、高品質的運作方式。

以作業效率來講，西南航空的員工平均一天處理2,400名乘客的事務，比起其他航空公司至少多了一倍，是業界最具生產力的團隊。至於協調方面，由於飛機起飛作業流程需要在時間的限制下，因而各組須高度協調才能順利完成。可是，在航空界有一個不利於協調的傳統，那就是涉及起飛作業流程的各部門員工之間壁壘分

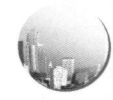

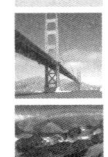

明，身分地位明顯差距，使協調工作難以達成。但這種現象在西南航空時常可以看到機長協助搬運行李、清潔機艙的景象；也就是各部門會充分彼此協助，以達到準時起飛的作業。

★快速迴轉極高航機使用率

藉由高度效率協調，西南航空可以縮短兩航班之間的迴轉時間到15分鐘，這是業界最低的紀錄，只有西南航空能夠做得到。縮短迴轉時間的結果進而可以提高航機的使用率，在2000-2002年之間，西南的飛機平均每年每架使用次數為2,600次，接近業界平均的2倍。如此一來，西南航空便可以最少的機隊作最有效率的使用，再把省下來的錢挪作對乘客的低票價和股東的高額股利的回饋。

為了縮短迴轉時間，西南航空詳細的作法為：當飛機到達登機門時，隨著旅客往前艙門下機，此時空服員從機艙後面逐步向前推進，一邊收拾安全帶，一邊整理座椅、清潔機艙；地勤人員則已經在一旁待命，待飛機停妥，立刻執行自己所負責的任務；分別為機務人員迅速地檢查飛機、加油、補充飲料、餐點等。在此同時，候機室裡的工作人員開始向旅客發放登機卡，座位不採對號入座，先到的旅客先登機，以鼓勵旅客提早到達。隨著最後一批旅客登上飛機的同時，機長和副駕駛也正好巡視一遍，地面人員迅速撤離車輛和設備，整個過程花費不到20分鐘，這就是西南航空快速的方法。

★建立直銷通路，減少中間商抽取佣金

西南航空是業界第一家邁入無紙票（Ticketless）的航空公司，這種新作業方式讓西南航空和旅客受惠良多。紙上作業越少，意味成本越低，並使旅客通關更快速。同時，這項措施更增加旅客向公司直接購買機票的管道，免除代理商的手續費抽佣。在1999年，西南航空80%的座位是採無紙化作業，並且70%的座位是由公司直接售出，或乘客經由西南的網站所購得。

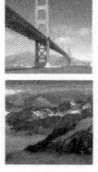

★其它

其它的作法如不提供餐點,只供應飲料與花生點心,使用非核心機場,以避免高昂的使用費與壅塞的時間帶、將部分維修業務外包,這些達到雙贏的結果都是西南成功降低成本的方法。

由以上幾點可以看出,西南航空降低成本的方法就是盡可能地將其有限的資本(包括硬體與人員)發揮最大的效用,以達到最大的產能,再將其回饋到消費者身上。

■ 主宰市場

票價低廉、班次密集和服務優良的結果,使西南航空的市場占有率節節高升;伴隨著民眾的肯定,西南航空逐漸向外擴展,航線逐漸延伸到全美各地。它遵循著「中型城市,非中樞機場(二級機場)」的基本原則,在一些業者認為「不經濟」的航線上,以「低票價、高密度、高品質」的手段開闢和培養新客源,獲得了極大的成功,平均在每一個城際間直飛的短程航線,通常都占有六成以上的市場。到了2002年,西南航空已經變成全美第四大航空(以國內乘客飛行哩數來計算),在全美35個州,設有59個據點。

■ 安全紀錄

以如此密集的飛航班次和載客數來看,西南航空沒有發生過重大事故,其安全紀錄足以傲視業界,*Conde Nast Traveler*雜誌(美國最具權威的旅遊雜誌)曾經比喻西南航空為全世界最安全的航空公司,西南航空嚴格的維修和飛安標準甚至超過聯邦航空總署(FAA)的標準,打破一般民眾認為低價等同於不安全的刻板印象。

■ 永遠的最低票價

從經濟學的價格效應理論來看,低成本營運,從而價格降低,對於民航這種屬於正常品的消費來講,替代效應會使更多原來打算選擇其他交通工具的旅客改而選擇搭乘飛機。西南航空所有的票價

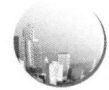

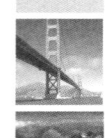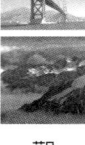

都是底價，公司的定價策略是不論市場如何，一直要維持最低的票價。在西南航空的大多數市場上，它的票價甚至比城際之間的長途巴士票價還要便宜。按照傳統的供需理論，如果飛機班班客滿，票價就要上漲，可是西南航空在載客增加時卻不漲價，而是增開班機，拓展市場。董事長凱勒說：「今天，西南航空的競爭對手已不在空中，而是在州際高速公路上行駛的汽車。我想讓美國人明白，其實你可以不必開車，因為坐飛機更快、更省錢。」

■ 員工分紅入股

西南航空在1973年成為第一家實施員工分紅入股計畫的民航公司。所有西南航空的員工自動加入這項計畫。在一九七〇年代，西南是全世界唯一讓員工入股而不要求扣減員工薪資的航空公司。西南航空把稅前營運所得的15％用於分紅計畫，分紅入股使員工的利益和公司結合在一起，員工因此比較在意保護公司的資產，努力完成公司的目標，因為公司與其自身的命運是相連的。以1995年而言，員工分紅幾乎達到5,400萬美元，這其中有四分之一的分紅被用以購買公司的股票。目前西南航空的員工擁有大約一成的公司股份。

綜合以上的論點，西南航空成功的秘訣不過是壓低成本、提高生產力。打從創業之初，西南航空便以「大家可負擔得起的航空公司」自我定位。低廉的票價、良好的服務及全然不同的公司文化使早期的西南航空累積資本、創造利潤，並在實驗和摸索中建立了服務的模式，西南航空的力量及智慧在於每個航線都能維持低廉的成本。

由於西南航空在市場上的成功，引起其他航空業者起而效尤，目前全球各地都有模仿西南航空的低成本業者，其做法不外乎密集的班次或低廉的價格，也因此西南航空被譽稱為低成本航空的始祖。

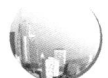

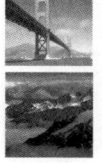
二、歐洲

（一）九〇年代解除管制

　　鑑於西南航空的成功營運模式，低成本航空的浪潮從美國開始席捲世界各地，最先跟進的是歐洲，歐洲於1984年開始實施開放天空政策，後續並分別於1987、1990、1993三階段實施。首開歐洲低成本先例的是1991年，以愛爾蘭爲基地的雷恩航空（Ryan Air），隨後是在1995年於倫敦成立的易捷（EasyJet）航空，這些航空公司的經營模式都向西南航空取經，期望像該公司一樣成功。而西南模式果然不負衆望，兩家業者的旅客數都迅速的成長，目前都躋身於歐洲最賺錢的航空公司之列。值得一提的是，其中的雷恩航空並非是解除管制後才成立的低成本航空公司，而是因爲本身不堪長期虧損，於是決定轉型，主席奧利參照美國西南航空的低成本模式，改變雷恩的整體運作，最後獲得突破性的成功。

　　至於EasyJet從最初的兩條航線開始經營，載至2001年底，在短短的六年之內，其載運的旅客已高達7,115,000人次，其主席Stelios Haji-loannou所堅持的理念爲，只要票價降至一定的水準，便能吸引足夠的市場需求，甚至創造新的市場。EasyJet成功的達到低成本之營運策略可歸納爲下列方式：

1. 以網際網路爲其主要銷售通路。（採取直售策略）
2. 將其所購置機隊之使用率極大化。（注重排班規劃）
3. 採取無紙機票策略。（以開立電子機票爲主）
4. 不提供免費機上餐點。（備有付費點心和免費飲料）
5. 採取最適機場策略。（選擇次要機場起降）
6. 購置單一機型（以波音737-300/700機型爲主）
7. 公司無紙化。（100%使用網路通告與電子郵件）
8. 建立扁平化管理組織。（不設置非必要的管理階層）

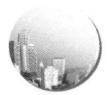

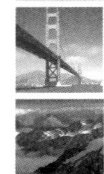
9.有效區隔市場。（進入低廉市場）

　　另外，EasyJet的一大特點爲採用大量業務外包制，除了航
機、駕駛、空服員、票務人員外，其他業務全部包給民間公司來負
責，由於整個運作流程變得相對簡化，作業效率也隨之提高。圖13-1
爲EasyJet的外包系統。

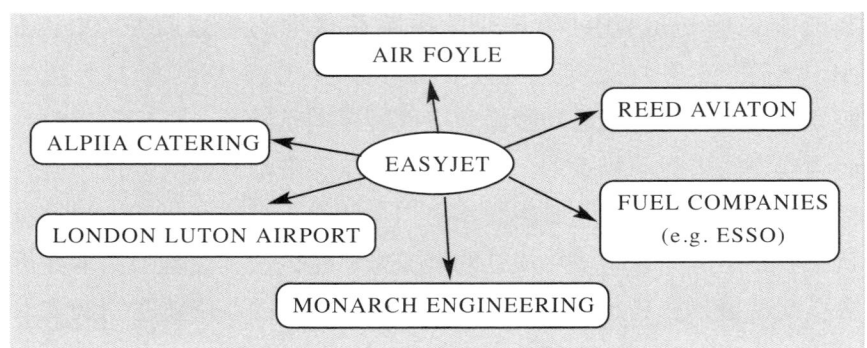

圖13-1　EasyJet外包系統

　　兩家航空公司漸漸嶄露頭角之後，歐洲各國紛紛感受到其威
脅，於是紛紛建立起自身的低成本公司與其競爭，如KLM的
Buzz，維珍的Virgin Express。到2000年爲止，歐洲地區的低成本
航空業者市場占有率大約爲15％左右，並以40％的成長率持續擴展
當中。

（二）高度開放

　　理論上，只要屬於European Union Airline的成員，都可以在
會員國內經營國內航線且成立總部，所以是屬於極度開放的狀態。
歐洲的低成本航空爲了取得成本優勢，大都選擇不在市區的大型國
際機場起降，而選擇了郊區機場，再用巴士接駁到市區。而這些地
方政府所屬的私營機場，爲了地方繁榮，以爭取低成本航空公司來
當地降落，都祭出了免降落費、免地勤費，甚至補貼的政策。這樣

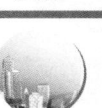

的優惠，使低成本航空公司的支出大幅降低，造就了這幾年來歐洲航空市場的「低價革命」。但由於歐洲航空業者解除管制過程較長，直到九〇年代末期才完成，所以競爭較不若美國激烈，低成本公司之間大多保持航線盡可能不要重疊的原則，以避免直接競爭（Head to Head Competition），而一旦低成本航空建立某條航線後，其他業者很難再加入與之競爭。

（三）未來發展

目前歐洲的低成本航空公司數目已達到五十餘家，相關研究指出，在2010年，歐洲低成本航空的市場占有率將達到25％，而且旅客族群會分成兩大類，一為注重彈性的私人旅次，以及價格敏感的商務旅次。另外，為了旅客的便利性，有關於未來歐洲低成本航空公司的發展，將會視其與網路航空公司（Network-Carrier）策略運用結果而決定。

三、澳洲

（一）歷史背景與現況

澳洲國內航空市場於1990年解除管制，在此之前，是由Qantas（澳航航空）和Ansett（安基特航空）兩家公司主導整個市場。解除管制之後，陸續有一些標榜低成本的航空公司加入營運，然而大部分都失敗了，只有一家例外，叫作維珍藍航空（Virign Blue）。維珍藍航空於2000年開始營運，目前為獲利的狀況，且正快速擴展當中。澳洲的航路網是由一些密集的航線所組成，且民眾的特性是偏好低成本的航空公司。

（二）第一階段——新業者加入

解除管制後，有兩家低成本業者加入營運，但時間都不超過一

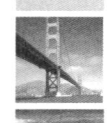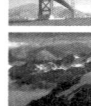

年。Qantas和Ansett有一段時間都沒有新的競爭者加入，這期間其各自對公司本身內部做一番改善，生產力明顯上揚。但與海外的航空公司比起來，還是處於落後的局勢。由這一點可以看出市面上還是有足夠的空間讓新的營運者加入營運。

（三）第二階段

在2000年，第二階段的新航空公司潮流出現，第一個進入的公司叫Impulse，此公司原本為一家經營通勤航線的小型航空公司，採用B717於主要的航線上。不久後，維珍藍航空也加入營運，維珍藍航空為英屬維京集團的子公司，擁有強大的後盾。然而在此同時，也就是2001年初期，Impulse便已陷入現金週轉不靈的困境，最後由Qantas接管其業務。

（四）Ansett倒閉

在2001年主要的事件應算是Ansett為當時澳洲第二大的航空公司。Ansett在2001年面臨嚴重的機隊維修問題，導致其機隊無法正常派遣營運，在當年9月暫時停止營運後，2002年又找不到買主，最後便宣告倒閉。Ansett倒閉之後，剩Qantas和維珍藍航空兩家公司，兩家的營運狀況都良好且為獲利的情況。Ansett倒閉讓出40％的市場，兩家航空公司都增加其運能，以期能接收Ansett的客源；尤其對維珍藍航空來說，Ansett的倒閉對其非常有利，使其免於面臨激烈的票價競爭。在2003年上半年，Qantas擁有70％的市場，而維珍藍航空則占據了30％左右。

（五）新業者的影響

■ 價格結構

澳大利亞航空（Australian Airlines）對新加入的航空公司所採取的因應措施與北美、歐洲的業者一樣，新加入者提供較低的費

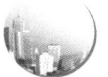

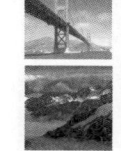

率，澳洲航空馬上跟進。早期新業者進入市場時，票價大幅降低，旅客量大幅上升，低價票隨手可得。在接連兩家低成本航空公司退出市場後，票價回升到適度反映營運成本的位置，但還不及以往的價錢，然而旅次卻依舊沒有減少，以致原來的航空公司必須更有效地使用收益管理的方式，才能將之前激烈競爭時所引發的虧損彌補回來。

2000年第二階段新航空公司加入營運時，雖然折扣票又比以往普及，但原有的業者反應卻不像第一次激烈。一方面沒有可信的資料顯示票價的變動，原因是新加入業者謹慎地避免使票價下降幅度太大；另一方面旅客增加的幅度也比前一次緩和。

■ 成本及生產力

1990年第一階段新公司加入營運的時期，各家業者的生產力及成本控制均有所改善，即使新的航空公司沒有營運太久，也間接促使原來的業者明瞭壓低成本的重要性。因此生產力成長績效在九〇年代比八〇年代更高，但比起海外的航空公司，還是有一段差距。而在2000年的第二階段，雖然精確的評估目前還不宜斷言，但新加入的航空公司對各業者的生產力來說，正面影響還是存在的。

（六）低成本業者帶來的經驗

■ 長期資本

由四家新進入市場的業者倒閉三家來看，長期資本似乎是關鍵的因素。比較來看，擁有最好的後備金援財團，如維珍藍航空便能在剛踏入市場的當時穩定生存下來。維珍藍航空原本預計前幾年須非獲利經營，但在Ansett退出市場後，得以承接為數不少的Ansett客源，因此其目前便已開始獲利，比預期的時間早了許多。

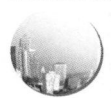

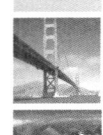
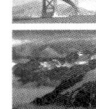
■ 成本控制

業者平時就必須致力於成本的控制，以因應潛在的對手隨時出線與其競爭。像Ansett在雙頭壟斷的情況下，能夠持續營運，但在面對低成本航空公司的競爭下，便不支倒地。而Qantas則是事先就做好了準備，有效的控制其成本，因此得以生存下來。

（七）現今市場結構

在兩家主要業者都呈現獲利的狀態下，隨著市場及航線的擴充，維珍藍航空將會持續增加市場占有率；而Qantas短期內或許會失去部分占有率（Market Shares）但不是絕對的旅客量。

Qantas於2001年初購買Impulse低成本航空公司，另成立Jetstar（捷星）航空公司來承接它的業務，作為它經營的實體。因此，Jetstar是100% Qantas轉投資的航空公司，隸屬於QantasLink集團。Qantas與Jetstar之間的關係是：Qantas 雖然完全擁有Jetstar，但是兩家航空公司是分開管理並且獨立操作。Jetstar航空公司的總部設在墨爾本。

Jetstar於2004年5月25日開始啟航，是澳洲最新成立的低票價航空公司。未來，Jetstar會朝向與母公司配合，以產品的多樣化及航線普及為發展目標。所以，未來的狀況會視業者所採取的營運策略而定。

（八）小結

雖然四家低成本航空公司有三家倒閉，只有維珍藍生存下來，但不可諱言的，低成本航空公司在競爭的過程中扮演著重要的角色，而且將持續對整個產業的績效，進行一定程度的正面影響。低成本航空公司除了費率優勢之外，極少有其它的優勢能與同業競爭，而且進入市場之初，也不太可能毫無阻礙地達到其希望在此產業中的生態區位，通常都需要經過一段的辛苦，甚至賠本經營；假

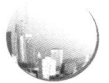

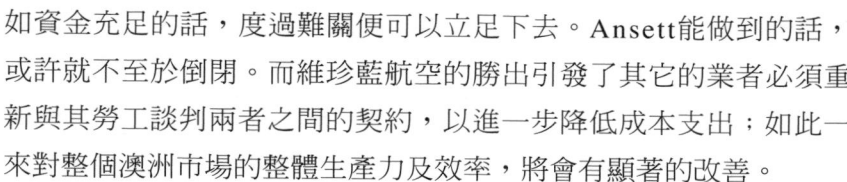

如資金充足的話，度過難關便可以立足下去。Ansett能做到的話，或許就不至於倒閉。而維珍藍航空的勝出引發了其它的業者必須重新與其勞工談判兩者之間的契約，以進一步降低成本支出；如此一來對整個澳洲市場的整體生產力及效率，將會有顯著的改善。

四、亞洲

在美國西南航空採低成本策略成功地在市場建立一席之地後，近年來在全球各地甚至亞洲地區，低成本航空如雨後春筍般地紛紛成立。相較於歐美地區，亞洲的低成本航空公司還正處於剛起步的階段。雖然如此，從短短四年內各國相繼成立多家低成本航空的情況來看，亞洲的市場潛力實不容忽視。根據亞太航空協會統計，B737或A320等低成本航空常用機型的地區機場，並且未來五年可能會出現幾十家低成本航空公司；這意味著亞洲低成本航空的趨勢將會促使亞洲地區航空市場大洗牌。以下為東南亞新成立的低成本航空概況。

（一）馬來西亞

東南亞第一家低成本航空，成立於2001年，採用二手B737-300營運，經營馬來西亞國內和吉隆坡到曼谷的航線，開始經營至今雖只有三年的時間，但整體成績相當不錯，年載客量已達到100萬人次。該公司宣稱，其經營成本低於其他亞洲航空公司的50%，因此能提供使更多馬來西亞人負擔得起的旅行方式。

（二）泰國

■ 泰國亞洲航空

泰國亞洲航空（Tai Air Asia）成立於2003年，於2004年2月開始正式營運，是由泰國首相家族所擁有的臣那越集團和馬來西亞

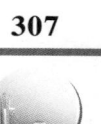

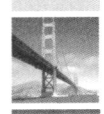
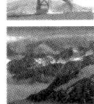

的亞洲航空公司共同出資成立的低成本航空公司。可說是亞航的姊妹企業。泰亞航目前經營曼谷到新加坡樟宜機場的航線,其運作模式如同一般的低成本航空公司,如快速中轉與不劃位的服務。一般預料泰亞航的服務將有助於擴大泰國的航空市場,並促進泰國的旅遊成長與經濟發展。

■ 泰國One-Two-Go航空

One-Two-Go航空隸屬於泰國東方航空（Orient Thai Airline）,於2003年12月開始營運,機隊為B757和MD-80。One-Two-Go航空的特色為作業流程迅速與高效率,當旅客前往櫃檯出示證件與購買機票的同時,將會被拍下個人快照,之後櫃檯人員馬上將乘客的快照印製於登機證和機票上,以加速安全檢查及通關時間。若是沒有拖運行李的旅客,在購買機票後三分鐘即可到達登機門,完成登機。由此可看出One-Two-Go航空不僅追求票價低廉,迅速的服務品質也是該公司追求的目標之一。

(三) 新加坡

■ 飛虎航空

受到亞洲鄰近各國紛紛成立低成本航空的威脅,新加坡航空遂與新加坡政府投資公司淡馬錫控股、雷恩航空、美國英迪格投資公司共同成立新的低成本子公司飛虎航空。新航本身就是飛虎航空的最大股東,約占49%的股份。飛虎航空已於2005年前開始載客服務,將以新加坡為基地,4小時航程範圍內的景點都可能成為其目的地,包括普吉島、香港、曼谷等地。由於歐洲最大的低成本航空——雷恩航空為其股東之一,因此,飛虎航空將會比照雷恩航空的營運模式,但在飛航服務上將會提供較為細緻的服務。

■ 捷星亞洲

捷星亞洲航空最大的股東為澳洲航空公司（Qantas

Airways），持股比例爲49％，另外還有兩位新加坡企業家Tony Chew 和FF Wong （各持股22％和10％），以及新加坡著名的投資顧問公司淡馬錫控股（Temasek Holdings）（持股19％）所組成。其總投資額爲1億坡幣。

低成本航空公司簡例——捷星亞洲航空在台灣

　　捷星亞洲航空依循著澳洲航空公司全球化之策略，其總部設於新加坡，Call Center（客服中心應用系統）設於馬來西亞之吉隆坡，另外只要澳洲航空公司有飛往航班之城市亦有設立Quantas Holiday（航旅旅行社），提供機加酒之服務。捷星航空在機艙內的餐飲將會收費，但將會預先爲乘客分配座位，乘客攜帶的行李重量訂在20公斤，而非傳統廉價航空公司的15公斤。

　　捷星亞洲所欲經營的是由新加坡出發5小時以內的航運網路，主要有香港（Hong Kong）、上海（Shanghai）、芭堤雅（Pattaya）、雅加達（Jakarta）、泗水（Surabaya）和馬尼拉（Manila），以及台北（Taipei）等七個城市的航班服務，而此亦爲低成本航空公司首次進駐台灣市場。捷星亞洲航空2004年首度飛進台灣地區後，其是否能夠能如同亞洲其他國家一般，成功地擁有其市場占有率且立於不敗之地是相當值得關心的課題。以下以SWOT來分析捷星亞洲航空公司在台灣的營運狀況（見表13-3）：

一、優勢

　　捷星亞洲航空藉由合理的成本控制提供低廉的票價，且同時擁

309

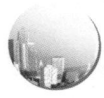

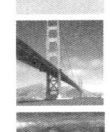
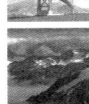

表13-3　捷星亞洲航空在台灣營運之SWOT分析表

優勢（Strength）	弱勢（Weakness）
*低廉票價 *擁有雄厚的後勤支援體系 *全新且機型單一之客機 *由母公司負責飛機之維修，有保障 *網路行銷所帶來的便利優勢 *無艙等之分別，可快速通關 *沒有太多限制的One Way Ticket *班機小，乘客人數少，減少排隊等候的時間	*一天僅一航班，起降時間不佳 *全新品牌 *不同之銷售通路 *機上之娛樂與服務皆須另外收費
機會（Opportunity）	威脅（Threat）
* 台灣第一家低成本航空公司 * 母公司的資金援助 * 社會大眾對於網路銷售的接受度高	*艙內服務較少 *競爭者削價競爭 *國人之機票購買習慣之不同

有雄厚的後勤支援體系，像是澳洲航空公司與新加坡政府。其所採用的客機皆為全新的A320，機型單一，維修容易。而捷星亞洲航空的飛機維修皆由澳洲航空公司負責，且澳洲航空公司有多年優良營運與飛安紀錄，因此對捷星亞洲航空而言是一大優勢。同時網路行銷亦為捷星亞洲航空帶來便利的優勢，民眾可以直接上網訂票，價格較便宜。且捷星亞洲航空中無艙等之分別，因此乘客在C／I Counter可以快速通關，同時並提供沒有太多限制的One Way Ticket，對TPE-SIN往來之FIT旅客更為方便。且班機小，僅177-178個座位，因此乘客人數少，減少了許多排隊等候的時間。

二、劣勢

捷星亞洲航空飛行班次一天僅一航班，選擇性少，且從SIN-TPE之起降時間為13:00-17:35；TPE-SIN為18:20-22:55，起降時間較不佳。同時，捷星亞洲航空對台灣地區人民來說是一個全新的

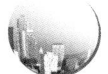

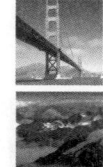

品牌，需要時間來建立與經營品牌形象。而其銷售通路有別於一般航空公司：因爲捷星亞洲航空是台灣第一家不透過旅行社訂機票的航空公司，且透過長安國際旅行社或是航旅旅行社的訂位還需要酌收150元的手續費，因此考驗著台灣市場的接受度。另外，捷星亞洲航空沒有提供酬賓里程服務、無機場貴賓室、無機上娛樂設施、無頭等艙與商務艙、不提供免費餐食服務、無轉機服務，僅有點對點的飛行。

目前澳洲航空公司投資於捷星亞洲航空僅1億坡幣，但是在面對競爭者以短期之超低價反擊時，捷星亞洲航空可能需要澳洲航空公司更多的金援作爲後盾。

三、機會

捷星亞洲航空是台灣第一家低成本航空公司，若成功打進台灣市場，將會受到市場之認同與接受。且社會大眾一般對於網路銷售的接受度高，若是澳洲航空公司母公司對捷星亞洲航空多加投注資金，可能對台灣市場之持久戰有幫助。

四、威脅

捷星亞洲航空所提供之艙內服務與一般航空公司相比較有落差。在台北－新加坡航線之外部競爭者（SQ, CI, BR）可能爲了逼退其離開台灣市場而採用更低價之策略（削價競爭）。同時，國人之消費習慣與歐美不同，在台灣市場中，旅行社在銷售航空公司機票上扮演重要角色，因此，大多數國人在購買機票會直接向旅行社購買。

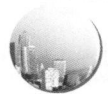

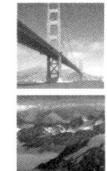

未來台灣發展低成本航空營運策略之建議

以下為未來台灣發展低成本航空營運策略之建議：

1. 提升低成本航空公司之服務品質，向西南航空學習，雖然票價低，卻讓顧客享有高品質的服務（將策略方向修訂為低成本差異化路線）。

2. 低價是捷星亞洲航空最大的特色跟優勢，但低廉的價位之下所帶給消費者的感覺是否會有負面的印象，如：不安全的、無地位的等。是故在企業形象上的塑造與維持會是使台灣這一塊新市場接受捷星亞洲航空的一項重要因素。

3. 強化低成本航空公司之起降時間與航班服務。

4. 限定時間來測試台灣市場對於新型態網路行銷之接受度。

5. 使用異業結盟的方式來創造良好形象與利潤雙贏契機。例如，在捷星亞洲航空艙內服務中特別可以針對某些主題性商品進行限定販賣的活動，塑造與維持捷星亞洲航空之獨特的品牌形象。

6. 面對競爭者短期之削價競爭，低成本航空應臨危不亂，並可試著壓低營運成本。

附錄部分

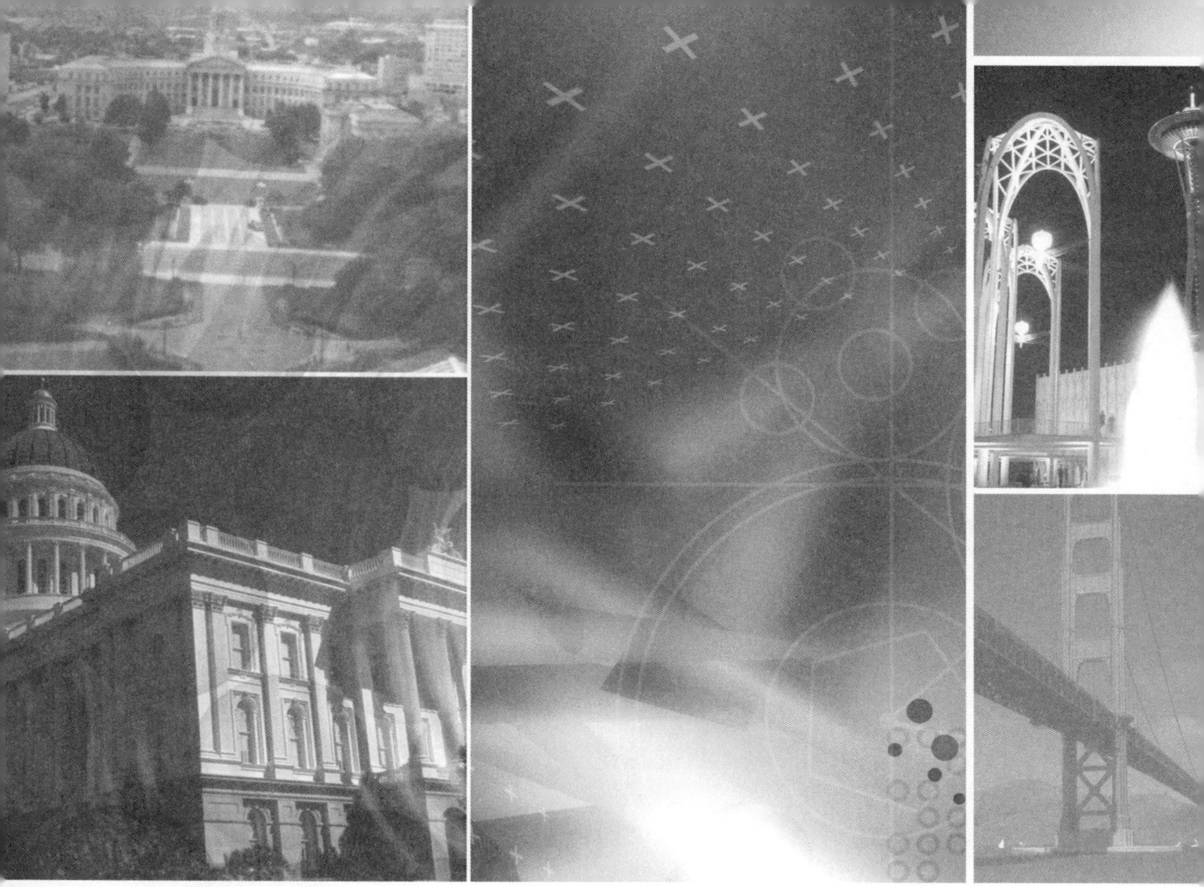

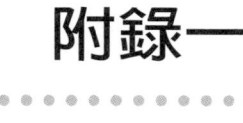

附錄一

短期資料分析——
美國旅遊市場概況

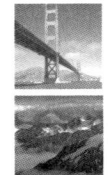

前言

　　根據交通部年觀光局1997-2002年統計，「中華民國國民出國目的地人數」以長程線區，包括美洲地區、歐洲地區、大洋洲地區、非洲地區四大洲多國國家的出國人數顯示，前五名第一名為美國3,460,491人次 ；第二名為加拿大867,487人次；第三名為荷蘭624,791 人次；第四名為澳大利亞 272,210人次；第五名為紐西蘭260,695 人次。由此數據可看出國人前往美國的人數相當的多，遙遙領先第二名加拿大的人數，當然此人數統計不單單指前往觀光的旅客尚包含商務、留學等及其他市場的旅客，但是從數據可看出台灣和美國具有密切的往來，當然觀光是重要一環，在美國線所有的旅遊產品中，又以美西線為最大宗市場，且為國人所熟知的產品。

國人前往美國概況

一、近十年前往美國出國人數概況

　　近十年來赴美旅客消長幅度並不大，當中誤差以1994年消退率達-2.07％為最多；依據觀光局每年出國人數統計分析，其主要原因可能是1994年前往大洋洲（澳洲、紐西蘭）的旅客成長了41％，使得美國市場受到影響（見附表1-1）。

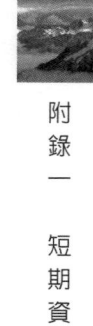

附表1-1　近十年前往美國人數統計

項目 時間	台灣旅客出國總人數	前往美國人數	占總人數比例	消長比例
1993	4,654,436	371,750	12.52%	/
1994	4,744,434	453,924	10.45%	-2.07
1995	5,188,658	522,910	9.92%	-0.53
1996	5,713,535	579,488	9.8%	-0.12
1997	6,156,577	588,916	10.46%	+0.66
1998	5,902,500	577,178	10.24%	-0.22
1999	6,548,727	563,991	11.62%	+1.38
2000	7,328,784	651,134	11.25%	-1.37
2001	7,189,334	542,764	13.24%	+1.99
2002	7,507,247	536,508	13.99%	+0.75

二、中華民國出國旅遊國民年齡統計（2001）

　　根據附表1-2統計，到美國遊客數以20歲到49歲最大眾，占全美國線旅客61%，19歲以下為9%，50歲以上為26.5%。此一概況可以區隔出市場的目標市場，作為擬定行銷策略的依據。

附表1-2　前往美國地區年齡層（2001年）

年　齡	前往美國人數	所占比例
12歲以下	31,748	5%
13-19歲	26,364	4%
20-29歲	101,433	18%
30-39歲	125,989	23%
40-49歲	111,417	20%
50-59歲	77,612	14%
60歲以上	68,201	12.5%

資料來源：觀光局。

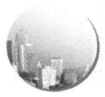

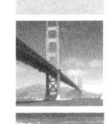
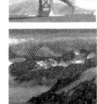

觀光行銷學

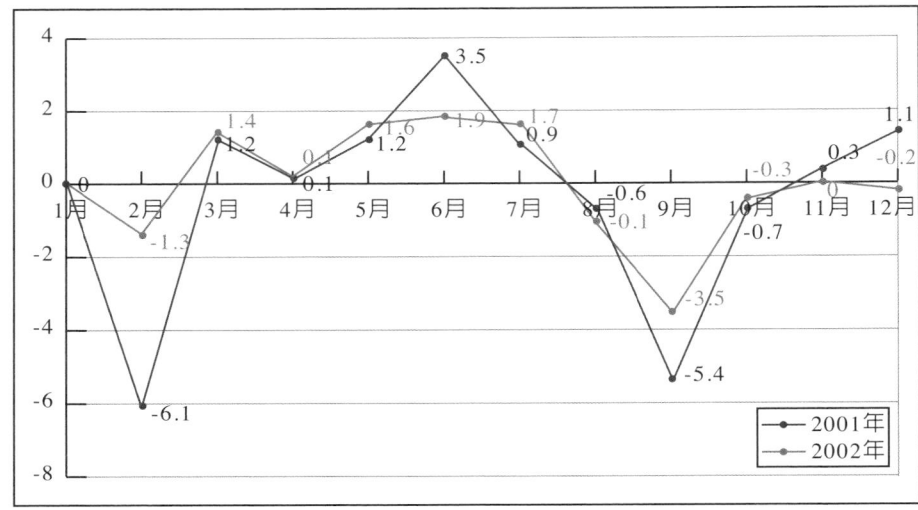

附圖1-1　2001 & 2002年前往美國人數消長比例

（一）2001年

1. 從附圖1-1的曲線圖上可以看出，2001年前4月份美國線景氣不佳，跌幅達16%，4月份進入夏季航班價格後，美國線喊跌一般的反應是由於整體景氣面的原因；另外，其他長程線也都表現不佳。

2. 5月份美國線與前一年持平，成長空間在FIT旅行團的表現也不如前一年的需求。

3. 6月份美國線短暫出現回升，是因為FIT商務需求尚可，但是在團體市場方面經歷上半年的銷售，業主普遍預估今年美西線的需求不比前一年佳。

4. 7月份美國線各航空公司，開始調整機票價格，正式進入傳統的旺季，不過今年的旺季顯然受景氣的影響，影響消費者出國的意願。累計1-7月的跌幅已比前一年的大。而美西團團費偏高，許多旅客轉而選擇短程東南亞地區，因為價格較便宜，使得傳統被視為暑假親子團的美西銷售大不如前。7月中

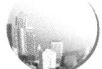

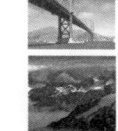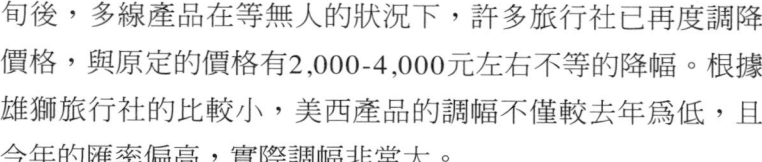

旬後，多線產品在等無人的狀況下，許多旅行社已再度調降價格，與原定的價格有2,000-4,000元左右不等的降幅。根據雄獅旅行社的比較小，美西產品的調幅不僅較去年為低，且今年的匯率偏高，實際調幅非常大。

5. 9月11日發生於美國紐約與華盛頓的恐怖攻擊事件，重創美國地區的旅遊業，比去年同期巨幅下滑44%，鄰近的加拿大也受影響。911後連續幾天，前往美國航班遭封鎖，使得航空運輸大受影響，航班作業幾乎長達半個月的時間才陸續恢復正常。航空公司開始推出優惠促銷活動，美西航線也破天荒出現1萬元出頭的票價。美國旅遊協會則預估整個旅遊業受傷程度，需要恢復的時間更長，損失可能超過美金40億。根據觀光局清查，911事件發生而滯留美加的台灣團，團數及人數約有86團近2,000人。另外根據觀光局的預估，更有55團因該事件而無法成行。

6. 10月份不僅美東團完全消聲匿跡，美西的大城市也面臨相同的威脅，使得美西團也幾乎沒有市場，一度更出現低於萬元的美西線湊票，為美國線十年來的罕見谷底價，業者即使推出更低的售價，市場仍不見起色，還是無法出團。

7. 11月份基於美國線前一年發生的事件，對消費者的旅遊信心二度傷害，航空公司與旅行社都認為，美國旅遊市場正經歷一次最嚴重的危機，超過萬元的降幅還是敵不過恐怖主義及炭疽熱。12月由於有美國聖誕節及新年期間的長假，使得航空市場較為活絡，航空公司幾乎班班客滿，但團體的市場占的部分仍不大。

（二）2002年

1. 2002年元旦，台灣並沒有連假，使得美國線的買氣依舊冷冷清清，當時等待2月春節的銷售量是大多數業主的共同心聲。

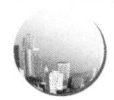

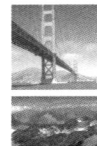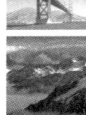

2.2月根據非美國航空公司調查顯示，台灣到美國的團體旅遊相當低迷，不過自由行的旅客在911事件後已逐漸回籠。這個現象可能顯示出FIT客源有凌駕團體客源趨勢，有可能透露出美國團體產品可能需要尋求新創意。

3.3月已略微回復到911前的市場買氣，載客率不低。洋洋旅行社表示，3月份美加團體客源發生板塊移動，有許多團體都轉移到歐洲團。

4.4月因有多條經日本航線的開闢，但實際市場反應未如預期理想，同時4月份也是美國Local給予台灣市場新年度報價之時，然而由於市場買氣太差Local無心開發新產品，所以多沿用去年的報價。另外，航空公司買一送一的專案吸引不少FIT客源。

5.5月依舊是美國線的痛苦期，團體市場全靠「獎勵旅遊」（Incentive）支撐，主因是911後許多美國客源一直延後，不得不走的情況，因此美國標團競爭情形特別激烈。

6.6月美國線機票於6月15日起調漲後，6月下旬買氣銳減，並延續至7月的團體市場，FIT則表現強勁。

7.7月由於受到美國國慶攻擊事件的影響，團體旅客紛紛取消報名，此現象延續到7月中，FIT則被湊成團體票。使航空公司載客率高卻也無可奈何。

8.8月受到台灣鬼月開始與911一週年雙重夾擊下，市場極遽冷卻，仍靠特別團支撐。美國客源萎縮，使得業者不是將公司業務主力挪為其他航線，再不就是開發新產品。

9.11月美西有拉斯維加斯電腦展等大型展覽，最後一週為感恩節，使團體操作必須適度避開人潮，而美國國內航空N7倒閉也使得美國團的國內段票價飆漲。

10.12月上旬一如往年部分大型旅行業者，趁淡季招待同業旅遊考察新的一年產品與行程，下旬美國聖誕節及新年，回

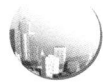

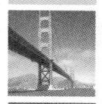

台機位需求強勁，航空公司幾乎班班客滿（見附圖1-2、附表1-3）。

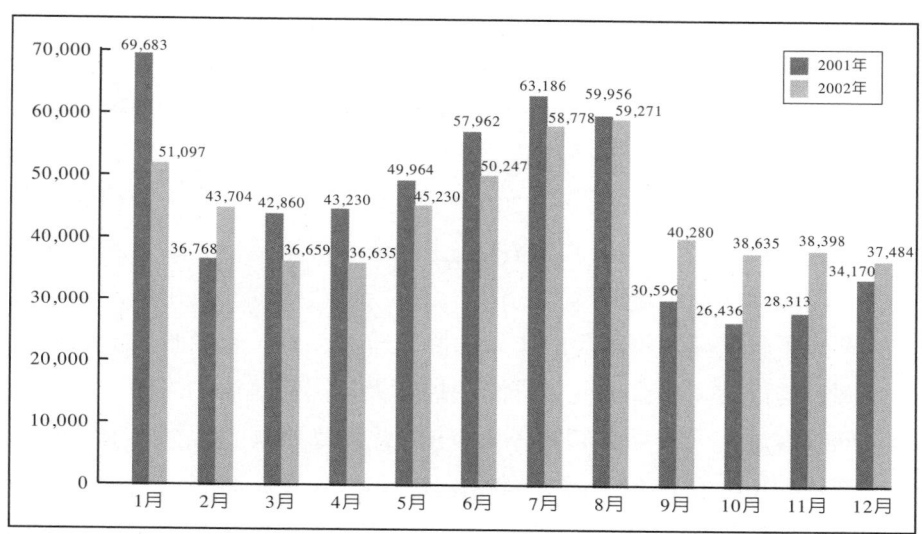

附圖1-2　2001與2002年赴美人數

附表1-3　2001-2002年前往美國每月份統計人數

項目 時間	赴美人數		比例分析		消長比例	
	2001年	2002年	2001年	2002年	2001年	2002年
1月	69,683	51,097	12.8%	9.5%	/	/
2月	36,768	43,704	6.7%	8.2%	-6.1	-1.3
3月	42,860	36,659	7.9%	6.8%	1.2	1.4
4月	43,230	36,635	8%	6.8%	0.1	0
5月	49,964	45,230	9.2%	8.4%	1.2	1.6
6月	57,962	50,247	10.7%	10.3%	3.5	1.9
7月	63,186	58,778	11.6%	12%	0.9	1.7
8月	59,596	59,271	11%	11%	-0.6	-1
9月	30,596	40,280	5.6%	7.5%	-5.4	-3.5
10月	26,436	38,635	4.9%	7.2%	-0.7	-0.3
11月	28,313	38,398	5.2%	7.2%	0.3	0
12月	34,170	37,484	6.3%	7%	1.1	-0.2

資料來源：觀光局。

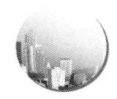

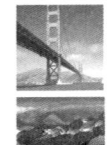

結論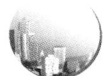

　　根據資料顯示，國人每年前往美加地區的總人數調幅並不大，但美加地區則以美國市場對台灣來說有較密切的往來，不論在航班、商業、團體等因素，美國也是台灣觀光市場所有長程線中最重要的國家，而國人前往美國地區居長程第一名，加拿大為第二名，但中間落差高達4倍之多（2002）。在加拿大地區，國人前往的目的以觀光為主，而美國則以業務為主，觀光居第三位，顯示團體旅客市場縮減，而被現今趨勢的個人旅遊所取代。就北美市場方面，加拿大不具備與短線競爭的本錢，除傳統產品外，也試圖向上開發客源，美國這一年來則受美簽調漲幅度大及美簽難辦的影響，多少降低旅客赴美的意願與頻率，所以FIT強、團體弱的態勢益加明顯。而在Inbound市場，觀光局為達到2004來華旅客人次達330萬目標，將以文化、生態、宗教及功夫切入歐美市場，其中美加地區則是美洲的重點，就統計顯示美國應該為主要爭取來華客源國。在全球經濟、政治、社會等大環境的變動下，觀光業受到的衝擊都是首當其衝的，綜觀各項主要影響美加客源的因素其結論如下：

1. 美國911恐怖事件。
2. 台灣經濟不景氣，被短程線行程所取代。
3. 個別旅遊慢慢取代團體旅遊。
4. 美國簽證調漲幅度大。
5. 產品旅遊內容變化性低，旅客重遊率低。
6. 美伊戰爭（當月發生戰爭為例，美西線的旅行社平均一個月1-2團，甚至還有沒出團的）。

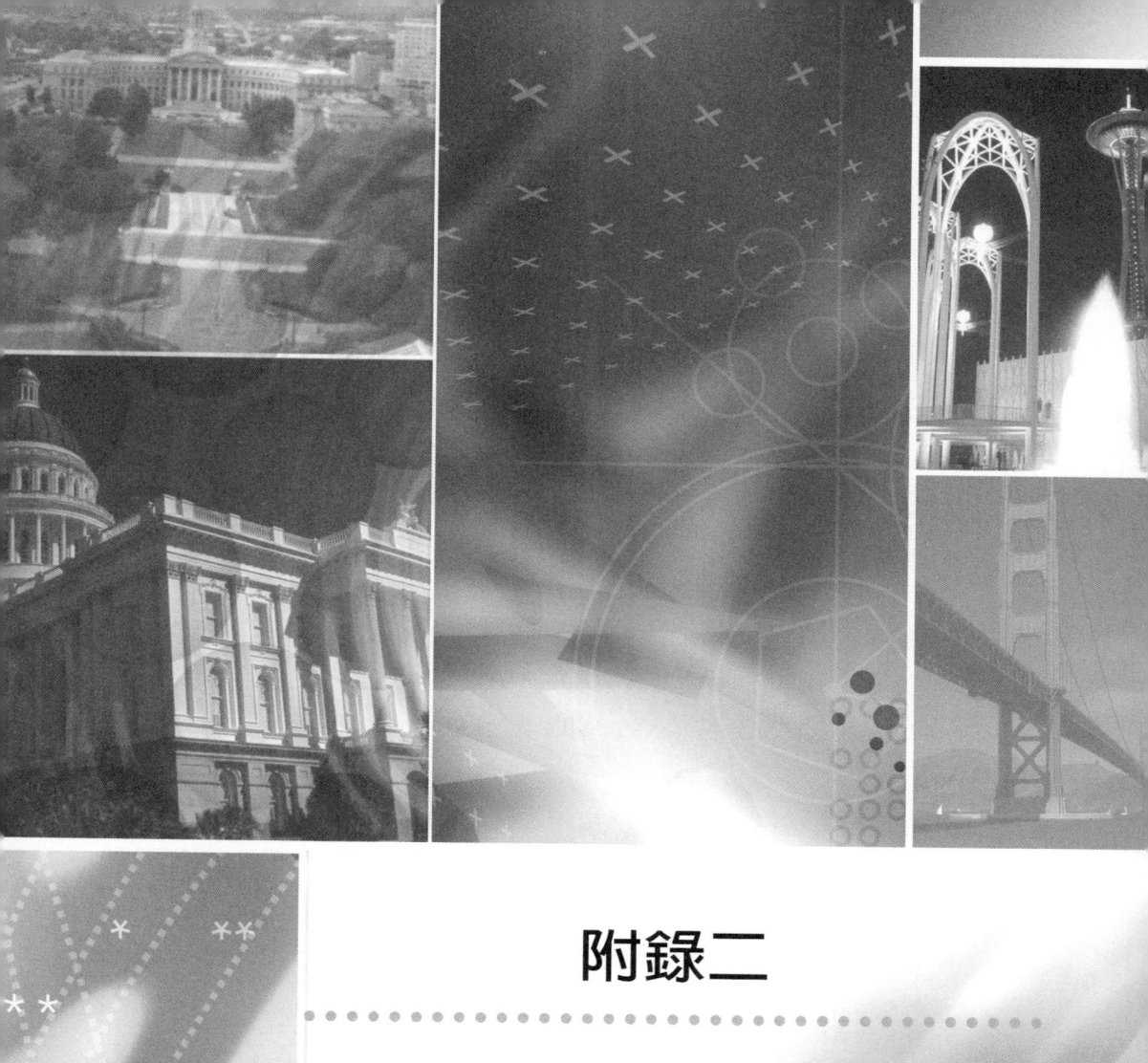

附錄二

中長期資料分析——
加拿大旅遊市場概況

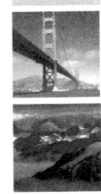

背景概述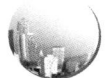

　　加拿大為全世界面積第二大的國家，計有10個省3個領地，春花、夏綠、秋紅、冬雪四季景觀。加拿大的首府為渥太華，面積為9,976,100平方公里；人口數約為3,000萬。加國緯度雖高，但由於太平洋岸有黑潮及山脈阻擋，因而氣候多暖夏涼，所以加國沒有特別的遊樂季節，四季皆可玩：滑雪、游泳、溜冰、航海、釣魚、冰上曲棍球、高爾夫、狩獵、騎馬等，種類繁多，變化豐富。

　　加拿大的旅遊市場，根據世界觀光組織統計資料，加拿大在國際性旅客的觀光目的地排行第九名，從2000-2001年其國際性旅客抵達加拿大為1,970萬人次左右，在全球觀光中占2.8%，以觀光外匯收入來說居全球第八名，如附表2-1中所示。

附表2-1　全球前15大觀光收入國

國家	2000 （十億美元）	2001 （十億美元）	變動 （％）	市場占有率 （2001）
1.美國	82.0	72.3	-11.9	15.6
2.西班牙	31.5	32.9	4.5	7.1
3.法國	30.8	30.0	-2.5	6.5
4.義大利	27.5	25.8	-6.2	5.6
5.中國	16.2	17.8	9.7	3.8
6.德國	18.5	17.2	-6.8	3.7
7.英國	19.5	16.3	-16.7	3.5
8.加拿大	10.7	10.8	0.7	2.3
9.奧地利	9.9	10.1	1.9	2.2
10.希臘	9.2	N/A	N/A	N/A
11.土耳其	7.6	8.9	17.0	1.9
12.墨西哥	8.3	8.4	1.3	1.8
13.香港	7.9	8.2	4.5	1.8
14.澳洲	8.5	7.6	-9.8	1.6
15.瑞士	7.5	7.6	1.6	1.6

註：2001年數據為統計至2002年9月份。

資料來源：World Tourism Organization, 2003。

加拿大的Inbound觀光市場在亞太地區的國家中，以日本人為最大的市場，占33%；其次為台灣、澳洲、紐西蘭、香港、南韓，占了45.5%；再來，中國大陸及東南亞地區占11%。而加國在對這些國家投入的觀光行銷費用，其中日本為第一名，台灣排名第二，可見台灣對加拿大觀光市場而言，是相當重要的市場。

在2000年加拿大統計資料中顯示，在加拿大最受歡迎的旅遊地為西岸的卑斯省及亞伯達省共占51.8%，像是溫哥華、維多利亞、卡加利及落磯山脈中的多個國家公園均位於此兩省中，其次為東岸的多倫多、魁北克、渥太華等共占42.3%。

加拿大的國民旅遊市場可延伸至代表整個加拿大的大型觀光市場。在2000年會計帳上，觀光收入超過了70%，在2002年，加拿大旅遊協會的行銷方案擁有540萬的預算分配；1,500萬的核心預算。現在其旅遊趨勢，國民旅遊將會變成一個非常重要的發展重點，甚至加拿大人會降低他們的國際旅遊來支持「在家旅遊。」加拿大政府所推出的著名觀光專案 "Canada: Discover Our True Nature"，其行銷方式是要藉由消費者行銷、媒體關係、商務發展、合夥關係及研究活動等，來鼓勵增加國民旅遊市場。由於經過2001年9月11日的恐怖攻擊事件後，在短時間內對加拿大的整個觀光市場造成了最直接且不利的衝擊，但加拿大旅遊協會立即有了快速的行動，為了國民旅遊花費了800萬的行銷基金，以解決此一緊張的局面，且這個新廣告行動快速地提高了整個觀光市場的活動。 "New Reality" 這個活動的主題便是為了使加拿大人覺得在加拿大旅遊是件美好的事，給予國民一個 "Stay at Home" 的旅遊訊息，政府也因為 "New Reality" 活動而創造了1億2,300萬的國民旅遊盈收。

加國在2003年更推出了一個 "There's No Place Like Home" 觀光專案，而這個國民旅遊方案也在2003年開始去定位、強調在Outbound的旅遊市場。可見國民旅遊在未來仍是加拿大觀光產業主要市場鎖定的消費型態。他們需要一個刺激或鼓勵，使他們留在加

附錄二　中長期資料分析──加拿大旅遊市場概況

325

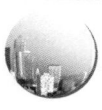

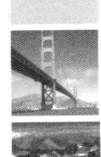
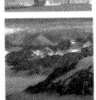

拿大旅遊,而不是抑制他們去國外旅遊。推廣加拿大旅遊市場及潛在的四季旅遊活動、體驗、目的地才是最現階段加國政府主要的議題。

經濟分析

由於受到911事件的影響,加拿大的經濟在2001年明顯地減緩下來,如附表2-2中所示,實質GDP於2001、2002年減到了近幾年來的最低紀錄,消費能力也以這兩年為最低,可見911事件不僅對觀光市場帶來衝擊,對整個加拿大的經濟也帶來重創。

附表2-2　加拿大經濟指標

年份	實質GDP（%）	失業率（%）	實質消費能力（%）
1997	4.3	9.1	4.6
1998	3.9	8.3	3.0
1999	5.1	7.6	3.4
2000	4.4	6.8	3.6
2001	1.4	7.2	2.0
2002	1.1	7.6	1.0
2003	3.9	7.4	3.2
2004	3.5	7.1	3.2
2005	3.2	7.1	3.2

資料來源:加拿大策略行銷計畫,2003-2005。

整個觀光行為為加拿大經濟帶來的貢獻於1997年開始逐年增加,但於2001年至2002年間產生停頓,1997為426億元;1998為438億元;1999為457億元;2000為477億元;2001及2002同為517億元,如附圖2-1所示。

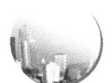

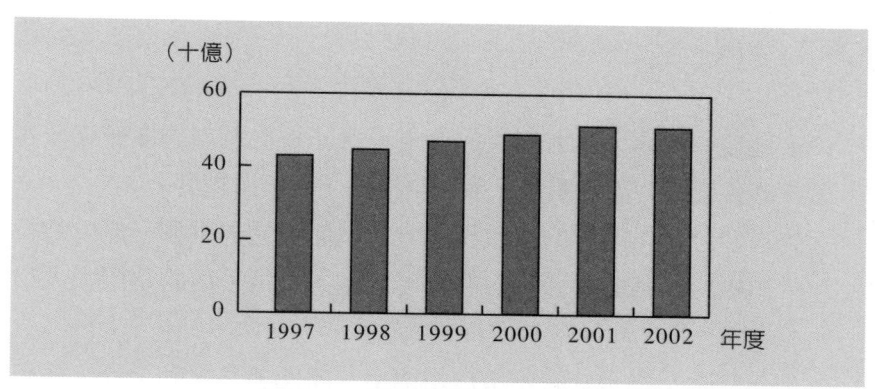

附圖2-1　觀光對加拿大經濟貢獻

　　在加拿大觀光需求方面，如**附表**2-3中所示，由於加拿大積極推展國民旅遊之故，整個觀光市場仍以加國人民居多，占了70%。

附表2-3　加拿大觀光需求

	2000	2001
總需求占有率	100%	100%
加拿大國民	70%	70%
其他	30%	30%

資料來源：加拿大策略行銷計畫，2003-2005。

旅遊市場機會與限制

　　為了增加旅遊市場占有率，不論是加國或其他國家都應對於國內旅遊市場正面的機會要努力創造；而對於負面的限制要盡力克服，不僅使國民旅遊穩定發展，也要增加Inbound市場，使國內在一年四季中都有大量的觀光人潮。以下茲根據加拿大旅遊市場機會與限制進行分析：

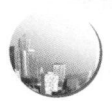

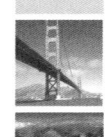
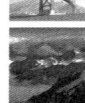
一、機會

1. 地理：加拿大擁有廣大的領土，意味著旅遊地的多變化及各式各樣的刺激、體驗、氣候及活動，能吸引遊客。

2. 人口分布：不同的區域和地方市場能製造提供獨一無二的行銷組合，且能迎合不同的市場需求，及為不同的季節與人口服務。

3. 語言：一個充分的多語行銷策略，能使加拿大的全國人民有認知、理解、洞察的能力。

4. 競爭者：因為擁有大量的國民旅遊人口，加拿大旅遊營運者都在相似的定位策略下，故潛在的經營資源較高。

5. 競爭產品：進入美國市場的門路是簡單的，且加拿大提供了一個傑出的競爭價值與獨一無二的加拿大吸引力、體驗，使加拿大能跟擁有相似產品的國家互相競爭。

6. 文化：加拿大特有的歷史遺蹟及其歷史，提供了另外一個觀光的面向，此外，加拿大也提出了一個獨一無二的行銷主題——Canada: Discover Our True Nature。

二、限制

1. 地理：加拿大廣大的領地，意味著地方上所需含蓋的管理和發展有其困難度。

2. 人口分布：當一個策略方案延伸到三個領地及十個省時，關鍵的目標市場被非常地集中在少數的城市市場。

3. 競爭者：當一個國民旅遊是主要的市場之後，大部分外省的、區域的及私人的觀光產業部門會出現互相的競爭。

4. 鄰近美國：由於鄰近美國，相鄰各省之加國人民會利用各式

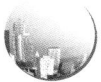

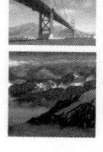

各樣的交通工具進入美國，影響同一區段內國民旅遊的意願。

5.文化：海外旅遊目的地不同的文化區別，對喜好不同文化的國人有強烈的吸引力。

台灣常見的加拿大旅遊產品

一、團體旅遊產品

旅行以觀光為主，亦是旅行社努力的業務範圍。在台灣常見的旅行團以加拿大西岸為主，像是溫哥華、維多利亞、洛磯山脈區均為團體旅行的重點，其旅遊天數以8-9天為常見的產品。加拿大東岸旅遊產品在台灣市場始終無法量化，主因是加國內陸段飛機費用居高不下、產品週期太短（每年的9月底到10月中楓紅季節是旺季）等因素，對包裝團體旅遊成本上是一大問題。就旅遊市場的淡旺季來說，暑假為前往加拿大的旺季，故團體旅遊費用較冬季昂貴，但在冬季仍有許多旅行業者包裝冬季的加拿大之旅，行程內容以賞雪、雪上活動為主，對身處亞熱帶的台灣而言仍具有相當大的市場吸引力。

二、半自助旅遊產品

所謂半自助旅遊產品，在台灣的市場以航空公司為主要包裝者，其產品以提供「機+酒」套裝行程為主，有時附帶接送機、半日市區觀光等。遊客可以自行選擇各式各樣的旅遊行程作一組合。台灣推加拿大套裝行程的航空公司有：「華航精緻旅遊」、「長榮假

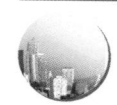

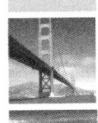

期」及「加拿大航空自主遊」行程，主要以加拿大西岸為主，可見加拿大西岸為國人旅遊需求量較多的區域。在加拿大的旅遊市場，有華人在當地經營的旅行業，主要接待由台灣前往的旅客，人數3至4人即可出發，導遊兼司機，其旅遊彈性相當大，此種旅遊產品為一新興旅遊產品。

三、自助旅遊產品

自助旅行為旅客自行開立機票、規劃行程、訂旅館等有關旅行中的所有事項，從旅遊規劃至旅遊結束，皆由旅行者自行處理。在台灣有飛往加拿大的班機，以溫哥華為主要城市的直飛航班有華航、長榮、加航等。

四、遊學市場

由遊學中心或旅行社主導，其以學習外語教育訓練為目的的旅行，對象以學生為主，一般利用寒暑假短期到數個月都有，而加拿大因為治安因素及費用較低廉，所以加拿大的遊學市場相當熱絡，在加拿大熱門的遊學城市包括：溫哥華、卡加利、蒙特婁、多倫多等地。

Inbound市場

一、1990-2002至加拿大旅遊之國際旅客人數分析

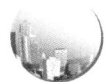

1.1999-2002年至加拿大旅遊之國際性的旅客分為美洲及其他

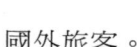

國外旅客。

2. 美洲旅客從1990至2002逐年都有增減情形，從1996年至2002年開始逐年平均增加約55萬人，以2002增加幅度最大約為60萬人。

3. 其他至加拿大旅遊之國際性的旅客，亦呈增減情形，以2002年與2001年比較減少20萬人（見附表2-4）。

附表2-4　1990-2002年至加拿大旅遊之國際旅客人數資料分析

年度 旅客	1990	1991	1992	1993	1994	1995	1996	1997	1998	1999	2000	2001	2002
美洲旅客	12.3	12.0	11.8	12.0	12.5	13.0	12.9	13.4	14.9	15.2	15.2	15.6	16.2
其他國家旅客	3.0	2.9	2.9	3.1	3.4	3.9	4.4	4.2	3.9	4.2	4.4	4.0	3.8

二、2000-2002至加拿大旅遊之國際旅客人數分析

2000-2002國際性的旅客至加拿大旅遊的概況請見附表2-5。

附表2-5　2000-2002年加拿大Inbound市場　　　　　　　　旅客量（千人）

年度 旅客	2000	2000/1999 上升率（%）	2001	2001/2000 上升率（%）	2002	2002/2001 上升率（%）
美洲旅客	15,225	0.3	15,570	2.5	16,168	3.8
其他國家旅客	4,393	4.9	4,010	-8.1	3,796	-5.3
總計	19,618	1.3	19,580	-9.3	19,964	NA

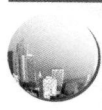

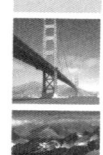
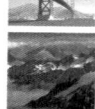

（一）2000年國際性旅客至加拿大概況

　　1.2000年前往加拿大之國際性旅客總量爲19,618／千人，比
　　　　1999年增加1.3％，而由加拿大至國外的旅客總量爲19,109
　　　　／千人，較至加拿大旅遊者減少509／千人。

　　2.2000年來自美洲國家旅客總量爲15,225／千人，比1999年增
　　　　加0.3％，而由加拿大至美洲者爲14,594／千人，較至加拿大
　　　　旅遊者減少631／千人。

　　3.2000年來自其他國家旅客總量爲4,393／千人，比1999年增
　　　　加4.9％，而由加拿大至其他國家爲4,516／千人，較至加拿
　　　　大旅遊者增加123／千人。

（二）2001年國際性旅客至加拿大概況

　　1.2001年國際性旅客總量爲19,580／千人，比2000年減少
　　　　0.1％，而由加拿大至國外的旅客總量爲18,350／千人，較至
　　　　加拿大旅遊者減少1,230／千人。

　　2.2001年來自美洲國家旅客總量爲15,570／千人，比2000年增
　　　　加2.5％，而由加拿大至美洲者爲13,518／千人，較至加拿大
　　　　旅遊者減少2,052／千人。

　　3.2001年來自其他國家旅客總量爲4,010／千人，比2000年增
　　　　加8.1％，而由加拿大至其他國家爲4,832／千人，較至加拿
　　　　大旅遊者增加822／千人。

（三）2002年國際性旅客至加拿大概況

　　1.2002年國際性旅客總量爲19,694／千人，比2001年增加
　　　　2％，而由加拿大至國外的旅客總量爲17,648／千人，較至加
　　　　拿大旅遊者減少2,046／千人。

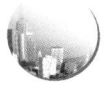

2.2002年來自美洲國家旅客總量為15,168／千人，比2001年增加3.8%，而由加拿大至美洲者為12,968／千人，較至加拿大旅遊者減少2,200／千人。

3.2002年來自美洲國家旅客總量為3,796／千人，比2001年減少5.3%，而由加拿大至其他國家為4,680／千人，較至加拿大旅遊者增加884／千人。

三、2000-2002年加拿大國際觀光客十大來源國

1.從2000年至2002年前四名為英國、日本、法國、德國。

2.台灣從第六名逐年降為第十名（見附表2-6）。

附表2-6　2000-2002加拿大國際觀光客十大來源國

年度＼名次	2000	2001	2002
1	英國	英國	英國
2	日本	日本	日本
3	法國	法國	法國
4	德國	德國	德國
5	澳大利亞	澳大利亞	墨西哥
6	台灣*	墨西哥	澳大利亞
7	墨西哥	南韓	南韓
8	香港	香港	香港
9	南韓	台灣*	荷蘭
10	荷蘭	荷蘭	台灣*

四、2000-2002年旅客至加拿大旅遊目的比例分析

至加拿大旅遊目的分為度假、訪友或探訪親戚、商務、其他（見附表2-7）。2000年-2002年美洲旅客與其他國際旅客至加拿大目的（見附圖2-2、附圖2-3）：

333

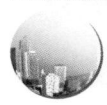

附表2-7　2000-2002年旅客至加拿大旅遊目的比例分析

目的	度假 (%)			訪友或探訪親戚 (%)			商務 (%)			其他 (%)		
國家／年度	2000	2001	2002	2000	2001	2002	2000	2001	2002	2000	2001	2002
美洲旅客	56	59	60	19	19	19	15	12	12	10	10	9
其他國外旅客	49	52	48	28	26	28	18	15	16	5	7	8

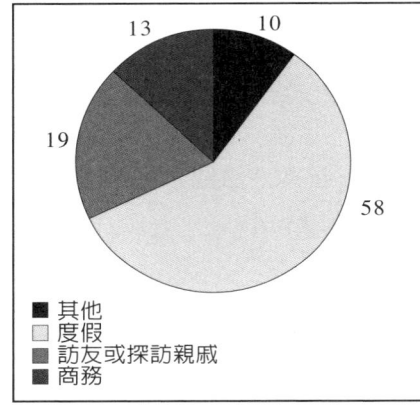

附圖2-2　2000-2002年美洲旅客至
　　　　加拿大旅遊目的

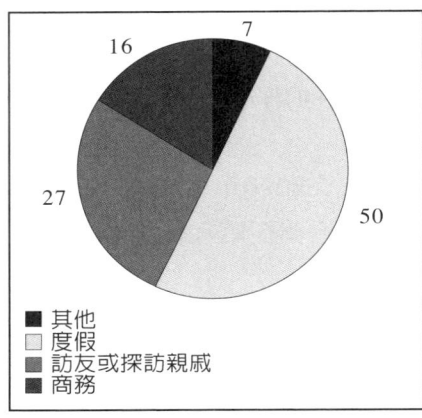

附圖2-3　2000-2002年其他國家旅客
　　　　至加拿大旅遊目的

1.以度假為目的者，美洲旅客較其他國際旅客之比例為多。

2.以訪友或探訪親戚為目的者，美洲旅客較其他國際旅客之比例為少，顯示由其他國家移民至加拿大居多。

3.以商務目的之美洲旅客較其他國際旅客之比例少。

五、2000-2002年加拿大前十大旅遊城市

2000-2002年幾乎未改變，僅第十名由哈利法克斯改為溫莎（見附表2-8）。

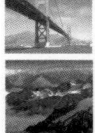

附表2-8　2000-2002年加拿大前十大旅遊城市

名次＼年度	2000	2001	2002
1	多倫多港市	多倫多港市	多倫多港市
2	溫哥華	溫哥華	溫哥華
3	蒙特婁	蒙特婁	蒙特婁
4	尼加拉	尼加拉	尼加拉
5	魁北克	魁北克	魁北克
6	維多利亞	維多利亞	維多利亞
7	渥太華	渥太華	渥太華
8	卡加立市	卡加立市	卡加立市
9	艾德蒙頓	艾德蒙頓	艾德蒙頓
10	哈利法克斯	哈利法克斯	溫莎

六、2000-2002國際觀光客至加拿大旅遊前十大活動

藉由**附表2-9**，可發覺較特殊的改變為運動和戶外活動越來越受歡迎。

附表2-9　2000-2002年國際觀光客至加拿大旅遊的前十大活動

名次＼年度	2000	2001	2002
1	購物	購物	購物
2	觀光	觀光	觀光
3	去高級餐廳吃晚餐	訪友或探訪親戚	參加運動／戶外活動
4	參觀公園或歷史遺跡	參加運動／戶外活動	訪友或探訪親戚
5	訪友或探訪親戚	參觀歷史遺跡	參觀歷史遺跡
6	參加運動／戶外活動	去自然或市立公園	去自然或市立公園
7	參觀動物園、博物館或自然館	去酒吧或夜總會	去酒吧或夜總會
8	夜生活或娛樂	參觀博物館或藝廊	參觀博物館或藝廊
9	參加文化活動	划船（電動船、帆船、小艇、獨木舟等）	參加文化活動
10	參加節慶或集會	參加運動活動	參觀動物園、水族館、植物園

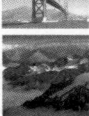

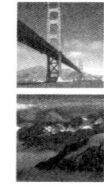

Outbound市場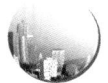

一、1990-2002加拿大旅客前往海外旅遊人數分析

1. 加拿大至美洲的旅客從1990-2002年逐年亦有增減情形，從1996-2002年來看，並非像美洲旅客至加拿大般逐年增加，而是呈現增減情形，如2002與2001比較減少50萬人。
2. 從加拿大至其他國家之旅客則從1996年開始逐年增加，僅2002年較2001年減少10萬人次，其平均每年增加16萬人（見附表2-10）。

附表2-10　1990-2002年加拿大旅客前往海外旅遊人數　　　　　　　（百萬）

年度	1990	1991	1992	1993	1994	1995	1996	1997	1998	1999	2000	2001	2002
至美洲之旅客	17.3	19.1	18.6	17.3	15.0	14.7	15.3	15.1	13.4	14.1	14.6	13.5	13.0
至其他外國之旅客	3.2	2.8	3.1	3.3	3.4	3.5	3.7	4.0	4.2	4.3	4.5	4.8	4.7

二、2000-2002加拿大旅客前往海外旅遊人數分析

2000-2002年加拿大Outbound 逐年減少，但Outbound中至美洲逐年減少，而至其他國家則逐年增加（見附表2-11）。

附表2-11　2000-2002年加拿大Outbound市場

年度	2000年	2000/1999 上升率（％）	2001年	2001/2000 上升率（％）	2002年	2002/2001 上升率（％）
至美洲之旅客	14,594	3.5	13,518	-7.7	12,968	-4
至其他外國之旅客	4,516	6.2	4,832	7	4,680	-3.1
總計	19,109	4.1	18,350	-4.2	17,648	-3.8

三、加拿大旅客前往海外旅遊的國家

　　加拿大至國外旅遊者大部分以歐洲為主，前十名中僅2000年增加一個亞洲國家——日本，而2002年大陸則躍升為第10名（見附表2-12）。

附表2-12　加拿大旅客前往海外旅遊的十大旅遊國家

2000	2001	2002
英國	墨西哥	英國
墨西哥	英國	墨西哥
法國	法國	法國
德國	古巴	古巴
古巴	多明尼加	多明尼加
義大利	德國	德國
多明尼加	義大利	義大利
荷蘭	西班牙	荷蘭
西班牙	荷蘭	西班牙
日本	瑞士	中國大陸

四、2000-2002加拿大旅客海外旅遊目的比例分析

　　2000-2002年加拿大至美洲旅客與其他國家旅遊目的分析（見附表2-13、附圖2-4、附圖2-5）。

1. 加拿大旅遊者至美洲以度假為目的者較至其他國家比例少。
2. 加拿大旅遊者至美洲以訪友或探訪親戚為目的者較至其他國家比例多，顯示大部分加拿大居民以移民美洲者居多。
3. 加拿大旅遊者至美洲以商務為目的者較至其他國家比例為多，顯示與美洲的商務往來較其他國家多。

337

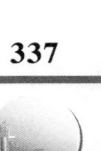

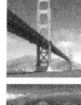

附表2-13　2000-2002年加拿大旅客至美洲與其他國家旅遊目的

目的	度假（%）			訪友或探訪親戚（%）			商務（%）			其他（%）		
國家／年度	2000	2001	2002	2000	2001	2002	2000	2001	2002	2000	2001	2002
至美洲	53	55	55	19	21	23	19	15	16	9	9	9
至其他國家	59	64	62	18	18	19	17	12	12	6	6	7

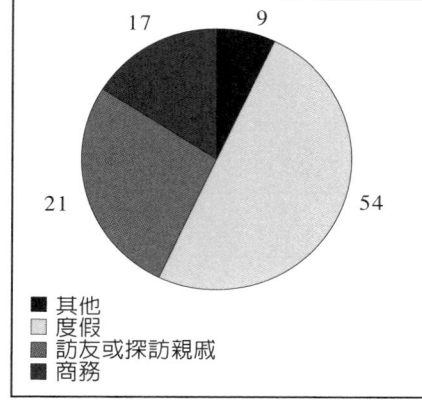

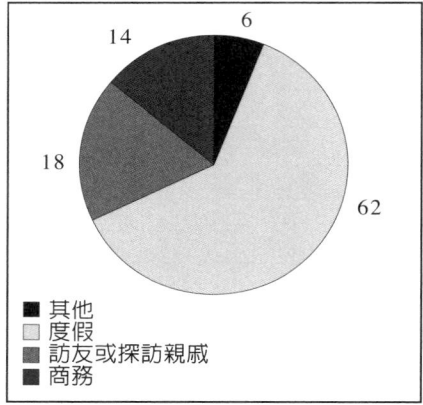

附圖2-4c 2000-2002年加拿大旅客至美　　附圖2-5　2000-2002年加拿大旅客至
洲旅遊目的　　　　　　　　　　　　　　　　其他國家旅遊目的

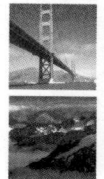

參考書目 🌸🌸

一、英文部分

AT&T. (1996). AT&T Solutions Customer Care. *Successful Selling Skills-Student Guide*, New York: AT&T.

Bayne, K. M. (1997). *The INTERNET marketing plan.* USA: Wiley Computing Publishing.

Boorstin, D. J. (1961). *The image: a guide to pseudo events in America.* New York: Harper & Row.

Burkart, A. J. and Medlik, S. (1984). *Tourism: past, present and future.* London: Heinemann Publishers.

Clawson, M. and Knetsch, S. (1966). *Economics of outdoor recreation.* Baltimore: John Hopkins University Press.

Cook, S. D. (1975). *A survey of definitions in the U. S. domestic tourism studies.* Washington, D.C.: U.S. Travel Data Center.

Evans, M. J., Moutinho, L. and Raaij, W. F. V. (1996). *Applied consumer behavior.* UK: Addison-Wesley Publishing Company, Inc.

Gibert, D. C., & Marlies, V. D. W. (1991). The health care tourism product in western Europe. *Revue de Tourisme*, 2, 5-10.

Goodrich, G. E. (1989) Health-care tourism; an exploratory study, *Tourism Management.* 217-222.

Gunn, C. A. (1994). *Tourism planning: Basics, concepts, cases (3rd ed.).* USA: Taylor and Francis.

339

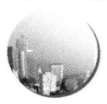

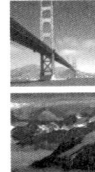

観
光
行
銷
學

Holloway, J. C. and Robinson, C. (1995). *Marketing for tourism* (3rd ed.). Singapore: Longman Singapore Publishers Ltd.

Kotler, P. and Turner R.E. (1993). *Marketing management*. N.J.: Prentice Hall Inc.

Kotler, P., Bowen, J. and Makens, J. (1996). *Marketing for hospitality and tourism*. USA: Prentice-Hall, Inc.

Laws, E. (1991). *Tourism marketing: service and quality management perspectives*. UK: Bath Press.

Lee, D. & Luengo Prado, M. (20020. *The impact of passenger mix on reported hub premiums in the US airline industry*. Unpublished manuscript. MA: Cambridge.

Lumsdon, L. (1997). *Tourism Marketing*, New York: International Thomson Business Press.

Mayo, E. J. and Jarvis, L. P. (1981). *The Psychology of leisure travel*. Boston: CBI Publishing Company, Inc.

McIntosh, R.W. and Goeldner, C. R. (1990). *Tourism: Principles, Practices, Philosophies* (6th ed.). New York: John Wiley & Sons, Inc.

Middleton, V.T.C. (1994). *Marketing in travel and tourism* (2nd ed.). UK: Nath Press.

Morrison, M. A. (1997). *Hospitality and travel marketing* (2nd ed.). Albany: Delmar Publishers.

Pearce, P. L.(1982). *The social psychology of tourist behavior*. UK: Pergamon Press.

Pender, L. & Baum, T. (2000). Have the frills really left the airline industry? *International Journal of Tourism Research*, 6(2), 423-436.

Powers, T. (1990). *Marketing hospitality*. USA: John Wiley and

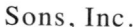

Sons, Inc.

Poynter, J. M. (1993). *How to research and write a thesis in hospitality and tourism: A step-by step guide for college students*. USA: John Wiley and Sons, Inc.

Ritchie, J. R. B. and Coeldner, C. R. (1994). *Travel, tourism and hospitality research: A handbook for managers and researchers* (2nd ed.). USA: John Wiley and Sons, Inc.

Schoell, W. F. (1993). *Marketing Essentials*. USA: Allyn & Bacon.

Smith, C. and Paul Jenner (2000) Health tourism in Europe, *Travel & Tourism Intelligence*, 2, 41-59.

Thomas, J. A. (1964, August). *What makes people travel*. ASTA Travel News, 64-64.

Veal, A. J. (1997). *Research methods for leisure and tourism: A practical guide* (2nd ed.). UK: Redwood Books.

Wahab, S. (1975). *Tourism management*. London: Tourism International Press.

Wells, W. D. (1972). Life-style in selecting media for travel advertising. *Proceeding of the 3rd Annual Conference for the Values of Travel Research*. USA, Salt Lake: Travel Research Association, pp. 63-74.

Wells, W. D. (1974). Life-style and psychographics. Chicago: American Marketing Association.

World Tourism Organization. (2003). *Outbound tourism, international tourism expenditure*. Retrieved March 1, 2006 from http://www.unwto.org/facts/eng/pdf/indicators/ITE.pdf.

參
考
書
目

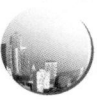

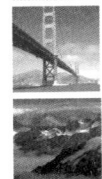

二、 中文部分

Coffaw, C. D.著，謝愼遠等譯（1989）。《旅遊飯店營銷管理》。
浙江：浙江攝影出版社。

Kotler, P. and Armstrong, G著，許是祥譯（1990）。《行銷學》。
台北市：前程企業管理公司。

Gee, C.Y.、Choy, D.J.L.、Makens, J.C.等著，林沅漢譯
（1990）。《觀光旅遊事業概論》。台北市：桂冠圖書股份有限
公司。

Mayo, E. J. and Javis, L. P.著，蔡麗伶譯（1990）。《旅遊心理
學》。台北市：揚智文化事業股份有限公司。

Schoell, William F.著，謝耀龍譯（1993）。《基本行銷學── 觀
念與實務》。台北市：華泰書局。

于學謙（1981）。《旅遊業入門》。北京：北京旅遊學院。

于學謙（1989）。《現代旅遊市場經營學》。北京：旅遊教育出版
社。

土井厚（1982）。《旅行業界》。東京：株式會社教育社。

大紀元（2003）。「新加坡推動醫療觀光計畫獲得成效」。線上檢索
日期：2004年11月30日，網址：http://www.epochtimes.com

中國網（2004）。「印度醫療敢與歐美拼」。線上檢索日期：2004年
11月5日，網址：http://www.china.com.cn

日本・厚生省（1997）。《厚生白書──健康と生活の質の向上を目
指して─》。

北方網（2004）。「醫療觀光成亞洲新興產業　內地青睞香港保健
遊」。線上檢索日期：2004年11月30日，網址：
http://www.health.enorth.com

北方網旅遊E網（2004）。「精明的新加坡人：開拓中國『醫療觀光』
市場」。線上檢索日期：2004年12月2日，網址：

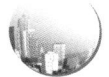

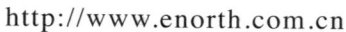

http://www.enorth.com.cn

朱逸寧（1996年9月7日）。「胎盤素──十女九白帶　拖久了會不孕？」。大成報。線上檢索日期：2004年12月30日，網址：http://www.geocities.com/Tokyo/Teahouse/3311/food5.htm\

何平世（2001）。「電子商務對旅行社產業經營策略的影響」。未出版碩士論文，台北市：台灣大學資訊管理研究所。

利一言（2003）。「國內線航空公司套裝旅遊行銷策略之研究」。未出版碩士論文，台南縣：長榮大學經營管理研究所。

吳俊岳（2003）。「低成本航空公司在國內實施營運策略之研究」。未出版碩士論文，台南市：國立成功大學交通管理學系。

吳勉勤（1992）。《旅館管理──理論與實務》。台北市：揚智文化事業股份有限公司。

李正文（2005）。《行銷管理》。台北：三民書局。

李珮珊（2001）。「航空客運網路票務行銷通路衝突之研究」。未出版碩士論文，基隆市：海洋大學航運管理學系。

李貽鴻（1986）。《觀光行銷學：供應與需求》。台北市：淑馨出版社。

李貽鴻（1995）。《觀光行銷學》。台北市：五南圖書出版有限公司。

林南枝、陶澤軍（1987）。《旅遊經濟學》。上海：上海人民出版社。

林香君、高儀文（1999）。《餐飲實務》。台北市：揚智文化事業股份有限公司。

林淑萍（2002）。「航空公司網路訂位售票行銷策略與顧客滿意度之研究──以國內航線為例」。未出版碩士論文，嘉義縣：南華大學旅遊事業管理研究所。

金太永（1978）。《現代觀光學概論》。韓國：學文社。

姜淑瑛（2001）。〈韓国と日本におけるヘルスツーリズムに関する

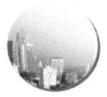

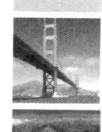

研究〉。立教大學觀光學研究科修士論文。

姜淑瑛（2001）。〈ヘルスツーリズム（Health Tourism）のイメージに関する研究〉，《日本觀光研究學全國大會發表論文集》No.16。

洪勛峰（無日期）。「揭開醫學美容新貴『胎盤素』的神秘面紗」。線上檢索日期：2004年12月30日，網址：http://www.ohayoo.com.tw/%E6%8F%AD%E9%96%8B%E9%86%AB%E5%AD%B8%E7%BE%8E%E5%AE%B9%E6%96%B0%E8%B2%B4%E3%80%8C%E8%83%8E%E7%9B%A4%E7%B4%A0%E3%80%8D%E7%9A%84%E7%A5%9E%E7%A7%98%E9%9D%A2%E7%B4%97.htm

凌瓏（1993）。《旅行業策略行銷研究》。碩士論文，台北：中國文化大學觀光事業研究所。

唐學斌（1985）。《觀光學：理論與實際》。台北市：豪峰出版社。

唐學斌（1990）。《觀光學概要》。台北市：豪峰出版社。

孫安迪（2001）。「如何增強抵抗力」。美夢成眞出版。線上檢索日期：2004年12月30日，網址：http://health.yam.com/article.asp?channelid=A2&serial=9890

容繼業（1993）。《旅行業理論與實務》。台北市：揚智文化事業股份有限公司。

徐重仁，黃淑麗（1989）。「行銷新利器無店舖行銷」。台北市：經濟日報。

財團法人日本交通社（1993）。「促進日本人來華旅行市場調查報告書」。台北市：交通部觀光局。

高釆英（1995）。「民國八十三年觀光旅客消費及動向調查摘要報告」。《觀光資料》，324，44-49。台北市：交通部觀光局。

高秋英（1994）。《餐飲管理──理論與實務》。台北市：揚智文化事業股份有限公司。

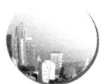

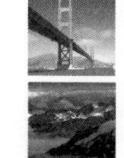

高智雄（無日期）。「常見臨床檢驗原理及數據判讀」。線上檢索日期：2004年12月30日，網址：http://www.stm.org.tw/Mt/knowmt.htm

張有恆、陳方元（2001）。＜航空策略聯盟之探討＞。《民航季刊》，4（3），123-151。

張志傑（2001）。「以交易成本理論探討我國網路票務之經營」。未出版碩士論文，高雄市：中山大學企業管理研究所。

張國雄（2004）。《行銷管理》。台北：雙葉書廊有限公司。

張輝（1991）。《旅遊經濟學》。西安：陝西旅遊出版社。

許長田（1997）。《策略性市場行銷學——競爭‧策略‧個案》。台北市：揚智文化事業股份有限公司。

郭振鶴（2005）。《行銷管理——理論與實務》。台北：三民書局。

陳文河（1987）。《我國旅行業行銷策略之研究》。碩士論文，中壢：中原大學企業管理研究所。

陳永賓（1995）。「國內航空客運市場行銷策略之研究」。未出版碩士論文，台北市：私立中國文化大學觀光事業研究所。

陳希沼（2005）。《行銷管理》。台北：三民書局。

陳定國（1980）。《現代行銷學》。台北：華泰書局。

陳敏郎（1999）。「廣告代言人對推薦品牌廣告效果影響之研究」。末出版碩士論文，新竹：國立交通大學經營管理研究所。

陳建和、黃深勳、曹勝雄、容繼業（2005）。《觀光行銷學》（第二版）。台北：國立空中大學。

陳燕靜（1996）。＜整合行銷新選擇＞。《廣告雜誌》，66期，頁106~109。

游琇媛（2001）。「市場導向之國際航空客運行銷策略」。未出版碩士論文，台中縣：私立朝陽科技大學休閒事業管理系。

黃育智（1994）。《直效行銷Q&A》。台北：商周文化。

黃輝實（1990）。《旅遊經濟學》。上海：同濟大學出版社。

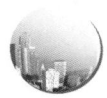

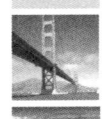
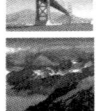

楊正寬（1994）。《觀光政策，行政與法規》。台北市：揚智文化事業股份有限公司。

楊明賢（1999）。《觀光學概論》。台北市：揚智文化事業股份有限公司。

楊東震、羅玨瑜譯（2004）。《服務行銷與管理》。台北：雙葉書廊有限公司。

溫力虎、秦保爾、藍偉中（1991）。《旅遊市場營銷與飯店管理》。廣東：中山大學出版社。

劉修祥（1994）。《觀光導論》。台北市：揚智文化事業股份有限公司。

劉純（1990）。《旅遊飯店：現代管理心理學》。上海：上海翻譯出版社。

蕭富峰（1995）。《行銷實戰讀本》。台北市：遠流出版事業股份有限公司。

賴雅玲（2002）。「男女都可服用胎盤素？」。崴達健康網。線上檢索日期：2004年12月30日，網址：http://www.wedar.com/library4/wedar/poya020318.htm

龍姵妏（1998）。《國內航空服務業行銷策略之分析—— 以北高定期航線之四家航空公司實證》。台北市：國立台灣大學商學院研究所。

薛明敏（1982）。《觀光的構成》。台北市：餐旅雜誌社。

謝明誠、張順程（1991）。《餐旅市場行銷》。台北市：眾文圖書公司。

謝淑芬（1994）。《觀光心理學》。台北市：五南圖書出版有限公司。

簡煒耿（1995）。《認識INTERNET》。台北：全欣資訊圖書股份有限公司。

顧樹保、于連亭（1989）。《旅遊市場學》。天津：開南大學出版社。

三、 網站部分

www.airdo.com.jp

www.jetstar.com.tw

www.jetstar.com

www.southwest.com.tw

www.virginblue.com

www.easyjet.com

www.ryanair.com

觀光旅運

觀光行銷學

著　　　者／陳建和
出 版 者／揚智文化事業股份有限公司
發 行 人／葉忠賢
總 編 輯／閻富萍
主　　　編／范維君
登 記 證／局版北市業字第 1117 號
地　　　址／台北縣深坑鄉北深路三段 260 號 8 樓
電　　　話／(02)2664-7780
傳　　　真／(02)2664-7633
　E-mail ／service@ycrc.com.tw
郵撥帳號／19735365
戶　　　名／葉忠賢
印　　　刷／鼎易印刷事業股份有限公司
　I S B N ／978-957-818-819-8
初版三刷／2010 年 4 月
定　　　價／新台幣 400 元

國家圖書館出版品預行編目資料

觀光行銷學= Tourism marketing／陳建和著.
--初版. -- 臺北縣深坑鄉：揚智文化，2007
[民 96]
　面；　公分
參考書目：面

　ISBN　978-957-818-819-8 (平裝)

1. 觀光　2. 市場學

992.2　　　　　　　　　　　　　96009167